DIREITO CONSTITUCIONAL
DE
LÍNGUA PORTUGUESA

Caminhos de um Constitucionalismo Singular

JORGE BACELAR GOUVEIA
Professor Catedrático da Faculdade de Direito da Universidade Nova
de Lisboa e da Universidade Autónoma de Lisboa
Coordenador dos Cursos de Doutoramento da Faculdade de Direito
da Universidade Agostinho Neto e da Escola Superior de Direito
do Instituto Superior de Ciências e Tecnologia de Moçambique
Presidente do Instituto do Direito de Língua Portuguesa
Agregado, Doutor e Mestre em Direito
Jurisconsulto e Advogado

DIREITO CONSTITUCIONAL DE LÍNGUA PORTUGUESA

Caminhos de um Constitucionalismo Singular

Prefácio
de
Carlos Feijó
Professor da Faculdade de Direito
da Universidade Agostinho Neto

**DIREITO CONSTITUCIONAL
DE LÍNGUA PORTUGUESA**
Caminhos de um Constitucionalismo Singular
AUTOR
JORGE BACELAR GOUVEIA
(jbg@fd.unl.pt)
EDITOR
EDIÇÕES ALMEDINA, S.A.
Rua Fernandes Tomás n.ºs 76, 78, 80
3000-167 Coimbra
Tel.: 239 851 904 · Fax: 239 851 901
www.almedina.net · editora@almedina.net
DESIGN DE CAPA
FBA.
PRÉ-IMPRESSÃO
EDIÇÕES ALMEDINA, S.A.
IMPRESSÃO E ACABAMENTO
PAPELMUNDE, SMG, LDA.
V. N. de Famalicão

Setembro, 2012
DEPÓSITO LEGAL
348775/12

Apesar do cuidado e rigor colocados na elaboração da presente obra, devem os diplomas legais dela constantes ser sempre objecto de confirmação com as publicações oficiais.
Toda a reprodução desta obra, por fotocópia ou outro qualquer processo, sem prévia autorização escrita do Editor, é ilícita e passível de procedimento judicial contra o infractor.

BIBLIOTECA NACIONAL DE PORTUGAL – CATALOGAÇÃO NA PUBLICAÇÃO
GOUVEIA, Jorge Bacelar, 1966-
Direito constitucional de língua portuguesa
. – (SPEED ; 4)
ISBN 978-972-40-4886-4

ÍNDICE

Índice 5

Prefácio 7

Nota Prévia 13

I – PARTE GERAL

Sistemas Constitucionais Africanos de Língua Portuguesa: a caminho de um paradigma? 17

Les systèmes politico-constitutionnels des Etats Africains de langue portugaise 53

O Direito Internacional Público no Direito de Portugal e dos Estados de Língua Portuguesa 81

II – PARTE ESPECIAL

A bandeira do MPLA e o Direito Constitucional dos Partidos Políticos de Angola 157

Portugal e Cabo Verde: fórmulas para uma aproximação político-institucional 279

O ato político de demissão governamental à luz da Constituição da Guiné-Bissau 291

A marcação das eleições legislativas no Direito Constitucional da Guiné-Bissau 297

A constitucionalidade da Lei Constitucional n.º 1/2008 da Guiné-Bissau 303

O referendo sobre os poderes presidenciais e a Constituição de São Tomé e Príncipe de 1990 307

A fiscalização da constitucionalidade no Direito Constitucional de São Tomé e Príncipe 325

A suspensão de funções dos membros do Governo criminalmente acusados na Constituição da República Democrática de Timor-Leste 387

A posição singular de Macau no Direito Constitucional de Língua Portuguesa 415

PREFÁCIO

1. Um estudioso da realidade jurídico-constitucional dos países de expressão portuguesa, em especial dos PALOP! Foi este o pensamento que encerrou a minha leitura (o estudo, na verdade) do trabalho sugestivamente intitulado *"Direito Constitucional de Língua Portuguesa – Caminhos de um Constitucionalismo Singular"*, agora trazido à estampa pelo Prof. Doutor Jorge Bacelar Gouveia e dirigida à comunidade académica e profissional do espaço lusófono geograficamente disperso pelo Mundo.

Os trabalhos aqui agrupados resultam do aturado labor doutrinário e profissional do Prof. Doutor Jorge Bacelar Gouveia, elaborados e apresentados no quadro das suas funções académicas – em conferências – e da sua actividade como jurisconsulto sobre matérias *jusconstitucionais* em especial (mas não apenas – há um parecer sobre Timor-Leste) nos países africanos de expressão portuguesa.

Mesmo para quem alguns dos trabalhos possam representar uma revisitação, uma leitura em segundas núpcias – porque já estudados noutro lugar –, do conjunto da obra renova o interesse decorrente da necessidade de compreensão global; necessidade de uma visão de conjunto sobre os trilhos jurídico-constitucionais dos sistemas jurídicos de expressão portuguesa.

Esta obra vem, por outro lado, confirmar uma faceta já conhecida do Prof. Jorge Bacelar Gouveia como profundo estudioso dos sistemas jurídicos dos países de expressão portuguesa – aprofundada desde o longínquo ano de 1993 quando, a convite do Prof. Doutor Jorge Miranda, deixou o seu '*habitat académico*' (a Universidade de Lisboa, a clássica, onde já exercia funções docentes como Assistente), para aceitar o desafio de se dedicar ao ensino do Direito na Universidade Eduardo Mondlane, em Maputo, Moçambique.

Aquela experiência iniciada em Maputo veio, certamente, distinguir o Prof. Doutor Jorge Bacelar Gouveia como estudioso do Direito de expressão portuguesa, na medida em que lhe conferiu a oportunidade de conhecer e vivenciar uma realidade antropológica e sociológica que a simples leitura de livros não fornece. Talvez tenha sido aquele momento determinante para despertar o seu interesse num "Direito Constitucional de Língua Portuguesa".

2. Nesta obra, o Prof. Doutor Jorge Bacelar Gouveia apresenta-nos não apenas um "Direito Constitucional de Língua Portuguesa", mas sim uma plêiade de assuntos circunvizinhos, se considerarmos a classificação dos vários ramos de estudo afins do Direito Constitucional.

Em relação a cada um dos países de expressão portuguesa, o Autor dá-nos, nomeadamente, elementos dos momentos constituintes dos Estados, reaviva-nos tópicos de História Constitucional, assim como faz uns elucidativos enquadramentos sobre os respectivos Direitos Constitucionais Particulares de Angola, Brasil, Cabo-Verde, Guiné--Bissau, Macau, Moçambique, São-Tomé e Príncipe, Timor-Leste e, *last but not least*, Portugal.

Esta obra começa, por isso, com um capítulo onde o Autor agrupa um conjunto de trabalhos, todos eles com o traço comum de fazerem abordagens amplas sobre os diversos sistemas jurídicos de expressão portuguesa – de um lado, destacando os países africanos; de outra parte, alargando esta reflexão ao Brasil e a Timor-Leste.

Nesta Parte I do trabalho, é particularmente importante a reflexão que o Autor faz sobre o papel e a influência da Constituição da República Portuguesa (CRP) nas Constituições dos PALOP. O Prof. Doutor Jorge Bacelar Gouveia conclui, de forma cuidadosa, no sentido da "existência de um paradigma constitucional de língua portuguesa, mas em que avultam traços de contínua e sólida aproximação (traços centrípetos), ao mesmo tempo que se registam caminhos de divergência, que se vão acentuando (traços centrífugos).

Na verdade, o trabalho do Prof. Doutor Bacelar Gouveia pode e deve servir para uma análise mais cuidada e rigorosa da comparação entre Direitos dos Países de expressão portuguesa e não apenas uma comparação de normas ou conjunto de normas e que permitirá ou não aos Juristas de expressão portuguesa, mediante um estudo profundo de macro-comparação, distribuir as diversas ordens jurídicas dos Países de expressão portuguesa numa família jurídica ou, no mínimo, dar tratamento unitário e uniforme às formas de solução jurídica de certos problemas ou do regime jurídico de certos fenómenos sociais.

Com igual relevância encontramos igualmente na Parte I um estudo sobre o Direito Internacional Público nos diversos países de expressão portuguesa. Tendo como ponto de partida a Constituição da República Portuguesa, o Autor faz um estudo (nem macro, nem micro – mas meso-comparação) sobre os diversos mecanismos de reconhecimento e adopção dos instrumentos internacionais (tratados, convenções).

Embora possa parecer um deslocamento na disciplina objecto deste livro, a verdade é que os assuntos tratados em sede do Direito Internacional Público visam indagar de que forma os diferentes Estados 'aceitam' na ordem interna os instrumentos internacionais de protecção dos direitos fundamentais.

É na parte da protecção dos direitos fundamentais através de instrumentos internacionais que o Prof. Jorge Bacelar Gouveia consegue redirecionar para o "Direito Constitucional de Língua Portuguesa" um tema que, afinal, só na aparência é exclusivamente de Direito Internacional Público.

3. Na Parte II, o Prof. Jorge Bacelar Gouveia revela-nos um conjunto de pareceres decorrentes da sua actividade de jurisconsulto em matérias de Direito Público.

Seguindo a ordem alfabética com que aparecem editados, o primeiro dos trabalhos tem a ver com Angola. O MPLA, partido governante, fez uma consulta jurídica indagando sobre o fundamento jusconstitucional duma acção judicial proposta junto do Tribunal Constitucional de Angola, por alegada semelhança entre a bandeira daquele partido político (MPLA) e a bandeira da República.

Outro parecer, relacionado com a Guiné-Bissau, anlisa o pedido de declaração de inconstitucionalidade do PAIGC apresentado ao Tribunal Constitucional. Aquele partido evocava a invalidade do acto presidencial constitutivo do Governo, alegando que o mesmo não respeitava o conceito constitucional de resultados eleitorais, o qual, no entendimento insinuado, devia fazer resultar a indigitação de um membro do PAIGC para Primeiro-Ministro.

Também relacionado com a Guiné-Bissau, outro parecer se pronuncia sobre a conformidade de uma lei ordinária que delimitava o período entre 23 de Outubro e 25 de Novembro para a realização de eleições parlamentares para renovação da legislatura – sempre que tal não decorresse de dissolução parlamentar.

De Timor-Leste consta um parecer pedido pelo Presidente do Parlamento Nacional, relacionado com os procedimentos e Direito aplicável nos casos de suspensão do exercício de funções governativas nos casos em que existe uma acusação não definitiva formulada pelo Ministério Público.

Dos trabalhos apresentados acima de forma tópica – apenas alguns dos que compõem esta Parte II –, pode dizer-se que o Prof. Doutor Jorge Bacelar Gouveia teve sempre tarefas difíceis – muitas das quais com carácter de urgência.

4. Não podemos deixar de manifestar a nossa satisfação pelo maior mérito deste "Direito Constitucional de Língua Portuguesa – Caminhos de um Constitucionalismo Singular". O Prof. Jorge Bacelar Gouveia aproveita a sua vivência e conhecimento das realidades – sociológica e política – dos vários países e nos apresenta uma obra com as mais importantes facetas do Direito: *'law in book'*, por um lado, e *'law in action'*, por outro.

Nesta obra, o Prof. Doutor Jorge Bacelar Gouveia traz-nos muito mais do que o resultado do seu labor académico. Ao resultado da sua experiência académica, acrescenta a vivência das várias realidades políticas e sociológicas dos países de expressão portuguesa – não estudada comodamente em Lisboa, mas iniciada em Maputo em 1993, continuada em Luanda, Bissau, Praia, São Tomé (mas também em Brasília, Díli e Macau), sempre em missões académicas e profissionais.

Luanda, 18 de Março 2012.

CARLOS MARIA FEIJÓ
Doutor em Direito
Professor da Faculdade de Direito de Direito
da Universidade Agostinho Neto
Advogado

Post-scriptum: Angola não ratificou o Acordo Ortográfico, daí que Carlos Feijó escreva sem as referidas regras.

NOTA PRÉVIA

1. É com grande entusiasmo que tenho o ensejo de publicar, num livro com o título *Direito Constitucional de Língua Portuguesa – Caminhos de um Constitucionalismo Singular*, um acervo de textos doutrinários elaborados ao longo destes últimos anos, em resposta a solicitações diversas, desde conferências académicas a escritos de consultoria jurídico--constitucional.

Esta será provavelmente umas das primeiras iniciativas editoriais do Instituto do Direito de Língua Portuguesa, associação de juristas de língua portuguesa que tem vindo a crescer e que já teve ocasião de promover várias outras iniciativas, como dois congressos do Direito de Língua Portuguesa e o apoio a dois cursos de doutoramento em Direito em Angola e em Moçambique.

2. Mas desta feita deu-se a feliz circunstância de a este livro se acoplar o apoio da Faculdade de Direito da Universidade Nova de Lisboa, assim tornando viável no plano económico a sua publicação: por decisão da Coordenadora do SPEED – *Seminário Permanente sobre o Estado e o Estudo do Direito*, a Professora Doutora Helena Pereira de Melo, este livro foi integrado numa nova linha editorial que esta Faculdade desenvolverá com as Edições Almedina, tendo o mesmo sido apresentado na sessão do SPEED de 15 de fevereiro de 2012.

Uma palavra ainda de profundo agradecimento ao Professor Doutor Carlos Feijó – Professor da Faculdade de Direito da Universidade Agostinho Neto e recentemente doutorado em Direito Público pela Faculdade de Direito da Universidade Nova de Lisboa, além das funções que neste momento exerce como Ministro de Estado e da Casa Civil de Angola – pela simpatia e generosidade do seu prefácio, agradecimento que simbolicamente estendo a toda a comunidade dos juristas de língua portuguesa.

3. No plano das minhas atividades futuras de cariz universitário, este é um primeiro esforço de outros projetos de maior envergadura que pretendo levar a cabo no Direito Constitucional de Língua Portuguesa, domínio jurídico--científico em que as proximidades – e até as identidades! – se descobrem em cada investigação e em cada estudo mais aprofundado.

Nesta ocasião, são publicados textos de índole diversa, ora genericamente relacionados com o Direito Constitucional de Língua Portuguesa, ora especificamente dirigidos a alguns desses Direitos Constitucionais, com exclusão de Moçambique, do qual já tivemos a oportunidade de publicar alguns escritos na obra *Estudos de Direito Público de Língua Portuguesa* (Almedina), e seguindo-se a ordem alfabética dos Estados a que respeitam.

Jorge Bacelar Gouveia

Lisboa, 1 de janeiro de 2012.

I
PARTE GERAL

SISTEMAS CONSTITUCIONAIS AFRICANOS DE LÍNGUA PORTUGUESA: A CAMINHO DE UM PARADIGMA?[1]

1. O Direito Constitucional Comparado de Língua Portuguesa

I. As minhas primeiras palavras são de saudação a todo este vasto auditório, cumprimentando de um modo muito especial os meus colegas de mesa, que em comum tratamos de assuntos relacionados com os Direitos Constitucionais de Língua Portuguesa.

Por sorte ou azar, cabe-me encerrar este período da tarde e fazer uma reflexão global sobre os laços de aproximação e de diferença entre os diversos sistemas político--constitucionais, levando naturalmente em consideração o ponto de partida que para todos eles representou o atual texto constitucional português, a Constituição da República Portuguesa de 2 de abril de 1976, neste momento já com sete revisões constitucionais[2].

---

[1] Texto sintetizado da palestra proferida em 4 de abril de 2006, na Faculdade de Direito da Universidade Nova de Lisboa, no âmbito de um colóquio comemorativo dos "30 Anos da Constituição Portuguesa".

Publicado na Revista *THEMIS – Revista da Faculdade de Direito da Universidade Nova de Lisboa*, na sua edição especial comemorativa dos "30 Anos da Constituição Portuguesa", em 2006, pp. 119-141.

[2] Sobre as várias revisões constitucionais da CRP, v. JORGE BACELAR GOUVEIA, *Manual de Direito Constitucional*, I, Coimbra, 2005, pp. 501 e ss.

Como se compreende, este exercício de Direito Constitucional Comparado de Língua Portuguesa é arriscado, mas sem dúvida que é apaixonante: saber até que ponto são dignas de registo as influências que o Constitucionalismo Português Democrático e Social de 1976 projetou sobre a construção dos textos constitucionais dos Estados Africanos de Língua Portuguesa.

II. Mas simultaneamente importa considerar a existência de algumas reduções que são exigíveis, sob pena de esta ser uma tarefa ciclópica ou, pior ainda, uma tarefa votada ao insucesso.

Do conjunto dos Estados de Língua Portuguesa, creio ser aconselhável excluir o Brasil e Timor-Leste, mas por razões sensivelmente diversas:

– o Estado do Brasil pela sua longevidade e diversificada experiência constitucional, além das múltiplas influências jurídico-culturais que tem sofrido de outros sistemas, a começar pelo sistema jurídico norte-americano, que no Direito Constitucional é particularmente visível, nomeadamente no sistema de governo e no sistema de fiscalização da constitucionalidade;
– o Estado de Timor-Leste pela sua juventude, num momento em que vai dando os primeiros passos na estruturação jurídico-constitucional da sua vida política, na certeza também de que o esforço de comparação pressupõe uma análise de tipo factual sobre a receção das instituições criadas.

A exclusão destes dois Estados não pode significar qualquer desinteresse pelas observações dos respetivos Direitos Constitucionais e até certo ponto torna mais modesta esta indagação.

Contudo, sopesados riscos e vantagens, é mais prudente limitar a comparação do prisma da busca de um paradigma constitucional aos Estados Africanos de Língua Portuguesa, pela sua óbvia proximidade espacio-temporal, mas também histórico-cultural, em relação a Portugal.

III. Os cuidados a seguir no plano da metodologia devem ainda existir no âmbito da comparação que se quer concretizar, sendo certo que a atividade da Comparação em Direito pode desenvolver-se com diferentes intensidades e extensões:

– a *macro-comparação* põe em confronto a globalidade das ordens jurídicas comparandas, dela se retirando os elementos comuns e os elementos de distanciação;
– a *micro-comparação* coloca em paralelo figuras ou institutos que se destinam a resolver certo problema subjacente, numa avaliação essencialmente funcional do seu papel específico em cada sistema jurídico onde se inserem.

A verdade, porém, é que o nosso intuito não é de macro-comparação – porque não pretendemos comparar todo o sistema jurídico de cada um dos Estados assinalados – como também não é de micro-comparação – pois não queremos limitar a nossa análise a um qualquer instituto específico, ainda que tal se revelasse de grande utilidade.

O nosso esforço será, pois, de *meso-comparação*, uma vez que vamos colocar em confronto, nos diversos testes comparativos a fazer, a globalidade dos Direitos Constitucionais de cada um dos Estados Africanos de Língua Portuguesa selecionados.

IV. O exercício de Direito Constitucional Comparado de Língua Portuguesa postula ainda a importância do *método comparado* na Ciência do Direito Constitucional, como na Ciência do Direito em geral[3].

São consabidas as *funções* que o Direito Comparado em geral pode desenvolver:

- uma *função pedagógica*, de formação e de ensino a respeito das instituições e das soluções jurídicas propostas, por indicação que se possa obter de outros sistemas jurídicos;
- uma *função hermenêutica*, de conhecimento das fontes normativas de certo sistema jurídico, na medida em que tenha sido influenciado por fontes normativas semelhantes de um sistema jurídico estrangeiro;
- uma *função prospetiva*, de melhoria e de aperfeiçoamento do sistema jurídico vigente, por alusões a outras soluções estrangeiras que melhor façam a composição dos interesses, direitos ou valores em presença.

Ora, o Direito Constitucional Comparado não pode ser exceção na pertinência que estas três funções do método

---

[3] Sobre o método no Direito Constitucional Comparado, v., por todos, JORGE BACELAR GOUVEIA, *Manual...*, I, pp. 245 e ss.

comparativo – sendo ainda possível descobrir outras – lhe devem merecer, assim se aplicando à preocupação básica de responder à pergunta que passamos a formular.

2. Existe um paradigma de Direito Constitucional de Língua Portuguesa?

I. Podiam ser várias as perguntas a formular no contexto de um esforço de Direito Constitucional Comparado de Língua Portuguesa, que se vai desenrolar numa tarefa de *meso-comparação*, mas a nossa atenção focaliza-se especificamente na seguinte: *existe um paradigma de Direito Constitucional dos Estados Africanos de Língua Portuguesa?*

Eis uma procura que nos tem acompanhado há já alguns anos a esta parte e para qual temos oscilado, às vezes em função da variedade dos métodos utilizados, às vezes em função das multiformes experiências que as sociedades políticas em causa proporcionam.

II. Para que não subsistam dificuldades acrescidas, importa densificar a ideia de paradigma, em torno da qual girará o esforço de resposta à pergunta formulada.

A conceção de paradigma deve ser necessariamente ampla, nela se incluindo os conjuntos das identidades estruturadoras do Direito Constitucional de cada um daqueles Estados Africanos.

Quer isto dizer que a partir daqueles traços dominantes se faculta um juízo comparativo entre esses mesmos Direitos Constitucionais, depois se finalizando com a comparação que se torne possível a partir da análise da Constituição de 1976 e o Direito Constitucional Democrático e Social que fundaria a mais recente evolução do Estado Português.

A procura de um paradigma equivale bastante à procura de um modelo comum, depurado das suas particularidades, que tendo sido cunhado uma primeira vez se possa vir a replicar em cada um dos Estados Africanos de Língua Portuguesa, não obstante as diferenças existenciais que se assinalam não apenas entre eles, mas sobretudo em relação ao Direito Constitucional Português.

Simplesmente, não é a identidade que se procura, mas as semelhanças fundamentais visíveis nesses sistemas jurídico-constitucionais, nalguns casos simetricamente comprovadas pela existência de diferenças profundas, que fazem o contraponto das semelhanças encontradas.

III. A calibração das respostas à verificação de um paradigma comum deve ainda apreciar todos os fatores suscetíveis de influírem nesse resultado final, sendo necessário fazer algumas exclusões e inclusões.

As *exclusões* dizem respeito às identidades linguísticas, históricas ou de sistema jurídico geral, dado que nos colocamos no plano jurídico-constitucional, para o qual não importa apreciar até que ponto são pertinentes aquelas dimensões da vida política coletiva.

As *inclusões* dizem respeito à amplitude com que é de encarar este esforço comparativo, porquanto se impõe que a procura do paradigma através das identidades que é possível observar se reflita na sistematização dos textos constitucionais ou nas construções teóricas e dogmáticas que sejam levadas a cabo em diversos dos capítulos do Direito

Constitucional de cada um dos Estados Africanos de Língua Portuguesa.

IV. O *contexto temporal* é ainda relevante, fixados os Estados a apreciar, bem como os elementos constantes da grelha comparativa a executar, ainda que numa conceção essencialmente geral.

Desde a proclamação das respetivas independências, logo a seguir à Revolução do 25 de Abril de 1974, os Estados Africanos de Língua Portuguesa, na modelação dos seus sistemas jurídico-constitucionais, passaram por duas grandes fases:

– *a fase da I República*, a fase inicial da vida desses Estados, em que obtiveram independência política, que durou até ao fim da União Soviética e à Queda do Muro de Berlim em 1989;
– *a fase da II República*, a fase atual da vida desses Estados, que se iniciou depois da "libertação" da influência comunista da União Soviética e que se consumou com a normalização das relações com os Estados democráticos ocidentais.

A nossa atenção é fundamentalmente dirigida ao Direito Constitucional da II República, se bem que seja possível, em certos domínios, registar continuidades nos paradigmas constitucionais entre estas duas fases tão distintas da história dos Estados Africanos de Língua Portuguesa.

3. A Constituição Portuguesa de 1976 como ponto de partida

I. Não se afigura viável falar de paradigma de um Direito Constitucional de Língua Portuguesa, a despeito das necessárias reduções que foi necessário conceder, sem sabermos o que encontrar no texto constitucional português, o que nele se pode oferecer de paradigmático.

Ainda que pouco estudado, ou pelo menos não tão estudado quanto o mereceria, o certo é que se pode assentar na existência de alguns pontos centrais do Constitucionalismo Português Democrático e Social nascido a partir da Constituição de 1976 e que podem ser sintetizados em três aspetos centrais:

- *na aprovação do texto constitucional por um parlamento constituinte, em contexto pluripartidário e democrático*, após um período constitucional revolucionário e provisório;
- *na vigência contínua do texto constitucional por mais de 30 anos*, o qual não tem assistido a ruturas ou a quaisquer quebras materiais na sua identidade;
- *na consagração dos princípios constitucionais do Estado de Direito, Republicano, Unitário, Democrático e Social.*

II. O atual Direito Constitucional Português assenta na Constituição da República Portuguesa (CRP), aprovada em 2 de abril de 1976, e que entrou em vigor em 25 de Abril de 1976.

Esta lei constitucional suprema do Estado Português surgiu como corolário da Revolução de 25 de Abril de 1974 – a Revolução dos Cravos – que permitiu pôr termo a um regime autoritário de direita, de inspiração nacionalista, corporativa e fascizante, designado como "Estado Novo", fortemente influenciado pelo regime fascista italiano.

Até que a CRP tivesse sido aprovada, neste período intercalar de dois anos, para além do trabalho da Assembleia Constituinte, democraticamente eleita, viveu-se um regime constitucional provisório, colocando-se simultaneamente em ação um conjunto de medidas urgentes, segundo os três objetivos de (i) descolonizar, (ii) democratizar e (iii) desenvolver o país.

O texto da CRP atualmente contém 296 artigos, que se distribuem por quatro partes, algumas delas distribuídas por capítulos, antecedida por uma parte introdutória e com uma parte final, nos seguintes termos:

- Princípios gerais (artigos 1.º a 11.º)
- Parte I – *Direitos e deveres fundamentais* (artigos 12.º a 79.º)
- Parte II – *Organização económica* (artigos 80.º a 107.º)
- Parte III – *Organização do poder político* (artigos 108.º a 276.º)
- Parte IV – *Garantia e revisão da Constituição* (artigos 277.º a 289.º)
- *Disposições finais e transitórias* (artigos 290.º a 296.º)

A aprovação do texto constitucional por um parlamento pluripartidário – a Assembleia Constituinte, eleita em 25 de Abril de 1975 – foi não apenas uma particularidade formal, pondo de lado outros esquemas possíveis de aprovação de um texto constitucional, seja através da intervenção popular pelo referendo constitucional, seja através de outro tipo de contributo.

III. Outro aspeto marcante do presente Direito Constitucional Português diz respeito à continuidade do respetivo texto constitucional, não obstante as múltiplas revisões que já sofreu, que cumpre recordar:

- *a 1.ª revisão constitucional de 1982*, aprovada pela Lei Constitucional n.º 1/1982, cuidou da estabilização do sistema político, eliminando o Conselho da Revolução, órgão composto por militares e que se mantivera em homenagem ao seu papel na Revolução dos Cravos, mas cuja permanência – por alguns dos respetivos membros, de resto, pretendida – colocava fundadas dúvidas acerca do caráter verdadeiramente democrático do Estado Português;
- *a 2.ª revisão constitucional de 1989*, aprovada pela Lei Constitucional n.º 1/1989, abriu o sistema económico ao amplo movimento das privatizações, necessárias depois da integração comunitária de 1986, revogando o princípio da irreversibilidade das nacionalizações e igualmente criando o mecanismo do referendo político-legislativo nacional, assim aperfeiçoando a democracia política num sentido mais participativo;
- *a 3.ª revisão constitucional de 1992*, aprovada pela Lei Constitucional n.º 1/1992, que especificamente incidiu nos preceitos constitucionais relacionados com a integração europeia, foi feita no sentido de permitir a ratificação, sem risco de inconstituciona-

lidade, do Tratado de Maastricht; as alterações aprovadas fizeram-se sentir no alargamento das atribuições da integração europeia, com as novas dimensões de justiça, dos assuntos internos e da política externa, para além da adoção de uma união económica e monetária;
- *a 4.ª revisão constitucional de 1997*, aprovada pela Lei Constitucional n.º 1/1997, não tendo respeitado a um núcleo específico, dispersou-se por diversas matérias, em que se evidenciam a inclusão de novos direitos fundamentais, o alargamento da eleição presidencial aos cidadãos portugueses residentes no estrangeiro e a extinção, para tempo de paz, dos tribunais militares, sem esquecer o reforço de algumas das competências legislativas da Assembleia da República em detrimento das competências legislativas do Governo;
- *a 5.ª revisão constitucional de 2001*, aprovada pela Lei Constitucional n.º 1/2001, visou preparar a CRP para a ratificação do Estatuto de Roma do Tribunal Penal Internacional, se bem que respeitasse a outras matérias, como a possibilidade da criação de sindicatos para as forças policiais, mas sem direito à greve, ou o esclarecimento do português como língua oficial do Estado;
- *a 6.ª revisão constitucional de 2004*, aprovada pela Lei Constitucional n.º 1/2004, incidiu sobre a reconfiguração do órgão regulador da comunicação social, a ampliação das competências legislativas das Regiões Autónomas, comparativamente às competências legislativas estaduais, e a possibilidade da imposição

de um limite máximo para o exercício dos cargos públicos, assim melhor concretizando o princípio republicano;
- *a 7.ª revisão constitucional de 2005*, aprovada pela Lei Constitucional n.º 1/2005, preocupou-se apenas com a faculdade, agora aceite, de se fazer, no futuro, referendos diretos sobre tratados internacionais relacionados com a integração europeia.

Simplesmente, fica bem patente que todas essas alterações se inscreveram na ideia de revisão constitucional, mantendo a ideia de Direito e cumprindo a regularidade constitucional.

IV. Tópico que do mesmo modo não pode ser esquecido refere-se ao facto de, do ponto de vista material, a Constituição Portuguesa de 1976 assentar numa identidade própria, que depois seria exportada para as diversas experiências dos Estados Africanos de Língua Portuguesa, a qual pode ser sintetizada nos seguintes princípios constitucionais[4]:
- *o princípio do Estado de Direito;*
- *o princípio republicano;*
- *o princípio da unidade do Estado; e*
- *o princípio democrático.*

---

[4] Cfr., por todos, para a sua caracterização, JORGE BACELAR GOUVEIA, *Manual de Direito Constitucional*, II, Coimbra, 2005, pp. 777 e ss.

4. A fase da I República: das independências à década de 90

I. Um dos principais objetivos da III República Democrática, implantada em Portugal a partir da Revolução de 25 de Abril de 1974, foi o da descolonização dos povos e territórios de África, durante vários séculos e até então colónias de Portugal, assim ganhando a sua legítima independência política, nas seguintes datas históricas[5]:

- Angola: 11 de novembro de 1975;
- Cabo Verde: 5 de julho de 1975;
- Guiné-Bissau: 24 de setembro de 1973;
- Moçambique: 25 de junho de 1975;
- São Tomé e Príncipe: 12 de julho de 1975.

II. Essa é, porém, uma evolução político-constitucional que não permite surpreender uma única tendência, antes dois períodos bem distintos para a respetiva compreensão[6]:

---

[5] Sobre a evolução e caracterização geral dos sistemas constitucionais africanos de língua portuguesa, v. JORGE MIRANDA, *Manual de Direito Constitucional*, I, 7.ª ed., Coimbra, 2003, pp. 239 e ss.; JORGE BACELAR GOUVEIA, *Os sistemas político-constitucionais dos Estados Africanos de Língua Portuguesa*, in *Estudos de Direito Público de Língua Portuguesa*, Coimbra, 2004, pp. 288 e ss., e *Manual...*, I, pp. 342 e ss.; FILIPE FALCÃO OLIVEIRA, *Direito Público Guineense*, Coimbra, 2005, pp. 95 e ss.; NUNO PIÇARRA, *A evolução do sistema de garantia da Constituição em Cabo Verde*, in *Direito e Cidadania*, ano VII, n.º 22, Praia, 2005, pp. 211 e ss.; LUÍSA NETO, *Trajetos de independência e consolidação da estrutura estadual nos países africanos de língua oficial portuguesa*, in AAVV, *Estudos em Homenagem ao Prof. Doutor Joaquim Moreira da Silva Cunha*, Coimbra, 2005, pp. 563 e ss.

[6] Cfr. JORGE BACELAR GOUVEIA, *Os sistemas político-constitucionais...*, pp. 292 e ss.

– uma primeira era constitucional de *I República Socialista* (1975-1990); e
– uma segunda era constitucional de *II República Democrática* (1990-....).

III. O contexto da descolonização portuguesa, no terreno da luta de libertação nacional e nos anos que se seguiram à Revolução dos Cravos[7], foi politicamente dominada pela emergência de formações partidárias e de ideologias marxistas, de direta inspiração soviética[8].

---

[7] Quanto à importância da formação das elites africanas que levariam as colónias à independência política, v. BRAZÃO MAZULA, *Educação, cultura e ideologia em Moçambique: 1975-1985*, Porto, 1995, pp. 65 e ss.; DALILA CABRITA MATEUS, *A luta pela independência – a formação das elites fundadoras da FRELIMO, MPLA e PAIGC*, Mem Martins, 1999, pp. 43 e ss.; KENNETH MAXWELL, *A construção da Democracia em Portugal*, Mem Martins, 1999, pp. 115 e ss.; GEORGE WRIGHT, *A destruição de um país – a política dos Estados Unidos para Angola desde 1945*, Lisboa, 2000, pp. 79 e ss.; ARISTIDES PEREIRA, *Uma luta, um partido, dois países*, 2.ª ed., Lisboa, 2002, pp. 73 e ss.; CARLOS VEIGA, *Cabral e a construção do Estado em Cabo Verde – uma apreciação crítica*, in *Direito e Cidadania*, ano VI, n.º 19, janeiro a abril de 2004, pp. 67 e ss.; FILIPE FALCÃO OLIVEIRA, *Direito Público...*, pp. 82 e ss.

[8] Ainda que com a manutenção, até hoje, de importantes traves-mestras do Direito Privado, que se mantêm comuns a Portugal e aos Estados Africanos de Língua Portuguesa.

Cfr. o exemplo de Moçambique em relação aos Códigos Civil, Penal e Comercial, embora o segundo só até certo ponto: JORGE BACELAR GOUVEIA, SUSANA BRASIL DE BRITO e ARÃO FEIJÃO MASSANGAI, *Código Civil e Legislação Complementar*, 2.ª ed., Maputo, 2000; JORGE BACELAR GOUVEIA e EMÍDIO RICARDO NHAMISSITANE, *Código Penal e Legislação Penal*, 2.ª ed., Maputo, 2000; JORGE BACELAR GOUVEIA e LÚCIA DA LUZ RIBEIRO, *Código Comercial e Legislação Comercial*, 2.ª ed., Maputo, 2000.

A esmagadora maioria dos movimentos de libertação nacional – que nas colónias combatiam as Forças Armadas Portuguesas que aguentavam, a custo, o domínio português na vigência da ditadura do Estado Novo – foi doutrinalmente influenciada pelos ideais comunistas, tal como eles foram desenvolvidos na antiga União das Repúblicas Socialistas Soviéticas (URSS), ainda que se assinalassem algumas originalidades ou outras proveniências, em qualquer caso com pesos sempre marginais.

Afora tudo o que essa motivação decerto representava de fé numa nova organização política e social, era verdade que, por detrás desses apoios, se encavalitava um escondido desejo de a URSS se expandir para os territórios que, em breve, deixariam de pertencer a Portugal.

No fervor dos acontecimentos revolucionários, em que dominava o Movimento das Forças Armadas, tendo sido a Revolução de abril um golpe de Estado com a participação decisiva dos militares, até à legitimação dos novos órgãos de poder político por eleições democráticas, os ideais comunistas eram também prevalecentes, pelo que se facilitou uma conexão interna na concessão do poder, dentro dos novos Estados independentes, aos grupos de libertação que estavam afinados pelo mesmo diapasão do socialismo científico.

IV. A análise comparada dos diversos sistemas constitucionais dos novos Estados Africanos de Língua Portuguesa revela traços comuns, dentro daquela única fonte de inspiração, tanto político-ideológica como jurídico-constitucional:

- *o sistema social*: a prevalência dos direitos económicos e sociais, como instrumentos de "desalienação do homem", em detrimento dos direitos e liberdades políticos e civis, num forte monismo ideológico e partidário;
- *o sistema económico*: a apropriação dos meios de produção, com a coletivização da terra, que passou a ser propriedade do Estado, e a planificação imperativa da economia;
- *o sistema político*: a concentração de poderes no órgão parlamentar de cúpula, com a omnipresença do partido único e a sua localização paralela em todas as estruturas do Estado.

V. Esta primeira fase na evolução político-constitucional dos Estados Africanos de Língua Portuguesa durou cerca de uma década e meia, sendo ainda possível nela divisar períodos diferenciados[9]:

- *1.º período*: o período inicial de implantação das estruturas dos Estados agora independentes, com o retorno de muitos portugueses e a sua reorganização interna;

---

[9] Período que não ocorreu sem que se sentissem também inúmeras dificuldades de natureza jurídica, na transição do Direito Português, colonialmente aplicável, para o novo Direito dos Estados Independentes. V., a este propósito, o problema do regime jurídico aplicável ao casamento nestes novos Estados, tanto na sua aceção religiosa, como na sua aceção civil. Para o caso moçambicano, cfr. JORGE BACELAR GOUVEIA, *A relevância civil do casamento católico*, in *Africana*, n.º 14, Porto, 1994, pp. 155 e ss.

- *2.º período*: o período intermédio de organização política e social segundo o modelo de inspiração soviética, com a intensificação da cooperação com os países do bloco comunista, principalmente a URSS, Cuba e a República Democrática Alemã; e
- *3.º período*: o período final de progressiva crise económica, com o recrudescimento dos conflitos políticos internos, nalguns casos – Angola e Moçambique – degenerando em sangrentas guerras civis.

VI. A primeira vaga de textos constitucionais de inspiração soviética, com base na doutrina do marxismo-leninismo, não resistiria à queda dos regimes comunistas, um pouco por toda a parte, simbolizada e iniciada pelo derrube do Muro de Berlim, em dezembro de 1989.

Naturalmente que esse fenómeno, de certa sorte há muito tempo larvar e apenas esperando um momento de rastilho político e social, se projetaria nos Estados africanos em questão, praticamente desde o seu início. É mesmo impressionante a facilidade com que os respetivos sistemas políticos se organizaram com vista à superação do paradigma soviético.

Também se pode dizer que a avaliação das economias e das sociedades desses Estados de Língua Portuguesa revelava já um elevado mal-estar com a aplicação do modelo soviético, que fracassaria, pelo menos, por duas razões fundamentais:

- *pelo caráter informal das sociedades africanas*, até certo ponto incompatível e avesso à rigidez e disciplina conaturais à antiga estruturação burocrática soviética;

– *pelo centralismo político-ideológico que decorria das doutrinas administrativas soviéticas*, abafando as comunidades locais e, na cúpula, combatendo as suas mais diversas expressões, como os Direitos consuetudinários locais.

5. A fase da II República: da década de 90 aos nossos dias

I. Do ponto de vista constitucional, a substituição dos antigos articulados constitucionais fez-se através de *transições constitucionais*, que consistiram na criação de novos textos, mas aproveitando os procedimentos de revisão constitucional anteriormente estabelecidos. A passagem às novas ordens constitucionais em todos estes Estados fez-se sempre de uma forma pacífica, sem revoluções ou ruturas formais.

Por outra parte, igualmente sucedeu que na maioria dos Estados a aprovação de novos documentos constitucionais se ficou a dever aos parlamentos monopartidários que tinham sido escolhidos no tempo da I República totalitária, quase não tendo havido textos constitucionais fruto de uma discussão pluripartidária nos novos parlamentos eleitos.

A principal exceção que importa referir é a de Cabo Verde, que aprovaria uma nova Constituição, em 1992, já em sistema pluripartidário. Nos outros casos, as novas Constituições foram depois pontualmente revistas, para se adequarem aos processos de pacificação interna, em contexto pluripartidário.

II. Em alguns dos Estados Africanos de Língua Portuguesa registaram-se ainda conflitos armados internos, guerras civis já no período da independência, que opuseram os governos constituídos, bem como os respetivos partidos únicos, às oposições armadas, numa confrontação nítida do ponto de vista político-ideológico a respeito da opção constitucional adotada.

A situação de Angola foi a que se prolongaria mais tempo, continuando mesmo depois de implantada uma nova ordem constitucional democrática, só tendo terminado há quatro anos.

Em Moçambique, a situação de guerra civil duraria menos tempo e terminaria em 4 de outubro de 1992, data da assinatura, em Roma, do Acordo Geral de Paz entre o Governo/Frelimo e a Renamo.

6. Descrição breve dos Direitos Constitucionais dos Estados Africanos Lusófonos

I. Mas interessa focar de perto as características que é possível encontrar em cada um dos sistemas político-constitucionais dos Estados Africanos de Língua Portuguesa, afigurando-se útil que possamos vislumbrar cada um deles, assinalando as suas particularidades.

São eles:

- Angola;
- Cabo Verde;
- Guiné-Bissau;
- Moçambique; e
- São Tomé e Príncipe.

II. De todos estes Estados, foi Angola o último a alcançar uma situação de paz, real desde há pouco tempo, aquando da cessação de hostilidades por parte do grupo rebelde UNITA, na sequência da morte do seu líder[10].

O certo é que o presente sistema constitucional angolano foi edificado há mais de uma década, na altura em que se conseguiu um outro cessar-fogo, depois dos Acordos de Bicesse, e foi possível realizar as primeiras eleições gerais no país, presidenciais e legislativas.

O advento desse período foi marcado pela aprovação de uma nova Lei Constitucional em 1992 (LCA)[11], precisamente destinada a acomodar o novo regime democrático emergente, bem como pela elaboração de numerosas leis ordinárias, destinadas a garantir um ambiente de pluripartidarismo.

---

[10] Sobre o Direito Constitucional de Angola em geral, v. RUI FERREIRA, *A democratização dos poderes públicos nos países da África Austral*, Coimbra, 1995; RAUL ARAÚJO, *Os sistemas de governo de transição nos PALOP*, Coimbra, 1996; ADÉRITO CORREIA e BORNITO DE SOUSA, *Angola – História Constitucional*, Coimbra, 1996, pp. 11 e ss.; CARLOS MARIA FEIJÓ, *Problemas atuais de Direito Público Angolano – contributo para a sua compreensão*, Lisboa, 2001, pp. 13 e ss., e *O Novo Direito da Economia de Angola – Legislação Básica*, Coimbra, 2005, pp. 7 e ss.; JORGE BACELAR GOUVEIA, *Introdução ao Direito Constitucional de Angola*, Luanda, 2002, pp. 48 e ss., e *Segredo de Estado e Lei Constitucional em Angola*, in *Estudos de Direito Público de Língua Portuguesa*, Coimbra, 2004, pp. 237 e ss.; AAVV, *A descentralização em Angola*, Luanda, 2002; WLADIMIR BRITO, *O presidencialismo como sistema de governo adequado para Angola*, in *Direito e Cidadania*, ano V, n.º 18, setembro a dezembro de 2003, pp. 153 e ss.; FILIPE FALCÃO OLIVEIRA, *Direito Público…*, pp. 99 e ss.

[11] Cfr. o respetivo texto em JORGE BACELAR GOUVEIA, *As Constituições dos Estados de Língua Portuguesa*, 2.ª ed., Coimbra, 2006, pp. 363 e ss.

Contudo, este clima político não vigoraria mais do que algumas semanas após a realização das eleições de setembro de 1992, pois que se reiniciaria a guerra civil, nunca a UNITA tendo aceitado os resultados eleitorais.

É por isso que o procedimento de revisão constitucional está em curso, com vista à aprovação de uma Constituição definitiva, a qual se prevê possa ser aprovada durante o ano de 2007, ao mesmo tempo se preparando – agora em definitiva paz, espera-se – as segundas eleições gerais, destinadas a conferir uma nova legitimidade aos cargos políticos, com titulares eleitos há mais de 14 anos.

III. Cabo Verde tem a singularidade de ter sido o Estado que mais rapidamente transitaria para a democracia e onde, no plano prático, mais se tem registado a alternância democrática, já tendo os seus dois grandes partidos formado maiorias parlamentares e governamentais.

A sua primeira Constituição, de cunho provisório, seria aprovada em 1975, com o nome de Lei da Organização Política do Estado e, em 1980, adotar-se-ia um texto constitucional definitivo, numa inspiração no modelo soviético, que seria a Constituição de 5 de setembro de 1980[12].

A atual Constituição, de 25 de setembro de 1992 (CCV), só seria aprovada depois de um período de abertura política, no qual a respetiva redação se realizou em

---

[12] Cfr. MÁRIO RAMOS PEREIRA DA SILVA, *O regime dos direitos sociais na Constituição Cabo-Verdiana de 1992*, Coimbra, 2002, pp. 71 e ss.; NUNO PIÇARRA, *A evolução do sistema...*, pp. 2 e ss.

clima de efetivo pluripartidarismo[13], amplamente efetivada pela LC n.º 2/III/90, de 28 de setembro. Este documento não se conserva mais na sua versão original e já foi objeto de profundas alterações, as quais se destinaram a aperfeiçoar o parlamentarismo e a intervenção dos cidadãos nos referendos e nas iniciativas legislativas populares[14], assim como a melhorar o sistema de fiscalização judicial da constitucionalidade então introduzido[15].

IV. A Guiné-Bissau tem vivido, nos últimos anos, sucessivos momentos de agitação e de instabilidade, motivados por alguns golpes de Estado, o último dos quais aconteceu há pouco tempo e teve como sequência direta o derrube do Presidente da República.

A evolução político-institucional da Guiné-Bissau tem a particularidade de ter antecipado o resultado da Revolução Portuguesa de 25 de Abril de 1974, porquanto a sua

---

[13] Cfr. o respetivo texto em JORGE BACELAR GOUVEIA, *As Constituições dos Estados de Língua...*, pp. 283 e ss.

[14] Sobre o Direito Constitucional de Cabo Verde em geral, v. LUÍS MENDONÇA, *O regime político de Cabo Verde*, in *Revista de Direito Público*, II, n.º 3, janeiro de 1988, pp. 7 e ss.; JORGE CARLOS FONSECA, *O sistema de governo na Constituição Cabo-Verdiana*, Lisboa, 1990, pp. 41 e ss.; WLADIMIR BRITO, *A revisão da Constituição de 1992*, in *Direito e Cidadania*, n.º 9, pp. 165 e ss.; MÁRIO RAMOS PEREIRA DA SILVA, *O regime dos direitos sociais...*, pp. 83 e ss.; JOEL HASSE FERREIRA, *Funcionamento e evolução do sistema político-constitucional de Cabo Verde*, in *Direito e Cidadania*, ano V, n.º 18, setembro a dezembro de 2003, pp. 145 e ss.; CARLOS VEIGA, *Cabral e a construção...*, pp. 84 e ss.; FILIPE FALCÃO OLIVEIRA, *Direito Público...*, pp. 95 e ss.; NUNO PIÇARRA, *A evolução do sistema...*, pp. 212 e ss.

[15] Cfr. NUNO PIÇARRA, *A evolução do sistema...*, pp. 222 e ss.

independência chegou a ser proclamada em 24 de setembro de 1973, em Madina de Boé, texto constitucional que depois seria retomado com a concessão da independência formal[16].

O atual texto constitucional (CGB), alcançado depois de uma revisão profunda ocorrida entre 1991 e 1993, é o terceiro da história deste Estado porque em 1980 haveria um golpe de Estado e, após um interregno revolucionário de 4 anos, se elaboraria uma nova Constituição, em 1984[17], sem que a nova Constituição de 1980 tivesse chegado a vigorar[18].

A Constituição de 1993[19], apenas pontualmente revista em aspetos secundários, já contou com inúmeras tentativas de revisão geral, mas todas naufragaram, quer pela ausência de acordo parlamentar, quer pela ausência de vontade do Presidente da República[20] de promulgá-las[21].

---

[16] Com importantes contributos sobre a evolução constitucional da Guiné-Bissau, desde esta fase dos primórdios da sua independência, v. ANTÓNIO E. DUARTE SILVA, *A independência da Guiné-Bissau e a descolonização portuguesa*, Porto, 1997, pp. 63 e ss; FILIPE FALCÃO OLIVEIRA, *Direito Público...*, pp. 109 e ss.

[17] Ainda que esta mesma Constituição Guineense se autodeclare como sendo de 1984.

[18] Cfr. FILIPE FALCÃO OLIVEIRA, *Direito Público...*, pp. 116 e ss.

[19] Cfr. o respetivo texto em JORGE BACELAR GOUVEIA, *As Constituições dos Estados de Língua...*, pp. 397 e ss.

[20] Cfr. FILIPE FALCÃO OLIVEIRA, *Direito Público...*, pp. 122 e ss.

[21] Sobre o Direito Constitucional da Guiné-Bissau em geral, v. PAULO DE SOUSA MENDES, *Princípios constitucionais de organização judiciária*, in *Boletim da Faculdade de Direito de Bissau*, n.º 1, novembro de 1992, pp. 23 e ss.; JORGE REIS NOVAIS, *Tópicos de Ciência Política e Direito Constitucional Guineense*, Lisboa, 1996, pp. 89 e ss.; ANTÓNIO E. DUARTE SILVA, *Formação e*

V. Moçambique, sendo outro dos dois grandes Estados Africanos de Língua Portuguesa, tem sido referido como um caso de sucesso na efetivação de uma negociação internacional de paz.

A sua independência foi alcançada em 25 de junho de 1975 e é dessa altura a entrada em vigor da sua primeira Constituição, que vigoraria até 1990, apenas com pontuais alterações.

Nessa altura, um segundo texto constitucional viria a ser aprovado, a então Constituição de 1990[22], a qual sofreu algumas revisões constitucionais limitadas:

- em 1993, foram alterados os artigos atinentes aos partidos e ao regime de candidatura a Presidente da República, na sequência do Acordo Geral de Paz, assinado no ano anterior;
- em 1996, foi reformulado o capítulo atinente ao poder local, no sentido de evitar dúvidas de constitucionalidade em relação à nova legislação autárquica entretanto produzida;

---

estrutura da Constituição de 1984, in *Boletim da Faculdade de Direito de Bissau*, n.º 4, março de 1997, pp. 153 e ss., e *A independência da Guiné-Bissau...*, pp. 139 e ss.; LUÍS BARBOSA RODRIGUES, *Constituição e legislação complementar*, Bissau, 1994, pp. 5 e ss., e *A transição constitucional guineense*, Lisboa, 1995, pp. 25 e ss., pp. 57 e ss., e pp. 103 e ss.; EMÍLIO KAFFT KOSTA, *O constitucionalismo guineense e os limites materiais de revisão*, Lisboa, 1997, pp. 187 e ss.; FILIPE FALCÃO OLIVEIRA, *Direito Público...*, pp. 105 e ss., e pp. 125 e ss.

[22] Cfr. o respetivo texto, bem como outra legislação constitucional complementar, em JORGE BACELAR GOUVEIA, *As Constituições dos Estados de Língua Portuguesa*, 1.ª ed., Coimbra, 2003, pp. 305 e ss., e *Legislação de Direito Constitucional*, Maputo, 1994, pp. 54 e ss.

— em 1998, foi alterada uma das competências do Conselho Constitucional, órgão judicial com funções de controlo da constitucionalidade e que neste momento, finalmente, começou a funcionar[23].

---

[23] Sobre o Direito Constitucional de Moçambique em geral, v. JOSÉ ÓSCAR MONTEIRO, *Poder e Democracia*, in *Revista de Direito Público*, III, n.° 6, Julho-Dezembro de 1989, pp. 29 e ss.; MARCUS GUADAGNI, *Introdução ao Direito Moçambicano − 9 Direito Constitucional*, Maputo, 1990; JORGE MIRANDA, *Sobre o anteprojeto da Constituição de Moçambique*, in *O Direito*, ano 123.°, I, Janeiro-Março de 1991, pp. 197 e ss.; JOSÉ NORBERTO CARRILHO e EMÍDIO RICARDO NHAMISSITANE, *Alguns aspetos da Constituição*, Maputo, 1991; FERNANDO JOSÉ FIDALGO DA CUNHA, *Democracia e divisão de poder − uma leitura da Constituição Moçambicana*, Maputo, s. d., pp. 58 e ss.; GILLES CISTAC, *O Direito Eleitoral Moçambicano*, Maputo, 1994, pp. 11 e ss., *Poder legislativo e poder regulamentar na Constituição da República de Moçambique de 30 de novembro de 1990*, in *Revista Jurídica da Faculdade de Direito da Universidade Eduardo Mondlane*, 1996, I, pp. 8 e ss., e *O Tribunal Administrativo de Moçambique*, Maputo, 1997, pp. 80 e ss.; JOSÉ MANUEL SÉRVULO CORREIA, *Contencioso administrativo e Estado de Direito*, in *Revista da Faculdade de Direito da Universidade de Lisboa*, XXXVI, n.° 2 de 1995, pp. 450 e ss.; JORGE BACELAR GOUVEIA, *A relevância civil...*, pp. 175 e ss., *O princípio democrático no novo Direito Constitucional Moçambicano*, in *Revista da Faculdade de Direito da Universidade de Lisboa*, XXXVI, 1995, n.° 2, pp. 459 e ss., *As autarquias locais e a respetiva legislação − um enquadramento geral*, in AAVV, *Autarquias Locais em Moçambique − antecedentes e regime jurídico*, Lisboa//Maputo, 1998, pp. 81 e ss., e *Reflexões sobre a próxima revisão da Constituição Moçambicana de 1990*, Maputo, 1999, pp. 5 e ss.; VITALINO CANAS, *O sistema de governo moçambicano na Constituição de 1990*, in *Revista Luso-Africana de Direito*, I, Lisboa, 1997, pp. 167 e ss.; JOÃO ANDRÉ UBISSE GUENHA, *Os sistemas eleitorais em Moçambique*, in *Revista Luso-Africana de Direito*, I, 1997, pp. 223 e ss.; AMÉRICO SIMANGO, *Introdução à Constituição Moçambicana*, Lisboa, 1999, pp. 53 e ss.; FILIPE FALCÃO OLIVEIRA, *Direito Público...*, p. 100.

Desde o início de 2005, coincidindo com a tomada de posse dos novos titulares dos órgãos eleitos – o Presidente da República e a Assembleia da República – está em vigor em Moçambique o seu terceiro texto constitucional, aprovado em 16 de novembro de 2004 (CM)[24], não apresentando mudanças sensíveis em relação ao texto precedente, não sendo uma verdadeira e própria nova Constituição material, antes uma mera revisão da Constituição de 1990.

VI. São Tomé e Príncipe, o mais pequeno dos Estados de Língua Portuguesa, tem atravessado sucessivos períodos de crise económica e social, tendo tais períodos provocado situações de alguma agitação política.

A independência foi alcançada em 12 de julho de 1975, mas o respetivo texto constitucional só entraria em vigor algum tempo depois, tendo sido aprovado em 5 de novembro desse mesmo ano, na sua Assembleia Constituinte, texto que posteriormente seria objeto de pequenas revisões.

A atual Constituição foi aprovada em 1990 (CSTP)[25] e foi a única, de todos os Estados Africanos de Língua Portuguesa, que se sujeitou a um procedimento de referendo popular.

Depois de muitas propostas e de outras tantas disputas, aquele texto constitucional foi finalmente alvo de uma

---

[24] Publicado no *Boletim da República* de Moçambique, I Série, n.º 51, de 22 de dezembro de 2004, pp. 543 e ss., e em JORGE BACELAR GOUVEIA, *As Constituições dos Estados de Língua...*, pp. 465 e ss.

[25] Cfr. o respetivo texto em JORGE BACELAR GOUVEIA, *As Constituições dos Estados de Língua...*, pp. 249 e ss.

apreciável revisão constitucional – até agora a única feita em 16 anos – e que teve o mérito de corrigir muitas das soluções iniciais, melhorando-o substancialmente, como sucedeu nas matérias da fiscalização da constitucionalidade e do regime de revisão constitucional[26].

7. Tópicos de aproximação da Constituição Portuguesa

I. Um primeiro conjunto de resultados permite detetar diversas *aproximações ao Constitucionalismo Português*, em grande medida uma clara decorrência de um processo histórico-cultural tipicamente descolonizador.

As semelhanças que são assinaláveis evidenciam-se nestes quatro planos:

– *o procedimento constituinte;*
– *a hiper-rigidez do texto constitucional;*
– *a proteção dos direitos fundamentais;* e
– *o funcionamento da economia social de mercado.*

II. Em relação ao *procedimento constituinte*, em todos os países assinalados, verificou-se uma mesma preocupação de aprovar os textos constitucionais no contexto de um

---

[26] Sobre o Direito Constitucional de São Tomé e Príncipe em geral, v. ARMANDO M. MARQUES GUEDES, N'GUNU TINY, RAVI AFONSO PEREIRA, MARGARIDA DAMIÃO FERREIRA e DIOGO GIRÃO, *Litígios e legitimação – Estado, Sociedade Civil e Direito em S. Tomé e Príncipe*, Coimbra, 2002, pp. 50 e ss., e pp. 121 e ss.

procedimento de tipo parlamentar, ocupando o órgão parlamentar um papel central.

Mas cada Estado depois adotou diversas soluções na consecução desse objetivo, uma vez que o procedimento constituinte oscilou entre um parlamento monopartidário, oriundo da I República, e um Parlamento pluripartidário, em contexto de II República, embora aquela opção tivesse sido claramente predominante.

Daí que se possa dizer que prevalece uma conceção democrático-parlamentar das novas Repúblicas instituídas, ao arrepio da adoção de projetos pessoais de Constituição, numa importante valorização da instituição parlamentar, ao mesmo tempo se acreditando na força normativa de um código constitucional.

III. A revisão dos textos constitucionais corresponde a uma característica comum, que é a da *hiper-rigidez* dos textos constitucionais.

Na sua alteração, os textos constitucionais submetem-se a regras próprias, que afastam o respetivo procedimento dos esquemas gerais de aprovação da legislação ordinária:

– *os limites orgânicos*: concentrando a aprovação exclusivamente nos órgãos parlamentares, poder legislativo não partilhado com outros órgãos legislativos;
– *os limites procedimentais*: exigindo a aprovação das alterações constitucionais por maioria de 2/3 dos Deputados, assim obrigando a um maior empenhamento democrático;
– *os limites temporais*: impondo que a revisão constitucional só possa ser feita de cinco em cinco anos;

- *os limites materiais*: forçando a que a revisão constitucional não ponha em causa certas matérias, valores ou princípios, considerados como o "bilhete de identidade" dos textos constitucionais;
- *os limites circunstanciais*: proibindo a revisão constitucional durante a vigência do estado de exceção.

IV. Do ponto de vista da *proteção dos direitos fundamentais*, cumpre também observar que o caminho percorrido pelos Estados Africanos de Língua Portuguesa revela uma generalizada aceitação de altos padrões de proteção desses mesmos direitos, o que se pode comprovar através da observação dos catálogos, mais ou menos generosos, da sua consagração.

O elenco dos direitos fundamentais consagrados é reforçado pela presença de importantes regras que orientam os termos da intervenção do legislador ordinário, subordinando os outros poderes públicos – o legislativo, o executivo e o judicial – aos respetivos comandos.

O sistema constitucional de direitos fundamentais nem sequer se pode considerar um sistema fechado, mas antes aberto: quer pelo apelo a direitos fundamentais atípicos, quer pelo apelo à Declaração Universal dos Direitos do Homem, esclarece-se que a respetiva tipologia é unicamente exemplificativa, e não taxativa.

Não sendo este o lugar para uma demonstração direito a direito, basta lembrar a facilidade com que os novos textos constitucionais estabeleceram a inequívoca abolição da pena de morte, bem como a sua forte aceitação social.

V. Relativamente à *organização económica*, beneficiando de importantes normas constitucionais, acolhe-se um *sistema capitalista de mercado* e definitivamente se abandonaria a planificação imperativa da economia.

Simplesmente, a passagem à II República nos Estados Africanos de Língua Portuguesa não se faria sem que algumas das instituições da I República se conservassem, num debate que está longe de terminar:

— *manteve-se a propriedade pública da terra*, globalmente nacionalizada aquando da independência, embora o Estado possa conceder o direito de uso da mesma;
— *limitou-se o investimento estrangeiro*, numa tendência que tem vindo a atenuar-se, à medida que a capacidade de intervenção e os interesses de grupos económicos estrangeiros tem vindo a aumentar.

8. Tópicos de divergência da Constituição Portuguesa

I. Mas a comparação que se leva a cabo igualmente permite um resultado contrário, *que é o da verificação de opções constitucionais que se distanciaram da Constituição Portuguesa de 1976*, cumprindo mencionar os seguintes temas:

— *o controlo judicial da constitucionalidade dos atos do poder público;*
— *a unidade do poder do Estado e a sua relação com as restantes estruturas; e*
— *a "monarquização" da importância da figura do Chefe de Estado.*

II. Em relação ao *controlo judicial da constitucionalidade*, que é peça central do princípio do Estado de Direito, verifica-se uma realidade formal e material bastante multiforme e que, no essencial, se afasta dos resultados do Constitucionalismo Português.

É manifesto que nenhum dos textos constitucionais em causa desconhece o fenómeno e estabelece, com maior ou menor minúcia, uma preocupação de fiscalização da constitucionalidade dos atos do poder em desconformidade com a Constituição, além das sanções aplicáveis em resultado desse ilícito constitucional.

Só que não deixa de ser menos verdade que muitos dos resultados alcançados são escassos, sem esquecer a variedade das soluções constitucionais formais:

- nem todos os Estados têm a opção pelo Tribunal Constitucional, tal não sucedendo com a Guiné-Bissau e com Moçambique;
- nem todos os Estados instalaram os Tribunais Constitucionais previstos nos respetivos textos constitucionais, como é o caso de Angola e de São Tomé e Príncipe;
- a prática da fiscalização da constitucionalidade é apenas uma realidade forte em Cabo Verde, uma vez que nos outros quatro países são pouco numerosas – além de substancialmente pouco densas – as decisões tomadas no contexto da fiscalização da constitucionalidade das leis.

III. Os textos constitucionais de língua portuguesa em África têm em comum uma outra característica, igualmente presente na Constituição Portuguesa, que é a da *unidade do poder do Estado*, tendo-se rejeitado todas as formas de Estado composto, normalmente representada pelas experiências federais.

São várias as razões para tal repulsa de estruturas compósitas de poder estadual, certamente a começar pelo risco de desagregação interna em Estados fruto de uma descolonização recente, por isso ainda com situações de incerteza em relação à construção de uma ideia de nação.

Não obstante esse risco, evidentemente real, poder-se-ia ter evoluído no sentido de alguns, embora limitados, cenários de descentralização política e administrativa, como a criação de regiões legislativas ou de estruturas autárquicas de cunho administrativo.

O certo, porém, é que nem isso sucedeu, ou se sucedeu os resultados são limitados ou praticamente inefetivos: Angola prepara neste momento a criação de autarquias locais; Moçambique apenas criou 33 municípios, num universo de pouco menos de centena e meia, aplicando um princípio de gradualismo; Guiné-Bissau, depois da criação de estruturas autárquicas, não tem como prioridade tal matéria, dada a necessidade de reconstrução nacional.

IV. Os Estados Africanos de Língua Portuguesa, tal como Portugal, abraçaram a conceção republicana de poder político, com *a presença de um Chefe de Estado eleito e nalguns casos não indefinidamente reelegível*.

Simplesmente, a prática tem sido pouco republicana, num contraste evidente com a experiência portuguesa, sem contar com os períodos de turbulência interna que não propiciaram a renovação dos dirigentes políticos.

De um modo geral, assinala-se o problema de a representação do Chefe de Estado, feita em nome da coletividade, ser muito diversa da representação tipicamente republicana, em que o Presidente da República, sem bem que eleito, personifica um poder limitado e colaborante com outros poderes, para além de um ideia ético-republicana de temporariedade no exercício das funções públicas.

Não é isso o que se vai observando ou sentindo nas realidades constitucionais de alguns dos Estados Africanos de Língua Portuguesa: não só é vontade dos Chefes de Estado de se reelegerem indefinidamente, como é vontade dos povos de se lhes atribuir mais competências e mais protagonismo de intervenção política, pondo assim em causa aquela conceção republicana de poder.

No fundo, o que está em causa é uma inadequação geral da conceção republicana europeia ao mundo africano, que encara o papel do Chefe – seja ele nacional, seja ele local – num sentido monárquico, de acordo com as suas regras de sucessão, num contexto cultural mais vasto e fora dos quadros da democracia representativa, ela também de cunho ocidental.

9. Tópicos de transmutação da Constituição Portuguesa

I. A observação destes textos e práticas constitucionais possibilita ainda intuir a existência de fenómenos que não se integram bem no sentido da aproximação ou no sentido da distanciação: *são fenómenos de transmutação de instituições aco-*

lhidas da Constituição Portuguesa, as quais acabaram por prevalecer com um sentido diverso, estrutural ou funcional.

Esse vem a ser essencialmente o caso do *sistema de governo semipresidencial*, tal como o mesmo foi concebido pelo texto constitucional português e depois exportado para os textos constitucionais africanos de língua portuguesa.

E o curioso é verificar que a prática do semipresidencialismo por parte destes países, conquanto não a sua consagração constitucional, redundou sempre na dificuldade de um decalque, antes propiciando resultados diversos.

II. Na sua leitura formal, todos os sistemas políticos africanos de língua portuguesa partem de uma visão dinâmica dos órgãos do poder público, com a intervenção efetiva do Chefe de Estado, do Parlamento e do Executivo.

No entanto, não só por ligeiras diferenças textuais quanto sobretudo por divergências interpretativas e aplicativas, a evolução desses sistemas tem apontado em direções muito distintas:

- *numa direção parlamentarizante*, sendo hoje já um parlamentarismo racionalizado, em Cabo Verde;
- *numa direção presidencializante*, em Angola, Guiné-Bissau e Moçambique, sendo o Presidente da República o chefe efetivo do Governo, apesar de existir, mas com escassa autonomia política, a figura do Primeiro-Ministro;
- *numa direção semipresidencial*, São Tomé e Príncipe, ainda que ironicamente aqui o Chefe de Estado detenha competências executivas em matéria de defesa e de relações externas.

10. Um paradigma constitucional em construção

I. O percurso que pudemos efetuar através dos sistemas constitucionais de língua portuguesa, compaginando-o com o texto constitucional português, permite detetar a existência de elementos comuns, de alguma sorte dados originais do paradigma constitucional, e que são:

- *a existência de Constituições escritas, feitas a partir da produção de um ato legislativo formal, com esse nome e essencialmente codificado;*
- *a existência de Constituições hiper-rígidas, com diversos limites à revisão constitucional;*
- *a proteção razoável dos direitos fundamentais, mais na proclamação dos textos constitucionais do que na efetividade da prática administrativa ou judiciária;*
- *o funcionamento aceitável de uma economia de mercado, em que se assinala a importância da intervenção do Estado, nos termos constitucionalmente previstos.*

II. Paralelamente, importa assinalar *a existência de dados diferenciadores do paradigma constitucional, os quais diminuem a aproximação ao modelo português*, os quais têm que ver com a dificuldade na importação de instituições constitucionais que não funcionam bem em contextos diversos, dele se distanciando:

- *um edifício de fiscalização da constitucionalidade semiconstruído*, em que se regista a falta da instalação de Tribunais Constitucional, *além de uma prática muito escassa em processos de controlo da constitucionalidade dos atos do poder público*;

- *a forte conceção unitarista do poder do Estado*, que muito dificilmente aceita distribuir o poder público, mesmo que administrativo, por outras instituições, ao que não será alheio um circunstancialismo desestruturado no funcionamento das instituições públicas;
- *a conceção mais monárquica do que republicana do sistema político*, em boa parte das experiências constitucionais, em larga conexão com o sistemas de partidos.

III. Cumpre ainda referir *elementos de transmutação* do sistema constitucional português que serviu de inspiração aos textos constitucionais de língua portuguesa.

Vem esse a ser o caso do *sistema de governo*, importado no contexto, também ele variável, de semipresidencialismo, mas que não tem funcionado com estabilidade, surgindo diferentes orientações, à medida das necessidades da vida política dos Estados que o vão experimentando.

IV. Quer isto tudo dizer que são inequívocos os elementos de continuidade e de aproximação dos sistemas constitucionais africanos de língua portuguesa em relação ao constitucionalismo português.

Mas também são notórios os elementos de distanciação e até de adulteração em relação a esse modelo, o que se compreende em razão de um contexto cultural com as suas características próprias.

A conclusão, por isso, deve ser cuidadosa e limitadamente reconhecer a existência de um paradigma constitucional de língua portuguesa matizado, mas em que avultam traços de contínua e sólida aproximação (traços centrípetos), ao mesmo tempo que se registam caminhos de divergência, que se vão acentuando (traços centrífugos).

LES SYSTÈMES POLITICO-CONSTITUTIONNELS DES ETATS AFRICAINS DE LANGUE PORTUGAISE[1]

1. Introduction

I. Je voudrais tout d'abord saluer l'ensemble des personnes présentes à cet intéressant colloque, fort justement promu par le Centre Culturel de la Fondation Calouste Gulbenkian à Paris.

Il est tout aussi juste de féliciter ses promoteurs pour sa réalisation et, en particulier, notre collègue Francisco Bethencourt, qui a tant œuvré pour sa réussite.

Permettez-moi aussi de saluer mes collègues conférenciers – de ce panel ou non – afin de leur faire savoir le plaisir que j'ai de partager avec eux ces instants de réflexion et de culture.

II. Le thème qui m'a été proposé a pour but d'offrir une vue d'ensemble, aussi précise et synthétique que possible, du parcours politico-constitutionnel des Etats africains de langue portugaise.

C'est ainsi que j'étudierai successivement six thèmes fondamentaux, afin d'approfondir l'étude de ces systèmes politico-constitutionnels:

---

[1] Publicado na *Revue Française de Droit Constitutionnel*, n.º 73, Janvier 2008, pp. 185-197.

- l'évolution coloniale jusqu'à la proclamation de l'indépendance;
- la première phase de l'évolution constitutionnelle, inspirée du modèle soviétique;
- la seconde phase de l'évolution constitutionnelle, phase actuelle, inspirée des démocraties occidentales;
- la caractérisation générale des divers systèmes politico-constitutionnels, afin de tenter de dégager une matrice commune;
- l'individualisation de chacun des Etats concernés, dans leur parcours et leurs traits spécifiques;
- la discussion de certains des problèmes qui se posent quant à l'évolution juridico-constitutionnelle future de ces Etats.

III. N'étant ni sociologue, ni anthropologue, ni même historien, ma contribution ne peut que se situer dans la perspective juridico-constitutionnelle et politologique, tant il est vrai que les nouveaux Etats africains de langue portugaise, qui ont subi l'influence du Portugal, s'expriment aussi dans cette dimension politico-institutionnelle.

C'est pour cela que je pense devoir privilégier une dimension du savoir que je peux maîtriser, et qui me semble utile dans le contexte pluridisciplinaire de ce colloque, afin d'en accroître la richesse intrinsèque.

2. Les découvertes portugaises et la décolonisation africaine

I. Dans l'histoire européenne et universelle, le Portugal a eu le privilège d'être à l'origine d'un des plus grands mouvements de mondialisation qui soient: les découvertes maritimes en direction de l'Afrique, de l'Asie et de l'Amérique.

En effet, non seulement les premières explorations en territoire africain, américain et asiatique, reviennent au Portugal, mais deux dates à valeur symbolique, et que l'on ne peut oublier, lui sont attribuables:

- la découverte de la route maritime des Indes, par Vasco de Gama, en 1498;
- la découverte du Brésil, par Pedro Álvares Cabral, en 1500.

Ceci fut vraiment l'une des grandes aventures de la mondialisation à l'échelle planétaire, en raison de l'intercommunication des cultures, religions et savoirs qu'elle permit, anticipant ainsi beaucoup de ce qui aujourd'hui nous paraît évident, c'est-à-dire la mondialisation moderne de la société de l'information.

II. Mais la présence portugaise en de nouveaux territoires, et parmi de nouveaux peuples, serait rapidement accompagnée par celle d'autres puissances européennes. D'abord, à la même époque, l'Espagne et, plus tard, l'Angleterre, la France et les Pays-Bas.

Il devint alors possible que l'expansion à partir de l'Europe puisse se répandre plus rapidement et atteigne aussi, progressivement, les lieux les plus reculés du monde.

Il est certain que cette coexistence, outre-mer, suscita des conflits et des guerres, mais elle permit aussi des collaborations pacifiques et, surtout, l'implantation des Etats en de nouveaux territoires et au sein de peuples nouveaux, ce qui les contraignit à adapter leurs structures politiques à cette réalité nouvelle.

C'est ainsi que nacquirent les colonies d'outre-mer, maintenues par certains des principaux Etats européens – dont le Portugal – pendant des siècles, et bien que de manière limitée à quelques possessions en territoire africain au XXème siècle.

III. Le maintien de ces colonies ne pouvait perdurer – ainsi que l'on finit par le comprendre – car il reposait sur une présupposition erronée: celle d'après laquelle il serait légitime pour les Etats métropolitains de gouverner le destin de communautés et d'espaces culturellement distincts, en menant, dans la plupart des cas, des politiques de subordination des habitants et de leurs ressources.

Ainsi, on ne peut donc pas s'étonner de ce que la présence des Etats européens dans les territoires coloniaux ait presque toujours été vécue comme une relation ambivalente:

– bonne, en un sens, parce que porteuse de modernisation et de civilisation;
– mauvaise, inversement, parce qu'oppressive et exploitante, tant économiquement que personnellement, des gens – l'esclavage – et des ressources.

En un mot, la question de la décolonisation – le retrait des puissances européennes des territoires conquis – fut toujours à l'ordre du jour, bien que de manière plus ou moins appuyée. Une politique décolonisatrice ferme ne serait ainsi menée qu'avec la fin de la Deuxième Guerre mondiale, parmi les missions des Nations unies.

Ce fut à partir de ce moment-là que le Royaume-Uni et la France menèrent à bien un processus de décolonisation de leurs territoires conquis un peu partout dans le monde, acceptant en quelque sorte l'inévitabilité et la justice de l'Histoire. Dans le cas de l'Espagne, cette décolonisation, en raison d'une présence marquée en Amérique latine, avait déjà eu lieu au XIXème siècle, lorsque les Etats américains atteignirent leur indépendance, ce qui fut également le cas du Brésil, qui avait jusqu'alors appartenu au Portugal.

IV. Le Portugal, en grande partie à cause d'un régime autoritaire nationaliste et impérialiste, ne s'est simplement pas aligné dans cette voie décolonisatrice et a toujours refusé de reconnaître l'auto-détermination des territoires et des peuples qu'il possédait encore en territoire africain: l'Angola, le Cap-Vert, la Guinée-Bissau, le Mozambique et São Tomé et Principe.

Les temps vécus jusqu'aux années soixante-dix ne furent pas faciles, le régime d'alors – celui d'António de Oliveira Salazar, d'abord, puis, ensuite, celui de Marcello Caetano – ayant senti la nécessité d'affronter l'opposition et l'agressivité croissantes, tant internationales qu'internes:

- l'opposition internationale, au travers des condamnations successives approuvées par les Nations unies, ou bien, orchestrée par d'autres Etats, qui voyaient dans cette condamnation le moyen de critiquer un régime autoritaire non atteint par le souffle démocratique circulant en Europe occidentale;

– l'opposition interne, de nature aussi bien politique, quoiqu'affaiblie par le régime répressif de la police politique d'alors, que militaire, puisque dans trois des colonies de l'époque – l'Angola, le Mozambique et la Guinée-Bissau – une guerre civile de libération nationale avait éclaté au début des années soixante.

V. La décolonisation portugaise, malgré bien des promesses faites, n'a, à proprement parler, pu se concrétiser qu'après la chute du régime autoritaire de l'*Estado Novo* et la naissance, en lieu et place, d'une nouvelle république – la IIIe République Démocratique – dont la marche commencerait par la Révolution des Œillets, déclenchée le 25 avril 1974.

Nombreuses étaient les priorités du nouveau pouvoir politique dans ce contexte révolutionnaire naissant. Mais, ce qui ne cesse d'impressioner, est la soudaineté avec laquelle la question de la décolonisation se posa, au sein de la fameuse trilogie de priorités du pouvoir révolutionnaire naissant, toutes représentées par des mots commençant par "d":

– décoloniser;
– démocratiser; et
– développer.

VI. Si l'intention d'octroyer l'indépendance aux différentes colonies ne soulevait pas de polémique, il n'en allait pas de même en ce qui concerne le processus à suivre pour la transition du pouvoir encore exercé par le Portugal; tant en ce qui concernait l'utilisation du referendum que pour la tenue d'élections libres visant à choisir de nouveaux titulaires du pouvoir dans les Etats.

D'un autre côté, on ne pouvait ignorer qu'en matière d'auto-détermination des peuples, le droit international était fourni, qui renfermait expressément la nécessaire convocation de referenda internationaux, en consultant les habitants des territoires quant à leurs souhaits pour l'avenir; un avenir qui pouvait d'ailleurs admettre le maintien au sein de l'Etat métropolitain.

Bien que l'on soit parvenu à mettre cela en place, comme ce fut le cas pour Angola, la vérité est que la transition du pouvoir du Portugal vers les nouveaux Etats s'est faite sans referenda et sans élection des nouveaux titulaires du pouvoir: on a procédé à un choix direct, justifié par la dévastation que les diverses guerres de libération nationale avaient provoquée au sein des mouvements de libération nationale qui représenteraient plus tard la majorité des populations concernées.

Quelques années plus tard, beaucoup s'interrogent sur le chemin suivi au cours du processus de décolonisation, et les interprétations données sont multiples au sujet d'une histoire qui, dans une perspective strictement scientifique, est encore à raconter.

Par delà les divergences doctrinales, deux choses semblent exactes et communément admises:

– la décolonisation portugaise en Afrique a été menée trop rapidement, sans choisir les interlocuteurs des nouveaux pouvoirs de manière démocratique, par le biais d'élections, et sans même préparer les structures des nouveaux Etats à une transition stable;

– la décolonisation portugaise en Afrique n'a pas dûment protégé les intérêts des portugais qui y vivaient et n'y avaient plus leur place, générant ainsi un mouvement de retour [*"movimento de retornados"*] – plus de 10% de la population portugaise – qui a profondément traumatisé les portugais et s'est révélé injuste à l'égard de beaucoup de leurs intérêts.

3. La première phase: la I^e République socialiste (1975-1990)

I. Le contexte de la décolonisation portugaise, tant sur le terrain de la lutte de libération nationale que pendant les années qui suivirent la Révolution du 25 avril 1974, fut dominé du point de vue politique par l'émergence de formations partisanes et d'idéologies marxistes d'inspiration soviétique.

L'immense majorité des mouvements de libération nationale qui, dans les colonies, combattaient les Forces Armées Portugaises maintenant coûteusement la domination portugaise sous l'empire de la dictature de l'*Estado Novo*, fut influencée, d'un point de vue doctrinal, par les idéaux communistes tels qu'ils furent développés en Union soviétique. Au-delà de tout ce que cette motivation représentait, en termes de foi, dans une nouvelle organisation politique et sociale, il est vrai que, derrière cet appui, pointait le désir caché de l'Union soviétique de s'étendre en des territoires qui, à brève échéance, cesseraient d'appartenir au Portugal.

Dans la ferveur des événements révolutionnaires, où le Mouvement des Forces Armées dominait – la Révolution des Œillets fut un coup d'Etat avec une participation décisive des militaires –, et jusqu'à la légitimation des nouveaux organes de pouvoir politique par des élections démocratiques, les idéaux communistes dominaient également, ce qui révéla une connexion interne dans la concession du pouvoir, dans les nouveaux Etats indépendants, aux groupes de libération qui étaient au diapason du socialisme scientifique marxiste.

II. L'analyse comparative des divers systèmes constitutionnels des nouveaux Etats africains de langue portugaise fait apparaître des traits communs au sein de cette source d'inspiration commune, aussi bien politico-idéologique que juridico-constitutionnelle:

- système social: primauté des droits économiques et sociaux comme instruments de désaliénation humaine, au détriment des droits et libertés politiques et civiles, dans un monisme idéologique et partisan;
- système économique: appropriation des moyens de production, avec collectivisation de la terre, qui devient propriété de l'Etat, et planification impérative de l'économie;
- système politique: concentration des pouvoirs dans l'organe parlementaire au sommet, avec l'omniprésence du parti unique et son implantation parallèle dans toutes les structures de l'Etat.

III. Cette première phase de l'évolution politico-constitutionnelle des Etats africains de langue portugaise dura environ une quinzaine d'années, encore qu'il soit possible de la scinder en plusieurs périodes:

- première sous-phase: la période initiale de mise en place des structures des Etats nouvellement indépendants, avec le départ d'un grand nombre de portugais et une réorganisation interne;
- deuxième sous-phase: la période intermédiaire d'organisation politique et sociale selon le modèle d'inspiration soviétique, avec une intensification de la coopération avec les pays du bloc communiste, et en particulier l'Union soviétique, Cuba et la République Démocratique d'Allemagne; et
- troisième sous-phase: la période finale, de crise économique progressive, avec une intensification des conflits politiques internes qui, dans le cas de l'Angola et du Mozambique, dégénérèrent pour finir en guerres civiles.

4. La seconde phase: la IIe République Démocratique (1990-...)

I. Cette première vague de textes constitutionnels, d'inspiration soviétique et fondés sur la doctrine du socialisme scientifique, n'allait pas résister à la chute des régimes communistes un peu partout dans le monde, et symbolisée par la chute du mur de Berlin en décembre 1989.

Il est certain que ce phénomène, qui était en quelque sorte à l'état larvaire depuis longtemps, et n'attendait qu'une explosion politique et sociale pour détoner, allait, presque immédiatement, être projeté dans ces Etats africains. La facilité avec laquelle leurs systèmes politiques s'organisèrent afin de surmonter le paradigme soviétique est tout à fait impressionnante.

Mais il est également possible d'affirmer que l'analyse des économies et des sociétés de ces Etats africains de langue portugaise révélait un degré de mal être avec l'application du modèle soviétique, qui finirait par échouer pour deux raisons fondamentales:

- le caractère informel des sociétés africaines, incompatible et hostile, d'une certaine manière, à la rigidité et la discipline intrinsèques aux structures bureaucratiques soviétiques;
- le centralisme politico-idéologique découlant des doctrines administratives soviétiques, étouffant les communautés locales et, au sommet, combattant leurs plus diverses expressions, telles que les Droits coutumiers locaux.

II. Du point de vue constitutionnel, le changement des anciens textes constitutionnels fut réalisé grâce à des transitions constitutionnelles, qui consistèrent en l'élaboration de nouveaux textes constitutionnels, tout en utilisant les procédures de révision constitutionnelle antérieurement établies. Le passage aux nouveaux ordres constitutionnels, dans tous ces Etats, s'opéra de manière pacifique, sans révolutions ni ruptures formelles.

D'autre part, il s'avéra que, dans la plupart des Etats, l'adoption de nouveaux textes constitutionnels fut le fait de parlements monopartistes désignés au temps de la I^e République autoritaire. Il n'y eut donc pas de textes constitutionnels issus d'une discussion pluripartiste au sein des nouveaux parlements élus.

La principale exception qu'il nous faut souligner est celle du Cap-Vert, qui adopta une nouvelle Constitution en 1992, dans le cadre d'un système pluripartiste. Dans d'autres cas, et de manière moins ambitieuse, les textes constitutionnels firent l'objet de révisions ponctuelles afin de s'adapter à des processus de pacification interne, et ce dans un contexte pluripartiste.

III. Dans certains des Etats africains de langue portugaise, des conflits armés internes et des guerres civiles eurent même lieu après l'indépendance, opposant les gouvernements en place (ainsi que les partis uniques) aux oppositions armées, dans un conflit flagrant au point de vue politico-idéologique, quant aux choix constitutionnels opérés.

La situation de l'Angola fut celle qui perdura le plus longtemps, se pousuivant même après l'implantation d'un nouvel ordre constitutionnel démocratique, pour ne finalement se normaliser que l'année dernière.

Au Mozambique, la situation de guerre civile dura moins longtemps et s'acheva le 4 octobre 1992, date de la signature, à Rome, de l'Accord général de paix entre le Gouvernement/FRELIMO et la RENAMO.

5. La caractérisation politico-constitutionnelle générale des Etats africains de langue portugaise

I. Après ce bref survol de l'évolution juridico-constitutionnelle des Etats africains de langue portugaise, il nous faut maintenant dégager un ensemble de traits distinctifs communs qui, selon certains, pourraient contribuer à former un système constitutionnel de matrice portugaise:

- les sources constitutionnelles;
- les principes fondamentaux;
- les droits fondamentaux;
- l'organisation économique;
- l'organisation politique; et
- la garantie de la Constitution.

II. Il est possible d'affirmer, sans la moindre hésitation, que les textes constitutionnels actuels des Etats africains de langue portugaise reflètent, d'une manière générale, l'influence de la Constitution portugaise de 1976, tant en ce qui concerne le style adopté que sa systématisation.

Cette influence s'étend aussi à certaines des institutions juridico-constitutionnelles adoptées, ce qui s'explique compte tenu de la présence de jurisconsultes portugais lors de leur élaboration, mais aussi par la proximité culturelle de bien des juristes de ces nouveaux Etats, qui étudièrent dans les facultés de droit du Portugal.

Ceci, pourtant, cache un élément bien plus impressionnant. C'est en effet avec la IIe République que se renouèrent des liens brisés lors des indépendances, en raison de l'éloignement des institutions, par rapport au droit portugais, à cause de l'adhésion à un autre système de droit, celui-là d'inspiration soviétique.

III. Au niveau des grands principes de droit constitutionnel, l'on s'apperçoit qu'il existe une grande communion autour de grands principes tels que:
- le principe républicain, la république étant la forme institutionnelle de gouvernement privilégiée, avec l'élection directe du Chef de l'Etat;
- le principe de l'Etat de droit, dans toutes ses exigences quant à la sûreté et à la sécurité, à l'égalité et à la séparation des pouvoirs;
- le principe démocratique, avec l'existence d'élections périodiques, et auxquelles les citoyens prennent part, au suffrage universel et secret;
- le principe de l'Etat unitaire, puisque les Etats, ayant rejeté les schémas fédéralistes qui leur avaient été proposés, sont unitaires quoiqu'acceptant des solutions alternatives de régionalisme politico-législatif à caractère limité;
- le principe social, reconnaissant un rôle d'intervention dans la prestation de droits économiques et sociaux;
- le principe international, qui veut que la souveraineté de l'Etat n'empêche pas que les Etats s'engagent à l'extérieur, au sein de diverses organisations internationales.

IV. En ce qui concerne les droits fondamentaux, il faut préciser que tous les textes constitutionnels contiennent de longues énumérations de droits fondamentaux qui trouvent alors à s'intégrer dans les premières parties de ces textes.

Mais cette conception des droits fondamentaux est hétérogène, car elle ne s'abreuve pas seulement de théorie libérale, elle reflète surtout la présence d'autres conceptions des droits fondamentaux, telles que les théories sociale et démocratique.

La gamme des droits fondamentaux consacrés dans les constitutions se voit encore renforcée par la présence d'importantes règles qui orientent les termes dans lesquels se fait l'intervention du législateur ordinaire, subordonnant effectivement les autres pouvoirs publics – législatif, exécutif et judiciaire – à leurs préceptes.

Le système constitutionnel des droits fondamentaux ne peut même pas être perçu comme un système fermé; c'est plutôt un système ouvert: qu'il s'agisse de l'invocation d'autres droits fondamentaux atypiques ou bien de la référence à la Déclaration universelle des droits de l'homme, il est admis que la typologie est uniquement indicative et non pas exhaustive.

V. En ce qui concerne l'organisation économique, à laquelle d'importantes normes constitutionnelles sont également consacrées, un système capitaliste de marché y a été conçu en lieu et place de l'antérieure planification impérative de l'économie.

Le passage à la IIe République des Etats africains de langue portugaise ne pouvait simplement pas se faire sans que quelques-unes des institutions de la I^e République ne soient conservées, dans un débat qui est loin d'être clos:

- la propriété publique de la terre a été maintenue, car globalement nationalisée lors de l'indépendance, bien que l'Etat puisse concéder le droit d'user de la terre;
- l'investissement étranger a été limité selon une tendance qui, peu à peu, s'adoucit à mesure que la capacité d'intervention et les intérêts des groupes économiques étrangers augmentent.

VI. Dans une lecture formelle, tous les systèmes constitutionnels africains de langue portugaise partent d'une vision dynamique des organes de pouvoir public, avec l'intervention effective du Chef de l'Etat, du Parlement et de l'Exécutif.

Cependant, au-delà de légères différences dans les textes, et surtout à cause de divergences d'interprétation, l'évolution de ces systèmes constitutionnels a suivi des orientations distinctes:

- une direction parlementarisante, aujourd'hui devenue celle du parlementarisme rationalisé, au Cap-Vert;
- une direction présidentialisante, en Angola, en Guinée-Bissau et au Mozambique, le Président de la République étant le chef effectif du Gouvernement, encore que la figure du Premier Ministre existe, avec une autonomie politique fort limitée;
- une direction semi-présidentielle, à São Tomé et Principe, bien qu'ironiquement le Chef de l'Etat y détienne des compétences exécutives en matière de défense et de relations extérieures.

VII. La révision des textes constitutionnels répond à une caractéristique commune, qui est le caractère rigide des constitutions des Etats africains de langue portugaise. Les textes constitutionnels sont soumis à des règles dérogatoires lors de leur révision, éloignant ainsi cette procédure de celle prévue pour l'adoption de la législation ordinaire:

- limites organiques: l'adoption est exclusivement dévolue aux organes parlementaires; il s'agit d'un pouvoir législatif qui n'est pas partagé avec d'autres organes législatifs;
- limites procédurales: l'adoption des révisions constitutionnelles requiert une majorité des deux-tiers des députés, créant ainsi une plus forte détermination démocratique;
- limites temporelles: les procédures de révision constitutionnelle ne peuvent avoir lieu que tous les cinq ans;
- limites matérielles: la révision constitutionnelle ne peut porter sur un ensemble de matières, valeurs ou principes, considérés comme la "carte d'identité" du texte constitutionnel;
- limites circonstancielles: la révision constitutionnelle est interdite lorsque l'état d'exception a été déclaré.

6. Courte description individuelle des systèmes politico-constitutionnels des Etats africains de langue portugaise

I. Derrière ces diverses caractéristiques décelées dans chacun des systèmes politico-constitutionnels des Etats africains de langue portugaise, il nous faut également étudier chacun d'eux afin de souligner ses particularités. Il s'agit de:

- L'Angola;
- Le Cap-Vert;
- La Guinée-Bissau;
- Le Mozambique; et
- São Tomé et Principe.

II. De tous ces Etats, l'Angola a été le dernier à parvenir à une situation de paix, devenue réelle l'année dernière, lors de la cessation des hostilités de la part des rebelles de l'UNITA, après la mort de leur chef.

Toutefois, la vérité est que le système constitutionnel angolais actuel a été bâti il y a plus d'une décennie, lorsque l'on parvint à un cessez-le-feu, après les Accords de Bicesse, et qu'il fut possible de réaliser des élections générales – présidentielles et législatives – dans l'ensemble du pays, après un régime d'inspiration soviétique en place depuis l'indépendance politique du 11 novembre 1975.

Le début de cette période fut marqué, en 1992, par l'adoption d'une nouvelle loi constitutionnelle spécialement destinée à structurer le nouveau régime démocratique naissant et, plus géneralement, par de nombreuses lois ordinaires visant à garantir un climat pluripartiste.

Ce climat, toutefois, ne durerait guère plus de quelques semaines après les élections de septembre 1992, quand la guerre civile reprit, l'UNITA n'ayant jamais accepté les résultats électoraux.

Voilà qui explique que la procédure de révision constitutionnelle soit encore en cours, avec pour objectif l'adoption d'une constitution définitive, qui pourrait avoir lieu dans le courant de l'année prochaine, tout pendant que l'on prépare les secondes élections générales – cette fois en temps de paix établie – destinées à conférer une nouvelle légitimité à des postes politiques dont les titulaires ont été élus il y a plus de dix ans.

III. Le Cap-Vert présente la particularité d'avoir été l'Etat dont la transition vers la démocratie a été la plus rapide, et où, dans la pratique, l'alternance démocratique a été la plus nourrie, puisque les deux grands partis ont déjà tous deux constitué des majorités parlementaires et gouvernementales.

Sa première constitution, à caractère provisoire, fut approuvée en 1975 puis, en 1980, un texte constitutionnel définitif fut adopté dans un contexte d'inspiration du modèle soviétique.

La constitution actuelle ne fut adoptée qu'en 1992, après une période d'ouverture politique, et durant laquelle la rédaction du texte constitutionnel se déroula dans un climat pluripartiste effectif.

Ce n'est toutefois plus le texte originel, puisque ce dernier a fait l'objet de profonds changements destinés à perfectionner le parlementarisme et l'intervention populaire dans les referenda et les initiatives législatives populaires.

IV. La Guinée-Bissau a vécu, ces dernières années, sous le coup de turbulences successives liées à un certain nombre de coups d'Etat, et dont le dernier a eu lieu il y a quelques mois avec pour conséquence directe le renversement du Président de la République.

Son évolution politico-institutionnelle présente la particularité d'avoir devancé le résultat de la Révolution Portugaise du 25 avril 1974, compte tenu de ce que l'indépendance y a été proclamée en 1973, dans un texte constitutionnel repris par la suite, lorsque l'indépendance serait formellement octroyée.

Mais le texte constitutionnel actuel, fruit d'une profonde révision opérée en 1993, est le troisième dans l'histoire du pays car, en 1984, il y eut un coup d'Etat entraînant l'élaboration d'une nouvelle constitution.

La Constitution de 1993, qui a simplement fait l'objet de révisions ponctuelles portant sur des aspects secondaires, a déjà été la cible de nombreuses tentatives de révision générale qui, toutes, ont échoué, faute d'accord parlementaire ou de volonté du Président de la République quant à la promulgation.

V. Le Mozambique, l'un des deux grands Etats africains de langue portugaise, a été présenté comme un exemple de succès de mise en oeuvre d'une négociation internationale de paix.

Son indépendance a été obtenue le 25 juin 1975, et l'entrée en vigueur de sa première constitution – qui demeurerait en vigueur jusqu'en 1990 – date d'alors.

La constitution actuelle, la seconde, a fait l'objet de quelques révisions limitées, alors que l'on discute, depuis plus de cinq ans, d'une révision profonde de ses principes:

- en 1993, à raison de l'Accord général de Paix signé l'année antérieure, les articles relatifs aux partis politiques et à la candidature à la Présidence de la République furent modifiés;
- en 1996, le chapitre concernant le pouvoir local fut reformulé afin d'éviter que ne surgissent des doutes au sujet de la constitutionnalité de la nouvelle législation sur les collectivités locales adoptée entretemps;
- en 1998, on modifia l'une des compétences du Conseil constitutionnel, organe judiciaire doté de fonctions constitutionnelles et qui se prépare finalement à commencer son activité.

VI. São Tomé et Principe, le plus petit des Etats africains de langue portugaise, a traversé des périodes successives de crise économique et sociale, en raison de sa pauvreté, ces périodes ayant provoqué des situations de turbulence politique.

L'indépendance fut atteinte le 12 juillet 1975, mais le texte constitutionnel n'entra en vigueur qu'un peu plus tard, après avoir été adopté par l'assemblée constituante le 5 novembre de la même année, et il ne fit depuis l'objet que de quelques révisions de faible d'importance.

La Constitution actuelle fut adoptée en 1990 et, de tous les Etats africains de langue portugaise, c'est la seule à avoir été soumise à une procédure de referendum populaire.

Après bien des propositions et autant de disputes, ce texte constitutionnel a finalement fait l'objet d'une révision considérable – jusqu'à aujourd'hui la seule en l'espace de 13 ans – qui a eu le mérite de corriger bien des solutions initialement contenues dans le texte constitutionnel, l'améliorant considérablement du même coup, comme en matière de contrôle de constitutionnalité ou de révision constitutionnelle.

7. L'avenir juridico-constitutionnel des Etats africains de langue portugaise

I. Il ne peut guère y avoir de doutes quant à l'amélioration des conditions à laquelle entretemps, mais de façon très progressive, les Etats africains de langue portugaise sont parvenus.

A ceci près que cela ne peut cacher le fait que la maturation démocratique de ces pays n'ait pas encore résolu certaines des questions institutionnelles qui se posent à eux, pour ne pas parler d'autres problèmes, qu'il ne nous appartient pas de traiter ici, et directement liés au développement économique et social de ces pays.

C'est la raison pour laquelle il est urgent d'affronter ces problèmes, une fois pour toutes, avec la conviction qu'un espace propice à la discussion est en voie de création, dans une histoire entrain de se faire après presque trente ans d'indépendance.

Les questions qu'il nous faut aborder sont, essentiellement, au nombre de quatre:

- la relation entre le droit légal et le droit coutumier;
- le fonctionnement du système de gouvernement et le rôle du chef de l'Etat;
- la démocratisation des structures locales de l'administration; et

– le contrôle judiciaire du pouvoir législatif et du pouvoir administratif.

II. La relation entre le droit volontairement produit par l'Etat – le droit légal ou formel – et le droit généré de manière spontanée par la vie des communautés locales et tribales – le droit coutumier ou informel – est un problème juridico-constitutionnel qui reste encore à résoudre.

Avec la modernisation des sociétés africaines, une plus grande interpénétration des droits traditionnels par les droits étatiques a, dans une certaine mesure, été possible, et a correspondu au nécessaire besoin d'intervenir, de manière plus précise et plus forte, de la part du pouvoir politique, formel et démocratique.

Il est d'ailleurs possible d'affirmer que, dans quelques cas, on a pu constater un recul salutaire des solutions informelles, dans la mesure où, souvent, elles provoquaient des résultats très contestables du point de vue de la défense des droits de l'homme, ou quant au statut de la femme africaine.

Il susbsiste encore, néanmoins, un certain nombre de choix difficiles à accepter par le droit formel, bien que les Etats y aient répondu par le rapprochement des deux positions, comme en matière de droit de la famille, pour lequel l'alignement de l'union de fait sur le mariage, ainsi que la validité des mariages traditionnels, ont été acceptés.

III. Les diverses expériences vécues dans le cadre du système de gouvernement semi-présidentiel – en grande partie influencées par les solutions portugaises, elles-mêmes sous l'influence de la Constitution française de 1958 – ont régulièrement montré un important décalage entre les dispositions constitutionnelles et la pratique de la réalité constitutionnelle.

Le cœur du problème réside dans le fait que le chef de l'Etat, bien qu'élu directement par les citoyens, ne dispose pas de l'ensemble de pouvoirs correspondant à sa forte légitimité démocratique et à la tradition africaine de représentation unitaire en la personne du chef.

Une telle situation provoque donc fréquemment un choc entre la représentation exercée et les attentes des citoyens, avec le danger que les Chefs d'Etat, consciemment ou inconsciemment, soient amenés à corriger le texte constitutionnel en dehors de toute procédure de révision.

Il faut donc affronter ce problème et mieux adapter la distribution du pouvoir politique entre les organes de souveraineté, tout en prenant en compte la nécessité pour le Chef de l'Etat de disposer de plus de pouvoirs d'intervention effectifs, de nature exécutive ou non, et sans oublier de clarifier les champs d'action respectifs du Président de la République et du Gouvernement.

Les expériences vécues en Angola et au Mozambique sont, à cet égard, particulièrement éloquentes, et génèrent des tensions qui pourraient facilement être évitées si les textes constitutionnels étaient révisés.

IV. Les démocraties contemporaines ne se limitent pas au pouvoir public exercé à l'échelle nationale, leur action devant également s'exercer au niveau des structures du pouvoir local, à un échelon infraétatique, régional ou local.

Si cela s'avère aisément vérifiable dans les Etats européens, ce devrait l'être encore plus dans des Etats qui s'étendent sur un très vaste territoire, ce qui est le cas de l'immense majorité des Etats africains.

Ce qui est certain, néanmoins, c'est que l'implantation de la démocratie à l'échelle locale, dans les Etats africains de langue portugaise, a pris du retard et s'est vue confrontée à de très nombreux obstacles qui constituent autant de barrières à leur développement économique et social.

Parmi les cinq Etats concernés, seul le Cap-Vert connaît un système de pouvoir local fonctionnant réellement, la situation dans les autres Etats étant, pour des motifs différents, l'inefficacité ou la grande faiblesse de ce pouvoir:

- en Guinée-Bissau et en Angola, il n'a jamais été vraiment créé de structure de collectivités locales;
- à São Tomé et Principe, en raison d'erreurs de conception, et bien que des élections aient été organisées, la structure des collectivités locales n'est pas opérationnelle;
- au Mozambique, qui se prépare à vivre, ce mois-ci, ses deuxièmes élections locales à caractère effectif, le législateur a été excessivement prudent, en ne créant des collectivités locales que dans trente-trois localités sur les plus de cent cinquante existantes.

La démocratie locale est, à une époque où la politique n'est plus idéologique sinon pragmatique, un instrument essentiel pour la réalisation démocratique des citoyens. C'est pourquoi le fait de négliger sa mise en œuvre porte en fait atteinte à l'essence de la démocratie, qui ne saurait se limiter à la démocratie nationale.

V. L'intervention du pouvoir judiciaire, dans le contrôle du pouvoir législatif et du pouvoir administratif, est encore un autre aspect fondamental de la construction d'un réel Etat de droit. Cependant, il existe encore de nombreuses insuffisances en ce domaine.

En ce qui concerne le contrôle du pouvoir législatif, il semble essentiel de mettre en place un contrôle de la constitutionnalité des lois, fort et indépendant, par lequel serait conféré au pouvoir judiciaire – que ce soit aux tribunaux ordinaires, ou bien à des tribunaux spéciaux – la possibilité d'intervenir, afin d'écarter de l'ordre juridique les normes qu'il considère inconstitutionnelles ou illégales.

Pour ce qui est du contrôle du pouvoir administratif, l'on perçoit également la pertinence de la faculté confèrée aux tribunaux de contrôler la légalité de l'activité de l'administration publique, que ce soit quant aux actes administratifs produits, ou aux contrats administratifs conclus avec des particuliers.

Le plus grand problème est encore un problème de mentalité et de culture, la difficulté rencontrée étant de savoir distinguer entre le contrôle de la juridicité des actes – qui est un contrôle à caractère institutionnel – et le contrôle des choix effectués, à tout instant, par les titulaires du pouvoir public. Il n'a pas été aisé de faire comprendre que le combat contre les agissements illégaux du pouvoir n'impliquait pas forcément un conflit avec les personnes à l'origine des décisions déclarées illégales par la suite.

Néanmoins, le problème ne consiste pas uniquement en un manque d'institutionnalisation des mécanismes de contrôle – il est aussi lié à l'absence de législation rendant ces mécanismes de contrôle opérationnels.

Tant en Angola qu'au Mozambique, pour ne mentionner que les principaux Etats analysés, et bien que les textes constitutionnels prévoient son existence, cette compétence juridictionnelle est encore confiée aux cours suprêmes qui, ne disposant déjà pas de beaucoup de temps et de qualifications pour les matières soumises à leur compétence ordinaire, ne peuvent se consacrer aux procédures spécifiques de contrôle de constitutionnalité.

O DIREITO INTERNACIONAL PÚBLICO NO DIREITO DE PORTUGAL E DOS ESTADOS DE LÍNGUA PORTUGUESA[1]

I – A INSERÇÃO E A POSIÇÃO DO DIREITO INTERNACIONAL PÚBLICO NO DIREITO PORTUGUÊS

§ 1.º A inserção do Direito Internacional Público no Direito Português

1. A opção constitucional geral pela receção do Direito Internacional Público

I. Num Globo cada vez mais pequeno e próximo, o papel do Direito Internacional Público, no estabelecimento de relações jurídicas entre os Estados e outros sujeitos internacionais admitidos à convivência internacional, vai-se

---

[1] O presente texto – que versa a problemática da inserção e da posição do Direito Internacional Público em Portugal e nos Estados de Língua Portuguesa, deles naturalmente avultando o Brasil – pretende também homenagear a Constituição Brasileira de 1988 (CB), em muito aspetos pioneira da nova ordem constitucional democrática do Brasil, mas igualmente pioneira nalgumas das soluções que foram encontradas em matéria de Direito Constitucional Internacional, como se comprovará através deste exercício científico alargado ao espaço do Direito Constitucional Internacional Comparado de Língua Portuguesa.

Publicado na obra coletiva AAVV, *Constituição e Democracia: fundamentos* (coordenação de MARCELO CAMPOS GALUPPO), Belo Horizonte, 2009, pp. 143-183.

intensificando progressivamente, o que se pode, aliás, comprovar pelo número e abrangência de domínios que se submetem às suas normas e princípios.

Nenhuma Constituição poderia ignorar, por isso mesmo, a necessidade de prever mecanismos que transportem para dentro do seu Ordenamento Jurídico as normas e os princípios internacionais aos quais o respetivo Estado se encontra vinculado.

Dando-se conta dessa necessidade, a Constituição da República Portuguesa, de 2 de abril de 1976 (CRP), não fugiu ao problema e contemplou a questão da inserção das fontes e das normas do Direito Internacional Público no seu ordenamento jurídico[2], o que não quer dizer que o

---

[2] Quanto à relevância do Direito Internacional Público no Direito Português, v. ANDRÉ GONÇALVES PEREIRA, *O Direito Internacional na Constituição*, in AAVV, *Estudos sobre a Constituição*, I, Lisboa, 1977, pp. 37 e ss.; JORGE MIRANDA, *A Constituição de 1976 – formação, estrutura, princípios fundamentais*, Lisboa, 1978, pp. 298 e ss., *As atuais normas internacionais e o Direito Internacional*, in *Nação e Defesa*, n.° 36, Outubro-Dezembro de 1985, pp. 3 e ss., *As relações entre ordem internacional e ordem interna na atual Constituição Portuguesa*, in AAVV, *Ab Uno ad Omnes – 75 Anos da Coimbra Editora*, Coimbra, 1998, pp. 275 e ss., *Artigo 8.°*, in AAVV, *Constituição Portuguesa Anotada* (org. de JORGE MIRANDA e RUI MEDEIROS), I, Coimbra, 2005, pp. 88 e ss., e *Curso de Direito Internacional Público*, 3.ª ed., Cascais, 2006, pp. 148 e ss.; RUI M. MOURA RAMOS, *A Convenção Europeia dos Direitos do Homem – sua posição face ao ordenamento jurídico português*, in *Documentação e Direito Comparado*, n.° 5, 1981, pp. 26 e ss., e *Relações entre a ordem interna e o Direito Internacional e Comunitário*, in *Da Comunidade Internacional e do seu Direito*, Coimbra, 1996, pp. 265 e ss.; JOÃO MOTA DE CAMPOS, *A Ordem Constitucional Portuguesa e o Direito Comunitário*, Braga, 1981, pp. 147 e ss.; ANTÓNIO BARBOSA DE MELO, *A preferência de lei posterior em conflito com normas convencionais recebidas na ordem interna ao abrigo do n.° 2 do art. 8.° da Cons-*

tivesse sempre feito bem, até nalguns casos merecendo pesada censura científica.

II. O preceito constitucional que se apresenta da maior relevância para este esforço vem a ser o do art. 8.º da CRP, que importa transcrever, tendo como epígrafe "Direito Internacional":

"1. As normas e os princípios de Direito Internacional geral ou comum fazem parte integrante do Direito português.

2. As normas constantes de convenções internacionais regularmente ratificadas ou aprovadas vigoram na ordem interna após a sua publicação oficial e enquanto vincularem internacionalmente o Estado Português.

3. As normas emanadas dos órgãos competentes das organizações internacionais de que Portugal seja parte vigoram

---

tituição da República (a propósito do art. 4.º do Decreto-Lei n.º 262/83, de 16 de junho), in *Coletânea de Jurisprudência*, IX, 1984, t. 4, pp. 11 e ss.; PAULO OTERO, *A autoridade internacional dos fundos marinhos*, Lisboa, 1988, pp. 176 e ss.; ALBINO DE AZEVEDO SOARES, *Lições de Direito Internacional Público*, 4.ª ed., Coimbra, 1988, pp. 80 e ss.; NUNO PIÇARRA, *O Tribunal de Justiça das Comunidades Europeias como juiz legal e o processo do artigo 177.º do Tratado CEE – as relações entre a ordem jurídica comunitária e as ordens jurídicas dos Estados membros na perspetiva dos tribunais constitucionais*, Lisboa, 1991, pp. 77 e ss.; ARMANDO M. MARQUES GUEDES, *Direito Internacional Público*, 2.ª ed., Lisboa, 1992, pp. 125 e ss.; ANDRÉ GONÇALVES PEREIRA e FAUSTO DE QUADROS, *Manual de Direito Internacional Público*, 3.ª ed., Coimbra, 1993, pp. 107 e ss.; JOAQUIM DA SILVA CUNHA e MARIA DA ASSUNÇÃO DO VALE PEREIRA, *Manual de Direito Internacional Público*, 2.ª ed., Coimbra, 2004, pp. 111 e ss.; JÓNATAS E. M. MACHADO, *Direito Internacional*, 3.ª ed., Coimbra, 2006, pp. 157 e ss.; J. J. GOMES CANOTILHO e VITAL MOREIRA, *Constituição da República Portuguesa anotada*, I, 4.ª ed., Coimbra, 2007, pp. 253 e ss.

diretamente na ordem interna, desde que tal se encontre estabelecido nos respetivos tratados constitutivos.

4. As disposições dos tratados que regem a União Europeia e as normas emanadas das suas instituições, no exercício das respetivas competências, são aplicáveis na ordem interna, nos termos definidos pelo Direito da União, com respeito pelos princípios fundamentais do Estado de Direito Democrático.[3]"

III. Este não vem a ser o único preceito que na CRP especificamente se cuida da problemática da incorporação do Direito Internacional Público.

Outras disposições concitam atenção, sob pena de partirmos sem um retrato completo dos elementos que podemos colher do Direito Constitucional Positivo, assim ficando melhor habilitados para tomar uma posição mais segura:

- a alusão que a CRP faz aos princípios fundamentais que devem reger as relações internacionais, em preceito exatamente com esta epígrafe[4];
- a receção da Declaração Universal dos Direitos do Homem (DUDH) para efeitos de interpretação e integração do sistema constitucional de direitos fundamentais: "Os preceitos constitucionais e legais relativos aos direitos fundamentais devem ser interpretados e integrados de harmonia com a Declaração Universal dos Direitos do Homem"[5];

---

[3] Este último número acrescentado pela VI Revisão Constitucional, aprovada pela Lei Constitucional n.º 1/2004, de 24 de julho.

[4] Cfr. o extenso art. 7.º da CRP, nos seus sete números.

[5] Art. 16.º, n.º 2, da CRP.

- a receção dos direitos fundamentais atípicos, para além dos direitos fundamentais já constitucionalmente consagrados, incluindo os provenientes do Direito Internacional: "Os direitos fundamentais consagrados na Constituição não excluem quaisquer outros constantes de leis e das regras aplicáveis de Direito Internacional"[6];
- a relevância constitucional dos crimes internacionais comuns para efeitos de derrogação do princípio da retroatividade da lei penal: "O disposto no número anterior não impede a punição, nos limites da lei interna, por ação ou omissão que no momento da sua prática seja considerada criminosa segundo os princípios gerais de Direito Internacional comummente reconhecidos"[7].

IV. Perante esse panorama, algo caótico, de múltiplas alusões a normas, princípios e fontes do Direito Internacional Público, que conclusão é possível obter quanto aos termos da sua incorporação no Direito Português?

Certamente que essa incorporação não é feita sempre do mesmo modo, pelo que se justifica que, em relação a certos setores, se faça o respetivo estudo, no momento próprio.

Nesta sede geral e prévia, *impõe-se desde já que se conclua pela genérica adoção do modelo da receção* porque as normas e as fontes internacionais não se adulteram, na sua natureza, quando saem da órbita internacional e ingressam na esfera interna.

---

[6] Art. 16.º, n.º 1, da CRP.
[7] Art. 29.º, n.º 2, da CRP.

O Direito Internacional Público que é objeto de incorporação vale internamente como Direito Internacional Público, mantendo esse mesmo título, com tudo quanto isso significa ao nível das operações de interpretação, integração e aplicação, não se desfigurando em Direito Interno, sendo possível avançar com dois grupos de argumentos que apontam iniludivelmente nesse sentido:

– em muitos lugares da CRP, fala-se sempre de Direito Internacional Público, cuja terminologia diretamente comunica com os outros atos jurídico-públicos, pelo que aquele ordenamento é assumido na sua natureza originária;
– nos mecanismos de incorporação que estão previstos, não se deteta a presença de atos internos capazes de transfigurarem o Direito Internacional Público, ora porque eles nem existem, ora porque, existindo, não têm essa capacidade.

V. O estudo das outras cláusulas que limitadamente se referem a certos setores do Direito Internacional Público corrobora tudo quanto se acaba de dizer a respeito da escolha do modelo da receção para incorporar o Direito Internacional Público.

Em qualquer das situações referidas, essa integração nunca é feita à custa da adulteração das fontes e das normas que nele se estabelecem, assim passando a valer no Direito Português, subsistindo na sua feição original.

Obviamente que esta constatação é também relevante para afirmar, neste aspeto, a unidade lógico-sistemática do texto constitucional, que não poderia dizer algo num preceito e dizer o seu contrário noutro lugar.

2. A receção automática do Direito Internacional Comum

I. Se a observação do citado art. 8.º da CRP nos permite dizer que se escolheu o esquema da receção – e não o da transformação – para se efetuar a inserção do Direito Internacional Público no Direito Português[8], não é menos verdade que se experimenta um sistema específico de receção, que é o da *receção automática*, quando se pensa numa das categorias de Direito Internacional Público que vem a ser aí referido, exatamente no seu n.º 1: o *Direito Internacional Geral ou Comum*.

A receção é automática porque a parcela do Direito Internacional Público ali abrangida vale no Direito Português com independência de qualquer outra formalidade, bastando que obtenha relevância na esfera jurídico-internacional.

Mesmo que nada se faça, ainda que no Direito Português até se desconheça a sua existência, hipótese que está longe do absurdo, aquela é uma parte do Direito Internacional Público que passa a integrá-lo necessariamente.

---

[8] Assim, defendendo o modelo da receção automática, ANDRÉ GONÇALVES PEREIRA, *O Direito Internacional na...*, p. 39; MARCELO REBELO DE SOUSA, *A integração de Portugal na CEE e o Direito Constitucional vigente*, in *Democracia e Liberdade*, n.º 9, fevereiro de 1979, pp. 25 e ss.; ADRIANO MOREIRA, *Direito Internacional Público*, Lisboa, 1983, p. 192; ALBINO DE AZEVEDO SOARES, *Lições...*, p. 80; ARMANDO M. MARQUES GUEDES, *Direito...*, pp. 125 e 126; ANDRÉ GONÇALVES PEREIRA e FAUSTO DE QUADROS, *Manual...*, pp. 108 e ss.; FRANCISCO FERREIRA DE ALMEIDA, *Direito Internacional Público*, 2.ª ed., Coimbra, 2006, pp. 69 e ss.; JORGE MIRANDA, *Curso...*, pp. 149 e ss.

II. Mais espinhosa vem a ser a demarcação do setor do Direito Internacional Público que beneficia desta cláusula de receção automática, que tem a já mencionada designação de Direito Internacional Geral ou Comum, com a qual já se contactou a propósito do estudo das várias divisões internas do Direito Internacional Público.

Este preceito esteia-se no critério do âmbito subjetivo de aplicação das respetivas normas, com uma eficácia universal ou para-universal. São assim recebidas as normas e os princípios de Direito Internacional Público que tenham esse largo campo de aplicação e independentemente da qualidade das fontes de onde brotem.

Só que a delimitação normativa da receção desse setor do Direito Internacional Público que se localiza neste art. 8.º, n.º 1, da CRP está longe de se afigurar inequívoca, havendo algumas dificuldades que levanta ao intérprete.

III. Uma dessas dificuldades reside no facto de a base de delimitação não ser exatamente a mesma da que preside ao recorte constante do art. 8.º, n.º 2, da CRP, uma vez que ali se refere o ordenamento e aqui uma das suas fontes, os tratados internacionais:

- no preceito sobre o Direito Internacional Geral ou Comum, fala-se de normas e de princípios;
- no preceito sobre o Direito Internacional Convencional, fala-se de convenções internacionais.

Na medida em que os critérios não são uniformes, acontece que pode haver zonas de sobreposição: as convenções internacionais que sejam universais ou para-universais na sua aplicação subjetiva.

Levantando-se um conflito positivo de títulos para o reconhecimento do Direito Internacional Geral Convencional no Direito Português, títulos que estabelecem regimes diversos, qual deles deve considerar-se aplicável? Estamos em crer que é o tipo de receção especificamente concebido para o Direito Convencional, dado o seu particularismo e dado que a sua natureza é apropriada mais à receção condicionada e menos à receção automática, que se preferiu para o Direito Internacional Comum não Convencional.

IV. Outra dificuldade reside no facto de a receção automática que se opera não ser das fontes do Direito Internacional Público, mas ser antes uma receção das normas e dos princípios de certa parte do Direito Internacional Público.

É interessante verificar a amplitude com que o texto constitucional refere este Direito Internacional Comum, incluindo as normas e também os princípios. Eis aqui outro argumento para confirmar o nosso entendimento de não considerar os princípios verdadeira fonte, sendo eles próprios componentes do Direito Internacional Público.

Só que essa larga abrangência acaba por se revelar mais aparente do que real porque os princípios e as normas se devem restringir aos que não derivem das convenções internacionais, já que para estes se estabelece um regime diverso no art. 8.º, n.º 2, da CRP.

V. Por causa das características deste Direito Internacional Geral ou Comum, bem como levando em consideração o automatismo da respetiva receção, julga-se que esta receção assume os seguintes contornos:

- é do *ordenamento*, não das respetivas fontes;
- é *formal*, e não material.

Sendo uma *receção do ordenamento*, e não das suas fontes, isso quer dizer que é o próprio conteúdo normativo que conta, não cuidando o Direito Português de eventuais problemas que pudessem surgir na elaboração dessas mesmas fontes.

Sendo uma *receção formal*, isso implica que as normas e os princípios têm a sua dinâmica própria, não se cristalizando no acolhimento à solução estabelecida quando da entrada em vigor da CRP, antes essa receção estando sempre aberta e alterando-se continuamente, à medida que as normas e os princípios vão sendo modificados ao sabor das circunstâncias e das mudanças ocorridas nas respetivas fontes internacionais.

3. **A receção condicionada do Direito Internacional Convencional**

I. A receção do Direito Internacional Público já é, diferentemente, não automática, mas antes *condicionada*[9], na

---

[9] Assim, ADRIANO MOREIRA, *Direito...*, pp. 192 e 193; ALBINO DE AZEVEDO SOARES, *Lições...*, pp. 86 e 87; ANDRÉ GONÇALVES PEREIRA e FAUSTO DE QUADROS, *Manual...*, p. 110; J. J. GOMES CANOTILHO e VITAL MOREIRA, *Constituição da República Portuguesa anotada*, 3.ª ed., Coimbra, 1993, p. 84; FRANCISCO FERREIRA DE ALMEIDA, *Direito...*, pp. 74 e ss.; JORGE MIRANDA, *Curso...*, pp. 150 e 151.

situação prevista no n.º 2 do art. 8.º da CRP, que se aplica às convenções internacionais.

Assim é porque a relevância das convenções internacionais no Direito Português fica dependente de algumas condições que são indispensáveis para se conferir eficácia interna às respetivas normas.

Não obstante o cumprimento deste procedimento interno, a incorporação desta parcela do Direito Internacional Público não é nunca uma incorporação por transformação, não havendo atos legislativos e, pelo contrário, aparecendo somente atos políticos[10], estes não adulterando a respetiva natureza jurídico-internacional.

II. Os requisitos que se colocam à receção na ordem interna destas convenções internacionais são três[11]:

– em primeiro lugar, impõe-se que sejam regularmente ratificadas ou aprovadas, sendo aqui o padrão aferidor dessa regularidade simultaneamente internacional, *maxime* pela Convenção de Viena sobre o Direito dos Tratados entre Estados (CVDTE), e interno, à luz das disposições constitucionais aplicáveis;
– em segundo lugar, é necessário que se dê a sua antecipada publicação no jornal oficial de Portugal, que é o *Diário da República;*

---

[10] Cfr. as explicações, para antes e para depois da revisão constitucional de 1982, de ALBINO DE AZEVEDO SOARES, *Lições...*, pp. 83 e ss.

[11] Cfr. ALBINO DE AZEVEDO SOARES, *Lições...*, pp. 87 e ss.; WLADIMIR BRITO, *Direito Internacional Público*, 2.ª ed., Coimbra, 2008, pp. 85 e 86.

- em terceiro lugar, exige-se que as normas constantes dessas convenções já vinculem internacionalmente o Estado Português, sendo certo que os momentos de vigência internacional e interna não têm de coincidir sempre.

Como se vê, a incorporação desta fonte está dependente da verificação destas três condições, que pressupõem sempre, pelo menos, em duas delas, a manifestação de vontade do Estado Português no momento da ratificação ou aprovação, que se faz por ato político e não por ato legislativo.

III. Atendendo ao caráter geral da expressão "convenções internacionais" que aí se emprega, é de presumir que se utilizou o vocábulo com o seu sentido mais amplo:

- amplo quanto às espécies por que se distribui, incluindo tanto os tratados solenes como os acordos simplificados; e
- amplo quanto à natureza das normas que pode originar, Direito Internacional Geral e Direito Internacional Particular, Direito Internacional Objetivo e Direito Internacional Subjetivo.

Igual entendimento amplo deve adotar-se quanto ao produto das convenções internacionais em causa, não sendo apenas as normas, mas podendo abranger os princípios que delas se possam retirar.

4. A receção automática do Direito Internacional da União Europeia

I. Para o Direito Internacional da União Europeia referido no n.º 3 do mesmo art. 8.º da CRP[12], este preceito de novo a adotar o esquema da *receção automática*[13], desta feita

---

[12] Acerca das fontes comunitárias aplicáveis no ordenamento jurídico português *ex vi* art. 8.º, n.º 3, da CRP, v. JOÃO MOTA DE CAMPOS, *As relações...*, pp. 269 e ss.; PAULO DE PITTA E CUNHA, *O Tratado de Adesão e o Direito Comunitário Derivado – Sumários*, in AAVV, *A Feitura das Leis – como fazer leis*, II, Oeiras, 1986, pp. 397 e ss.; JOÃO CAUPERS, *Introdução ao Direito Comunitário*, Lisboa, 1988, pp. 170 e 171; ALBINO DE AZEVEDO SOARES, *Lições...*, pp. 89 e ss.; NUNO PIÇARRA, *O Tribunal de Justiça...*, pp. 84 e ss.; MARIA LUÍSA DUARTE, *A liberdade de circulação de pessoas no Direito Comunitário*, Coimbra, 1992, pp. 86 e ss.; CARLOS BOTELHO MONIZ e PAULO MOURA PINHEIRO, *As relações da ordem jurídica portuguesa com a ordem jurídica comunitária – algumas reflexões*, in *Legislação-Cadernos de Ciência da Legislação*, n.ºs 4/5, Abril-Dezembro de 1992, pp. 135 e ss.; ANDRÉ GONÇALVES PEREIRA e FAUSTO DE QUADROS, *Manual...*, pp. 112 e ss.; RUI MOURA RAMOS, *Relações entre...*, pp. 274 e ss.; MARIA HELENA BRITO, *Relações entre a Ordem Jurídica Comunitária e a Ordem Jurídica Nacional: desenvolvimentos recentes em Direito Português*, in AAVV, *Estudos em Homenagem ao Conselheiro José Manuel Cardoso da Costa*, Coimbra, 2003, pp. 301 e ss.; JORGE MIRANDA, *Curso...*, pp. 160 e ss.; J. J. GOMES CANOTILHO e VITAL MOREIRA, *Constituição...*, I, pp. 263 e ss. WLADIMIR BRITO, *Direito...*, pp. 87 e 88.

[13] Assim, JOÃO CAUPERS, *Introdução...*, p. 170; ALBINO DE AZEVEDO SOARES, *Lições...*, pp. 89 e ss.; CARLOS BOTELHO MONIZ, *A Constituição da República Portuguesa e a participação de Portugal na União Europeia*, in AAVV, *Juris et de Jure – Nos vinte anos da Faculdade de Direito da Universidade Católica Portuguesa – Porto*, Porto, 1998, pp. 1241 e ss.; FRANCISCO FERREIRA DE ALMEIDA, *Direito...*, pp. 76 e ss.

não se coibindo o próprio texto constitucional de o afirmar com toda a veemência.

Trata-se de uma disposição, aditada na revisão constitucional de 1982, que visou enfrentar a previsível adesão de Portugal às Comunidades Europeias, o que efetivamente veio a acontecer em 1 de janeiro de 1986.

Com este preceito, pretendeu-se acolher o Direito da União Europeia derivado, ou seja, o Direito Objetivo segregado pelos órgãos da União Europeia a que Portugal pertence, vigorando um regime de aplicabilidade direta do mesmo.

II. A fraseologia do preceito em questão não é globalmente esclarecedora quanto ao âmbito desse Direito da União Europeia derivado que vem a ser abrangido.

No caso da União Europeia, é isso o que inequivocamente sucede com os regulamentos comunitários[14], sendo bastante discutível que possa suceder com as diretivas[15], até porque, com a revisão constitucional de 1997[16], ficaram expressamente dependentes de ato interno de transposição.

O efeito da receção automática que afirmamos existir liga-se ao facto de se dizer que essas normas "...vigoram diretamente na ordem interna...", nada sendo preciso

---

[14] Sobre a caracterização dos regulamentos no contexto das fontes de Direito Comunitário, v. JOÃO CAUPERS, *Introdução*..., pp. 73 e ss.; ANTÓNIO BRAZ TEIXEIRA, *Direito Comunitário*, Lisboa, 1989, pp. 74 e 75.

[15] Assim, ALBINO DE AZEVEDO SOARES, *Lições*..., p. 91.

[16] Contra, a título exemplificativo, dizendo que também as diretivas são invocáveis, CARLOS BOTELHO MONIZ, *A Constituição*..., p. 1243.

fazer – nomeadamente, uma qualquer *interpositio legislatoris* – por parte do Estado Português para que tal consequência ocorra.

III. A preocupação com a imperfeição do art. 8.º, n.º 3, da CRP tem sido bem posta em evidência, não primando muito essa disposição pela boa técnica jurídica, bastando atentar nas críticas que lhe são dirigidas pela doutrina, encimadas por ANDRÉ GONÇALVES PEREIRA e FAUSTO DE QUADROS[17].

Uma delas respeita mesmo ao facto de nesse preceito apenas se referir as normas, sendo certo que haveria outros atos que, à luz do Direito da União Europeia, também teriam efeito direto, como as decisões.

Simplesmente, o preceito constitucional coloca-se no plano das fontes normativas, não no plano dos efeitos individuais e concretos, onde aquelas decisões parecem situar-se.

Este porventura é um caso em que o texto constitucional não tem de prever a aplicabilidade direta, tal decorrendo do Direito da União Europeia originário, como sucede com outros ordenamentos.

IV. Ainda que a *occasio legis* esteja indelevelmente associada à integração de Portugal na atual União Europeia, nada impede que tal preceito venha a ser utilizado para a incorporação automática de ordenamentos internos de outras organizações internacionais.

---

[17] Cfr. ANDRÉ GONÇALVES PEREIRA e FAUSTO DE QUADROS, *Manual...*, pp. 113 e ss.

A perspetiva abstrata e geral do comando não vai determinar coisa diversa, embora não se consiga visualizar neste momento em relação a que outra organização internacional essa possibilidade seja de discutir.

Até parece difícil que isso venha a suceder porque são raras as instituições que, estatutariamente, preveem a emissão de normas destinadas a vigorar diretamente no ordenamento jurídico dos Estados membros.

5. A receção plena do Direito Internacional Público

I. Pergunta que ainda se deve fazer é a de saber se esta receção do Direito Internacional Público, visto este na sua globalidade e não levando em consideração as cláusulas específicas do art. 8.º da CRP, se afigura plena – no sentido de ser recebido todo o Direito Internacional existente – ou limitada – não contemplando todos os seus recantos.

A cabal resposta a esta pergunta, só possível após a avaliação de cada uma das parcelas que nos mereceram um tratamento específico, pressupõe a delimitação prévia dos respetivos setores.

Três são os aspetos que não foram diretamente contemplados naquelas diversas cláusulas que tivemos ocasião de analisar:

– os *costumes internacionais regionais e locais*, que não são literalmente abrangidos pelo Direito Internacional Comum previsto no art. 8.º, n.º 1, da CRP;
– os *atos unilaterais dos Estados que sejam normativos*, os quais não estão incluídos em nenhum dos preceitos do art. 8.º da CRP; e

– os *atos unilaterais das organizações internacionais*, que não se incluem no Direito da União Europeia derivado, previsto no art. 8.º, n.º 3, da CRP.

II. O problema da consideração dos *costumes regionais e locais* prende-se com o facto de tais fontes, nas modalidades por que as mesmas nos aparecem, serem inaptas à revelação de normas internacionais universais, pelo que nunca poderiam integrar o conceito de Direito Internacional Comum: aqueles só vinculam um grupo restrito de sujeitos, nos quais naturalmente se incluindo Portugal, não fazendo sentido discutir a questão para costumes regionais e locais não vinculativos de Portugal, em qualquer caso não se tratando de normas gerais ou comuns[18].

Noutra perspetiva, também não é possível que os costumes regionais e locais possam ser relevantes em sede de outras cláusulas de incorporação porque não configuram o Direito Internacional Convencional, nem representam o Direito da União Europeia Derivado.

Em face da conveniência de o texto constitucional integrar este setor do Direito Internacional, que igualmente vincula Portugal na esfera externa, a doutrina tem ensaiado alguns caminhos, quase todos convergindo no sentido da sua receção automática[19], como:

---

[18] Assim, FRANCISCO FERREIRA DE ALMEIDA, *Direito...*, pp. 73 e 74; JOAQUIM DA SILVA CUNHA e MARIA DA ASSUNÇÃO DO VALE PEREIRA, *Manual...*, p. 114.

[19] Aceitando a inclusão do costume regional e local, embora sem tomar posição quanto ao esquema a adotar para o justificar, ARMANDO M. MARQUES GUEDES, *Direito...*, pp. 130 e 135; JORGE MIRANDA, *Curso...*, p. 150.

- a via da interpretação extensiva[20]; e
- a via da identidade de razão[21].

Outra corrente considera, pelo contrário, que o texto constitucional não autoriza, perante aquela omissão, acrescentar novas normas de receção de fontes internacionais não previstas, não tendo havido qualquer revisão constitucional nesse sentido e pertencendo à CRP a opção de acolher ou não o Direito Internacional Público, em nome da soberania nacional[22].

Haveria que optar por um destes dois resultados, com consequências bem distintas no acolhimento dos costumes regionais e locais:

- ou não serem, simplesmente, recebidos;

---

[20] Assim, RUI MOURA RAMOS, *A Convenção...*, p. 126; ALBINO DE AZEVEDO SOARES, *Lições...*, pp. 82 e 83; FRANCISCO FERREIRA DE ALMEIDA, *Direito...*, p. 73.

ANDRÉ GONÇALVES PEREIRA e FAUSTO DE QUADROS (*Manual...*, p. 110), versando o assunto mais desenvolvidamente, adotam a interpretação extensiva: "Somos da opinião de que o artigo 8.º, n.º 1, ao afirmar a prevalência do Direito consuetudinário sobre o Direito Interno, não quis excluir, se não na sua letra pelo menos no seu espírito, o Direito consuetudinário particular".

[21] Cfr. EDUARDO CORREIA BATISTA, *Direito Internacional Público*, I, Lisboa, 1998, p. 428.

[22] É o caso de JOAQUIM DA SILVA CUNHA e MARIA DA ASSUNÇÃO DO VALE PEREIRA (*Manual...*, p. 113), que escrevem: "É que as suas normas, cuja vigência se admite em Portugal, constituem um elemento estranho no contexto do sistema jurídico nacional e, por isso, o seu elenco é constituído apenas pelas normas que expressamente o legislador constitucional menciona".

– ou serem recebidos através de um esquema de transformação, convertendo aquelas fontes em atos legislativos internos.

Quer parecer-nos que a melhor solução é aceitar os costumes regionais e locais no âmbito de uma receção automática. Quanto ao esquema, é de trilhar o caminho da *integração analógica*, de acordo com o mesmo método da receção automática, obviamente apenas para os costumes que vinculam Portugal. Mas nunca encarando este Direito Internacional como Comum porque isso seria sempre adulterar a sua natureza[23], que é a de Direito Internacional Particular.

III. A incorporação dos *atos jurídicos unilaterais dos Estados* suscita maiores dificuldades porque não se aproximam minimamente de nenhuma das cláusulas contempladas no art. 8.º da CRP, seja de receção automática, seja de receção condicionada.

---

[23] Não podendo nós, assim, concordar com ALBINO DE AZEVEDO SOARES, *Lições...*, pp. 82 e 83. E como tivemos ocasião de escrever noutro lugar (JORGE BACELAR GOUVEIA, *Os direitos fundamentais atípicos*, Lisboa, 1995, p. 362): "O nosso ponto de vista parte da necessidade de se prever a incorporação das normas costumeiras e, na ausência de uma norma constitucional com essa função, de se realizar o preenchimento dessa lacuna. Se por diversas vezes a CRP se refere ao Direito Internacional no seu conjunto e se os costumes regionais ou locais são, na verdade, espécies importantes da fonte costumeira dentro dessa ordem jurídica, então é porque para a CRP essa parcela do Direito Internacional também se afigura relevante. O art. 8.º, n.º 1, é lacunoso quanto a este ponto e a respetiva integração faz-se através da sua incorporação nos mesmos moldes em que se dá a incorporação do costume geral".

Só que não se vê como desconsiderar tais fontes, uma vez que a sua rejeição implicaria a impossibilidade da convivência internacional do Estado Português.

Julgamos como melhor a sua incorporação automática, utilizando o caminho do art. 8.º, n.º 1, da CRP, na medida em que para Portugal esses atos funcionam como Direito Internacional Público genericamente relevante, em cuja formação não participámos porque atos unilaterais de outros Estados, mas que nos interessam diretamente, mesmo a título regional ou local.

A via a percorrer é semelhante à da integração analógica que se fez com os costumes regionais e locais, porquanto aqueles atos unilaterais se fundam num princípio geral de vinculação aos respetivos efeitos, relevante para o Direito Internacional Geral ou Comum.

IV. A integração dos *atos unilaterais das organizações internacionais* de que Portugal faça parte, com eficácia normativa externa, ou mesmo sem essa eficácia normativa, desde que não sejam provenientes de organizações supranacionais, não está diretamente prevista.

Como não aceitar a sua incorporação quando ela pressuponha, direta ou indiretamente, a sua integração automática no Direito Português, utilizando-se um argumento de maioria de razão para com as organizações internacionais supranacionais?

Mesmo que aqui não se encontrasse um arrimo seguro, sempre restaria a integração da própria convenção internacional instituidora da organização para justificar tal entendimento, que a não ser aceite poria em causa, em última instância, a vinculação de Portugal à organização em questão.

V. Depois de tudo quanto acabámos de dizer, estamos agora em posição de concluir que o Direito Português operou uma receção plena do Direito Internacional Público, ainda que multifacetada nas diversas modalidades previstas:

- *plena* porque nenhuma fonte do Direito Internacional Público fica excluída da inserção no Direito Português;
- *multifacetada* porque se adota tanto o modelo da receção automática quanto o modelo da receção condicionada.

§ 2.º A posição do Direito Internacional Público no Direito Português

6. Os escassos dados constitucionais e as posições assumidas

I. Tema mais complexo – até pela escassez de normas diretas existentes sobre o assunto – é o da determinação do posicionamento hierárquico do Direito Internacional Público no Direito Português em que se insere[24].

---

[24] Sobre a questão da posição do Direito Internacional Público no Direito Português em geral, v. ALBINO DE AZEVEDO SOARES, *Lições...*, pp. 94 e ss.; ARMANDO M. MARQUES GUEDES, *Direito...*, pp. 126 e ss.; ANDRÉ GONÇALVES PEREIRA e FAUSTO DE QUADROS, *Manual...*, pp. 115 e ss.; JORGE MIRANDA, *As relações...*, pp. 278 e ss., e *Curso...*, pp. 154 e ss.; FRANCISCO FERREIRA DE ALMEIDA, *Direito...*, pp. 80 e ss.; JOAQUIM DA SILVA CUNHA e MARIA DA ASSUNÇÃO DO VALE PEREIRA, *Manual...*, pp. 115 e ss.; PAULO OTERO, *O valor hierárquico-normativo do Direito Interna-*

Não basta dizer que se integra, através de cláusulas de receção, no Direito Interno; é preciso saber, em função dos diferentes níveis que nele encontramos, qual desses níveis vai ocupar.

Simplesmente, nesta matéria, ao contrário do que sucedeu com a incorporação do Direito Internacional Público no Direito Interno, o legislador constituinte praticamente nada disse, escusando-se de se pronunciar[25].

JORGE MIRANDA, a este propósito, afirma que "O legislador constituinte mostra-se aqui muito prudente"[26]. Será porventura mais do que isso: será negligência deixar nas mãos da doutrina a importantíssima questão da posição do Direito Internacional no Direito Interno, à revelia mesmo da tendência dos textos constitucionais mais avançados por essa Europa fora[27].

---

cional Público na Ordem Jurídica Portuguesa, in AAVV, Estudos em Homenagem ao Prof. Doutor Joaquim Moreira da Silva Cunha, Coimbra, 2005, pp. 697 e ss.; JÓNATAS E. M. MACHADO, Direito Internacional..., pp. 170 e ss.

[25] O que, não deixando de ser lamentável, deve suscitar na próxima revisão constitucional a devida atenção. Como tivemos ocasião de escrever (JORGE BACELAR GOUVEIA, Reflexões sobre a 5.ª Revisão da Constituição Portuguesa, Lisboa, 2001, pp. 645 e 646): "O mais importante de todos consiste na ausência de qualquer disposição constitucional que permita saber ao certo qual a posição hierárquica do Direito Internacional Público no Direito Português. Nenhuma norma existe sobre esse assunto que o possa dilucidar, o que não deixa de ser profundamente lamentável, embora a doutrina e a jurisprudência constitucionais já se tivessem pronunciado".

[26] JORGE MIRANDA, Curso..., p. 155.

[27] Isto para já não falar nas profundas divergências que a questão já suscitou no Tribunal Constitucional. Como censura JOSÉ DE MATOS CORREIA (Direito das Relações Externas: o "parente pobre" da Constituição de

O único aspeto a merecer alusão é o que resulta da VI revisão constitucional de 2004, que passou a fazer uma referência expressa à articulação do Direito Português com o Direito da União Europeia em termos tais que podem incluir um sentido de posição recíproca no plano de uma prevalência hierárquica, como se pode observar da leitura do novo n.º 4 do art. 8.º da CRP.

II. A mencionada escassez de elementos normativo-
-constitucionais não equivale a dizer que haja propriamente a sua total ausência, pelo que importa, além de tudo o que se possa discutir, recenseá-los com o maior dos cuidados.

Por outra parte, é seguro que das cláusulas, oportunamente analisadas, de receção das diversas parcelas do Direito Internacional Público não se retira qualquer conclusão direta sobre esta matéria.

É assim necessário referir essas outras proposições, indiretamente fornecendo luz sobre esta matéria:

- os preceitos que subordinam o Estado Português, nas suas relações internacionais, aos mais significativos princípios, como o da paz e o da proteção dos direitos do homem;

1976?, in *Revista de Estudos Jurídico-Políticos*, ano VI, n.ºs 7/8, janeiro-
-dezembro de 1999, p. 122), "...a total ausência de referências, nomeadamente no artigo 8.º, à questão da hierarquia entre o Direito interno e o Direito internacional (e, já agora, o Direito comunitário) que esteve, aliás, na origem de profundas divergências no seio do Tribunal Constitucional".

- os preceitos que, no plano dos direitos fundamentais, ligam o catálogo tipificado no texto constitucional à DUDH e aos direitos fundamentais atípicos;
- os preceitos que organizam a fiscalização da constitucionalidade do Direito Internacional Público, nas suas diversas valências.

Devido à elevada complexidade do que está em causa, interessa não olhar em bruto para todo o Direito Internacional Público no tocante à posição que vai ocupar no Direito Português, mas sim segmentá-lo nas categorias que se mostrem mais adequadas ao facto de ser caleidoscópica a sua relação com os diferentes estalões do ordenamento jurídico português, que é essencialmente piramidal.

III. A doutrina portuguesa, quando aprecia a questão, toma as mais variadas opiniões, normalmente dividindo as questões entre o Direito Internacional Comum e o Direito Internacional Convencional.

Não é possível responder unificadamente para todo o Direito Internacional Público, sendo certo que a CRP não pretendeu tudo igualizar dentro de um mesmo plano hierárquico[28].

---

[28] FRANCISCO FERREIRA DE ALMEIDA (*Direito*..., p. 82) salienta, porém, o caráter pouco relevante desta questão: "Não obstante tudo aquilo que ficou dito, entendemos que a discussão em torno desta problemática, embora porventura interessante de um ponto de vista meramente teórico, é, em larga medida, desprovida de sentido útil ou de alcance prático. E porquê? Pela razão simples de não ser crível que um Estado promulgue leis ou consagre normas na sua Constituição que contrariem os princípios de Direito Internacional geral ou comum".

Metodologicamente, da nossa parte, desanexa-se o tratamento desta questão dos esquemas de incorporação, pois que a solução de um problema não se comunica forçosamente ao outro problema: se assim fosse, deitar-se-ia por terra todo o esforço que se fez para destrinçar a questão dos sistemas de incorporação da questão da posição hierárquica.

Não nos podemos esquecer que o Direito Português é um Direito hierarquizado, perguntando-se que patamar vai ocupar, hierarquia que conhece três níveis:

– o nível constitucional;
– o nível legal; e
– o nível regulamentar.

A solução a dar relaciona-se com a inserção do Direito Internacional Público em cada um destes patamares, devendo a resposta ser aferida, não pelas categorias de receção, mas pelas categorias dessa hierarquização.

É assim que propomos discutir a posição recíproca do Direito Internacional Público e do Direito Português nos seguintes termos[29]:

– Direito Constitucional e Direito Internacional; e
– Direito Legal e Direito Internacional.

---

[29] Idêntico caminho é trilhado por MARIA HELENA BRITO, *Relações...*, pp. 305 e ss.

7. Direito Constitucional e Direito Internacional Público

I. O primeiro tipo de relação a considerar conecta o Direito Internacional Público ao Direito Constitucional[30], este entendido como o cume do ordenamento jurídico-positivo, no qual se concentra a ossatura do sistema jurídico português, de acordo com as suas características de:

- *supremacia hierárquico-formal*: porque no mesmo se consagram orientações normativas prevalecentes sobre as restantes que integram o ordenamento jurídico; e
- *fundamentalidade material*: porque no mesmo se descrevem os principais vetores dos sistemas social, económico e político que vigoram em Portugal.

À luz do interesse do Direito Internacional Público, não parece útil destrinçar entre o que seja geral ou comum e o que seja convencional porque essa é uma distinção que, valendo da perspetiva do esquema de receção, espelha uma dimensão formal, quando o que agora essencialmente se pretende é uma dimensão material, que possa ter uma capacidade de relacionamento com o Direito Constitucional.

É natural que o nível de aproximação do Direito Internacional Público com o Direito Constitucional seja mais pertinente com o geral ou comum, mas nunca poderíamos

---

[30] Para uma definição do Direito Constitucional, v. JORGE BACELAR GOUVEIA, *O estado de exceção no Direito Constitucional*, I, Coimbra, 1998, pp. 42 e ss.; JORGE MIRANDA, *Manual de Direito Constitucional*, I, 7.ª ed., Coimbra, 2003, pp. 11 e ss.

desconsiderar a concomitante relevância de certas normas e princípios que são relevantes em Portugal entrando pela porta do Direito Internacional Convencional.

II. A doutrina portuguesa, no estudo desta matéria, tem sido oscilante, não só na perspetiva de considerar este problema como nas soluções concretas que lhe confere.

Não deixa de ser interessante assinalar o amadurecimento dogmático que este aspeto científico tem vindo a suscitar: se até há alguns anos atrás, ele era resolvido muito simplesmente, em obras mais recentes tem havido novas tomadas de posição, propondo entendimentos diversos a respeito da posição do Direito Internacional Público no confronto com o Direito Constitucional e com o Direito Legal.

Duas são as grandes correntes que se têm digladiado a este propósito:

— a *defesa da superioridade genérica do Direito Constitucional sobre o Direito Internacional Público*, ainda que essa posição possa ser matizada nalguns aspetos e nalguns temas;
— a *defesa da superioridade genérica do Direito Internacional Comum sobre o Direito Constitucional*, por maioria de razão sobre o restante ordenamento jurídico estadual.

A primeira opinião é a que tem tido mais adeptos e fundamenta-se na relevância que não pode deixar de ser atribuída ao texto constitucional, em nome do qual se estabelece todo o regime de fiscalização da constitucionalidade

dos atos do poder público, incluindo o das fontes jurídico-
-internacionais[31].

Essa também tem sido a posição constante do Tribunal Constitucional Português em matéria de Direito Internacional Convencional, que nos acórdãos em que discutiu a questão sempre considerou a superioridade da Constituição sobre as convenções internacionais em apreço: o Ac. n.º 32/88, de 27 de janeiro, o Ac. n.º 168/88, de 13 de julho, o Ac. n.º 494/99, de 5 de agosto, e o Ac. 522/2000, de 29 de novembro[32].

A outra posição, sendo mais recente, tem menos adeptos e propende a considerar que a superioridade do Direito Internacional Comum se impõe como condição de existência do próprio Direito Internacional Público, para além de a própria CRP para o mesmo remeter subordinadamente em diversos preceitos[33].

III. No nosso entendimento, *consideramos que genericamente o Direito Internacional Público, seja ele qualquer for, se submete ao império da Constituição*. Não o dizemos por uma razão de fé, mas afirmamo-lo por uma opção jurídico-positiva.

---

[31] Genericamente defendendo a posição infraconstitucional do Direito Internacional geral, ADRIANO MOREIRA, *Direito*..., pp. 193 e 194; JOAQUIM DA SILVA CUNHA e MARIA DA ASSUNÇÃO DO VALE PEREIRA, *Manual*..., pp. 115 e 116; JÓNATAS E. M. MACHADO, *Direito Internacional*..., pp. 172 e ss.

[32] Cfr. a análise de JORGE MIRANDA, *Curso*..., pp. 178 e 179.

[33] Assim, ANDRÉ GONÇALVES PEREIRA e FAUSTO DE QUADROS, *Manual*..., pp. 117 e ss. Cfr. também ALBINO DE AZEVEDO SOARES, *Lições*..., pp. 95 e ss.; ARMANDO M. MARQUES GUEDES, *Direito*..., p. 127.

Esse é um entendimento que não pode estar diretamente relacionado com a receção automática porque se trata apenas, nessa hipótese, de escolher um modo de incorporação, não propriamente estabelecer uma posição hierárquica dentro do ordenamento jurídico-positivo.

E há argumentos que, afirmativamente, apontam nesse sentido, em tudo aquilo que se prenda com o regime de fiscalização da constitucionalidade do Direito Internacional Público, que é globalmente visto sem exceções, pelo que não é legítimo que ele se possa escapulir à força subordinante máxima da CRP.

Por isso mesmo, este argumento acaba por se aplicar à generalidade do Direito Internacional Público, mesmo o convencional, sendo certo que em relação a este já se tem dito que nunca poderia ser supraconstitucional por causa do princípio da constitucionalidade, sendo as convenções internacionais suscetíveis de fiscalização preventiva[34].

Também não se pode esquecer toda a lógica de poder que subjaz ao poder constituinte e ao poder revisão constitucional, este carecendo mesmo de uma maioria agravada para se realizar, sendo a CRP um texto constitucional hiper-rígido. Compreender-se-ia que fosse mais fácil fazer participar Portugal em fontes internacionais, voluntárias e não voluntárias, assim vinculando o Estado Português, através de comportamentos, diretos ou indiretos, seguindo uma via mais suave do que a da própria revisão constitucional, com isso aquelas se superiorizando sobre a própria Ordem Constitucional Portuguesa?

---

[34] Argumento usado por ALBINO DE AZEVEDO SOARES, *Lições...*, p. 101.

Vamos ainda mais longe: e no caso de as normas e dos princípios de Direito Internacional Público colidirem com o texto constitucional, fora das situações em que se deve admitir limites heterónomos ao poder constitucional estadual, deve a resposta também ser afirmativa? Claro que não porque, na prática, isso redundaria, por intermédio de um meio ínvio, numa total fraude à Constituição, que veria violados os seus mais elementares limites materiais.

IV. Lateralmente, esta nossa posição não impede que, nalguns aspetos, se possa reconhecer a equi-ordenação ou até mesmo a superioridade do Direito Internacional Público, em nome das opções que ali se tomam, e com o devido reconhecimento do Direito Constitucional[35].

Essa é uma verificação, primeiro, que decorre logo do facto de o Direito Constitucional sofrer limites heterónomos que provêm do Direito Internacional Público, não havendo no caso português limites heterónomos de Direito Interno porque não existe uma estrutura federal que se imponha a um texto constitucional federado.

Essa é uma verificação, também, que se impõe por o texto constitucional apelar a certas normas de Direito Internacional Público, admitindo que a sua força seja equiparada à força do Direito Constitucional, nos domínios dos direitos fundamentais[36].

---

[35] Dubitativamente, JORGE MIRANDA, *Curso*..., pp. 157 e 158. Desvalorizando estes dois preceitos, enquadrando-os no *soft law*, JOAQUIM DA SILVA CUNHA e MARIA DA ASSUNÇÃO DO VALE PEREIRA, *Manual*..., pp. 120 e 121.

[36] Ressaltando a posição jurídico-constitucional dos direitos do homem recebidos por estas vias, ainda que com flutuações no enten-

É o que acontece com a DUDH, não enquanto resolução aprovada pela Assembleia Geral da Organização das Nações Unidas, mas como conjunto de costumes internacionais universais, que é objeto de expresso ato de constitucionalização[37], embora de feição limitada[38].

---

dimento, JORGE BACELAR GOUVEIA, *Os direitos fundamentais atípicos*, pp. 147 e 148, e *A Declaração Universal dos Direitos do Homem e a Constituição Portuguesa*, in AAVV, *Ab Uno ad Omnes – 75 Anos da Coimbra Editora*, Coimbra, 1998, p. 956; FAUSTO DE QUADROS, *A proteção da propriedade privada pelo Direito Internacional Público*, Coimbra, 1998, pp. 544 e ss.; JÓNATAS E. M. MACHADO, *Direito Internacional...*, pp. 170 e ss.

[37] Cfr. o art. 16.º, n.º 1, da CRP.

[38] Quanto à relevância desta alusão constitucional à DUDH em geral, v. AFONSO RODRIGUES QUEIRÓ, *Lições de Direito Administrativo*, I, Coimbra, 1976, pp. 325 e 326; JORGE MIRANDA, *A Declaração Universal dos Direitos do Homem e a Constituição*, in *Estudos sobre a Constituição*, I, Lisboa, 1977, pp. 49 e ss., e *Manual de Direito Constitucional*, IV, 3.ª ed., Coimbra, 2000, pp. 156 e ss.; JOÃO de CASTRO MENDES, *Direitos, liberdades e garantias – alguns aspetos gerais*, in *Estudos sobre a Constituição*, I, Lisboa, 1977, p. 115; ANTÓNIO DA SILVA LEAL, *O direito à segurança social*, in *Estudos sobre a Constituição*, II, Lisboa, 1978, pp. 345 e 346; ANTÓNIO DE OLIVEIRA BRAGA, *Os direitos do homem e a Constituição*, in *Revista da Ordem dos Advogados*, ano 37, II, Maio-Agosto de 1977, pp. 443 e ss.; JOSÉ CARLOS VIEIRA DE ANDRADE, *Declaração Universal dos Direitos do Homem*, in *Pólis*, II, Lisboa, 1984, pp. 12 e 13, *Declaração Universal dos Direitos do Homem*, in *Dicionário Jurídico da Administração Pública*, 1.º suplemento, Lisboa, 1998, pp. 87 e ss., e *Os direitos fundamentais na Constituição Portuguesa de 1976*, 3.ª ed., Coimbra, 2004, pp. 69 e ss.; PAULO OTERO, *Declaração Universal dos Direitos do Homem e Constituição: a inconstitucionalidade de normas inconstitucionais?*, in *O Direito*, 122.º, III-IV, Julho-Dezembro de 1990, pp. 603 e ss., e *Direitos históricos e não tipicidade pretérita dos direitos fundamentais*, in AAVV, *Ab Uno ad Omnes – 75 anos da Coimbra Editora*, Coimbra, 1998, pp. 1080 e ss.; PAULO PULIDO ADRAGÃO, *A liberdade de aprender e a liberdade das escolas particulares*, Lisboa, 1995, pp. 31, 201 e 202; JORGE BACELAR GOUVEIA, *Os direitos*

É o que sucede com os direitos fundamentais atípicos que tenham fonte normativa prévia no plano do Direito Internacional Público, na medida em que se aceita os direitos consagrados em "...regras aplicáveis de Direito Internacional"[39]. Adota-se uma cláusula de constitucionalização de direitos fundamentais, não tipificados no texto constitucional, tendo por isso a designação de atípicos, ficando assim alcandorados à posição de direitos constitucionais[40], sem o que, de resto, para nada serviria essa mesma cláusula, sendo determinante atribuir-se aos preceitos constitucionais o máximo efeito útil que seja possível descobrir[41].

---

fundamentais atípicos, pp. 145 e ss., *A Declaração Universal...*, pp. 927 e ss., *O estado de exceção...*, I, pp. 671 e ss., e *Manual de Direito Constitucional*, I, 2.ª ed., Coimbra, 2007, pp. 607 e ss.; JÓNATAS E. M. MACHADO, *Liberdade religiosa numa comunidade inclusiva – dos direitos da verdade aos direitos dos cidadãos*, Coimbra, 1996, pp. 207 e 208; FAUSTO DE QUADROS, *A proteção...*, pp. 544 e ss.; J. J. GOMES CANOTILHO e VITAL MOREIRA, *Constituição...*, I, pp. 367 e ss.

[39] Art. 16.º, n.º 1, *in fine*, da CRP.

[40] Contra, dizendo que se trata apenas de uma cláusula de aplicabilidade direta, ALBINO DE AZEVEDO SOARES, *Lições...*, p. 101; ou que apenas alarga o conceito material dos direitos fundamentais, JORGE MIRANDA, *Manual...*, IV, p. 162.

[41] Quanto a estes e outros complexos aspetos da cláusula de abertura a direitos fundamentais atípicos, embora com entendimentos dissonantes, v. JOÃO DE CASTRO MENDES, *Direitos...*, pp. 103 e ss.; JORGE MIRANDA, *O quadro dos direitos políticos na Constituição*, in *Estudos sobre a Constituição*, I, Lisboa, 1977, pp. 93 e ss., e *Manual...*, IV, pp. 162 e ss.; JOÃO CAUPERS, *Os direitos fundamentais dos trabalhadores e a Constituição*, Coimbra, 1985, pp. 135 e ss.; HENRIQUE MOTA, *Biomedicina e novos direitos do homem*, Lisboa, 1986, pp. 150 e ss.; ALBINO DE AZEVEDO SOARES, *Lições...*, p. 101; JOSÉ CASALTA NABAIS, *Os direitos na Constituição Portuguesa*, in *Boletim do Ministério da Justiça*, n.º 400, novembro de 1990, pp. 25 e 26, e *Os*

Daí que FAUSTO DE QUADROS, bem aprofundando este tema a propósito da proteção da propriedade privada pelo Direito Internacional Público, tenha proposto o princípio da harmonia da Constituição com o Direito Internacional Público: "Esta construção não visa apenas os direitos fundamentais, mas está pensada também e sobretudo para eles. Deste modo, ela *impõe* que a Constituição e, por via dela, todo o demais Direito interno acolham os direitos fundamentais reconhecidos por todo, ou por parte, do Direito Internacional, ou que, ao menos, uma e outro sejam interpretados e aplicados em matéria de direitos fundamentais *em conformidade com o Direito Internacional*, subentendendo-se sempre que o Direito Internacional seja mais favorável aos direitos fundamentais dos cidadãos do respetivo Estado"[42].

8. Direito Legal e Direito Internacional Público

I. Diferentes respostas têm sido dadas no confronto do Direito Internacional Público com o Direito Legal, que

---

direitos fundamentais na jurisprudência do Tribunal Constitucional, Coimbra, 1990, pp. 10 e ss. e nt. n.º 22; JORGE BACELAR GOUVEIA, *Os direitos fundamentais à proteção dos dados pessoais informatizados*, in *Revista da Ordem dos Advogados*, 1991, III, pp. 728 e 729, *Os direitos fundamentais atípicos*, pp. 293 e ss., *O estado de exceção...*, I, pp. 676 e ss., e *Manual de Direito Constitucional*, II, 2.ª ed., Coimbra, 2007, pp. 1043 e ss.; PAULO OTERO, *Direitos históricos...*, pp. 1061 e ss.; FAUSTO DE QUADROS, *A proteção...*, pp. 531 e ss.; JOSÉ CARLOS VIEIRA DE ANDRADE, *Os direitos fundamentais na Constituição...*, pp. 71 e ss.; J. J. GOMES CANOTILHO e VITAL MOREIRA, *Constituição...*, I, pp. 365 e ss.

[42] FAUSTO DE QUADROS, *A proteção...*, p. 535.

seja todo ele infraconstitucional, não parecendo ser bom ali distinguir entre o Direito Convencional e o Direito não Convencional.

Por outro lado, parece que se justifica que o caso do Direito da União Europeia seja visto com uma certa autonomia, até porque no seu contexto a questão tem merecido um maior desenvolvimento em face de algumas singularidades que aquele setor jurídico tem produzido, como é o princípio do primado do Direito da União Europeia.

Esta é uma questão que merece, em todo o caso, ser separada em dois planos:

- o plano da relação do Direito Internacional Público com o Direito Legal, na sua posição hierárquica recíproca;
- o plano das relações de conflito que entre eles eventualmente possam emergir.

II. A observação da doutrina portuguesa que tem curado deste tema tem-se alinhado maioritariamente no entendimento de que o Direito Internacional Público, depois de analisado o que pode ser especialmente pertinente ao Direito Constitucional, tem a seguinte inserção:

- *o seu caráter infraconstitucional*: dado que, ao considerar a CRP como o padrão aferidor da sua validade, é porque se quer colocá-la acima do Direito Internacional Público;
- *o seu caráter supralegal*: porque não só é referido como precedendo os atos legislativos internos na sequência do art. 119.º, n.º 1, da CRP como de outro modo se colocaria em perigo a posição internacional do

Estado Português na necessidade de cumprir as suas obrigações livremente assumidas.

A primeira asserção justifica-se pela amplitude com que a CRP consagra a fiscalização da constitucionalidade, embora exclua o Direito Internacional Público, pelo menos expressamente, do raio de ação da formulação que faz do princípio da constitucionalidade, não se lhe referindo expressamente, o que não tem, no entanto, consequências práticas[43].

A outra asserção, que não tem pressupostos tão claros quanto os da asserção anterior, assenta numa lógica de inserção do Estado Português na vida internacional, largamente acompanhado de diversos índices[44].

III. Outra corrente doutrinária, mas que é minoritária, afirma que o Direito Internacional Público, no tocante às suas relações com o Direito Interno Legal, lhe está equiordenado, não sendo supralegal.

---

[43] De acordo com a formulação do art. 3.º, n.º 3, da CRP.

[44] Defendendo o caráter supralegal do Direito Internacional Convencional, JOÃO DE CASTRO MENDES, *Introdução ao Estudo do Direito*, Lisboa, 1984, pp. 106 e 107; AFONSO RODRIGUES QUEIRÓ, *Lições...*, I, p. 330; RUI MOURA RAMOS, *A Convenção Europeia...*, pp. 144 e ss.; JOÃO MOTA DE CAMPOS, *As relações...*, pp. 75 e ss.; ALBINO DE AZEVEDO SOARES, *Lições...*, pp. 99 e 100; JOSÉ MANUEL CARDOSO da COSTA, *A hierarquia das normas constitucionais e a sua função na proteção dos direitos fundamentais*, Lisboa, 1990, p. 27; ARMANDO M. MARQUES GUEDES, *Direito...*, p. 127; J. J. GOMES CANOTILHO e VITAL MOREIRA, *Constituição...*, pp. 86 e 87; MARIA HELENA BRITO, *Relações...*, p. 305; FRANCISCO FERREIRA DE ALMEIDA, *Direito...*, p. 85; JÓNATAS E. M. MACHADO, *Direito Internacional...*, pp. 175 e ss.

No tocante às eventuais situações de conflito, elas deveriam ser resolvidas através do critério cronológico[45], prevalecendo as fontes que são posteriormente emitidas.

Joaquim da Silva Cunha é concludente nessa posição, dizendo que "A ausência na Constituição de qualquer disposição expressa que privilegie o Direito Internacional, face ao Direito Português, parece obrigar a considerar as normas internacionais recebidas e as normas originariamente nacionais no mesmo grau de hierarquia, podendo, portanto, revogar-se reciprocamente"[46].

IV. É na primeira destas posições expressas, que por sinal é esmagadoramente maioritária, que reside a nossa escolha, tendo em conta vários argumentos:

– a *operacionalidade da cláusula de receção automática*: embora esta não determine, por si mesmo, a colocação hierárquica, inevitavelmente que contribui para tal entendimento;
– a *lógica contratual que subjaz a todo o Direito Convencional*: não se pode esquizofrenicamente conceber que, no plano externo, haja o *pacta sunt servanda* e, no plano interno, o princípio da livre desvinculação das disposições ali concertadas;

---

[45] Defendendo uma posição paritária do Direito Internacional com o Direito legal interno, André Gonçalves Pereira, *O Direito Internacional na...*, p. 40; António Barbosa de Melo, *A preferência...*, pp. 13 e ss.; Paulo Otero, *A autoridade internacional...*, pp. 178 e ss.
[46] Joaquim da Silva Cunha e Maria da Assunção do Vale Pereira, *Manual...*, p. 116.

— a *intervenção político-democrática*: se esta intervenção é uma realidade nas fontes internas, também se mostra bem firme no regime da conclusão dos tratados internacionais, que tem a intervenção dos mesmos órgãos;
— a *alusão formal às convenções internacionais como objeto de necessária publicação*: no elenco dos atos jurídico--públicos a publicar no *Diário da República*, as convenções internacionais não são esquecidas e beneficiam mesmo de precedência em relação aos atos internos.

V. Aspeto que também merece alusão é o da posição do Direito da União Europeia derivado que seja produzido no âmbito de organizações internacionais, o qual beneficia de um regime de receção automática no Direito Português.

Uma vez que se trata de uma parcela do Direito Internacional Público que assenta no Direito Internacional Convencional, os argumentos que se lhe aplicam também podem ter total operatividade.

Mas também se frisa que no Direito da União Europeia a questão se reveste de uma maior complexidade porque nele vigora o princípio do primado do Direito da União Europeia, que deste ponto de vista implica a sua prevalência mesmo sobre a ordem constitucional dos Estados.

Como também não é menos certo que é cada ordem constitucional que autoriza a integração europeia e que estabelece os termos da sua relevância interna, deve sempre afastar-se a sua supremacia, até porque no caso português, não só o Direito Internacional Convencional é infraconstitucional como o Direito da União Europeia não se exclui da fiscalização da constitucionalidade[47].

É por isso que a doutrina maioritariamente considera que este ocupa uma posição infraconstitucional e supralegal[48]. Por outro lado, tanto na jurisprudência constitucio-

---

[47] Concordamos com a posição de CARLOS BOTELHO MONIZ (*A Constituição...*, p. 1245) expressa neste ponto: "Com efeito, a circunstância de a Constituição prever de forma expressa, no artigo 278.°, n.° 1, a possibilidade da fiscalização preventiva da constitucionalidade de qualquer norma constante de tratado internacional cuja ratificação esteja pendente, exclui liminarmente que possa ser reconhecido valor supraconstitucional ao Direito da União Europeia, o qual tem na sua base, como se sabe, os tratados constitutivos das Comunidades e da União. A isto acresce que o sistema de fiscalização abstrata da constitucionalidade, consagrado no artigo 281.° da Constituição, abrange também as normas dos tratados, o que reforça a conclusão que acabámos de enunciar".

[48] Com contributos acerca da posição do Direito da União Europeia no Direito Português: JOÃO CAUPERS, *Introdução ao Direito Comunitário*, pp. 171 e ss.; ALBINO DE AZEVEDO SOARES, *Lições...*, pp. 101 e ss.; ANDRÉ GONÇALVES PEREIRA e FAUSTO DE QUADROS, *Manual...*, pp. 124 e ss.; EDUARDO CORREIA BATISTA, *Direito Internacional...*, I, pp. 442 e ss.; CARLOS BOTELHO MONIZ, *A Constituição...*, pp. 1245 e 1246; MANUEL PROENÇA DE CARVALHO, *A Constituição Portuguesa e as normas comunitárias: polémica e «mentiras piedosas»*, in AAVV, *Estudos em Homenagem ao Banco de Portugal – 150.° Aniversário (1846-1996)*, Lisboa, 1998, pp. 253 e ss.; MIGUEL POIARES MADURO, *The Heteronyms of European Law*, in *European Law Journal*, vol. 5, n.° 2, June 1999, pp. 160 e ss.; FRANCISCO FERREIRA DE ALMEIDA, *Direito...*, pp. 87 e ss.; MARIA HELENA BRITO, *Relações...*, pp. 315 e ss.; JORGE MIRANDA, *A "Constituição Europeia" e a Ordem Jurídica Portuguesa*, in *O Direito*, anos 134.° e 135.°, 2002/2003, pp. 9 e ss., e *Curso...*, p. 162; JÓNATAS E. M. MACHADO, *Direito Internacional...*, pp. 166 e ss.

nal como nas outras jurisprudências, ainda nenhum pedido de fiscalização foi suscitado a este propósito[49].

O princípio do primado do Direito da União Europeia vale, isso sim, apenas para o Direito Legal, não para o Direito Constitucional, sob pena de se subverter por completo a lógica estadual em que assenta. Como escreve ALBINO DE AZEVEDO SOARES, "...a *matriz da constitucionalidade* das normas que fazem parte da ordem jurídica interna portuguesa é a Constituição de 1976 e não o Tratado de Roma, de 25 de março de 1957"[50].

VI. Alguns poderão agora contra-argumentar com o novo sentido que se deduz do art. 8.º, n.º 4, da CRP, supostamente elaborado com o intuito de conferir supremacia ao Direito da União Europeia, originário e derivado, sobre o Direito Português, mesmo sobre o Direito Constitucional.

Só que não é esse o melhor alcance que dali se retira, sendo certo que tal intenção, se existia, se frustrou dados os termos em que a nova disposição apareceu formulada: ao dizer que a aplicabilidade, teoricamente total e acima

---

[49] Como relembra MARIA HELENA BRITO, *Relações...*, p. 315, que ainda assim não deixa de concluir que "...as regras de Direito Comunitário derivado são normas aplicáveis na Ordem Jurídica Portuguesa; daí que devam sujeitar-se ao controlo de constitucionalidade atribuído ao Tribunal Constitucional" (p. 316).

Cfr. a importante resenha jurisprudencial sobre este tema no âmbito de vários Estados-Membros da União Europeia em MARIA LUÍSA DUARTE E PEDRO DELGADO ALVES, *União Europeia e Jurisprudência Constitucional dos Estados-Membros*, Lisboa, 2006, pp. 17 e ss.

[50] ALBINO DE AZEVEDO SOARES, *Lições...*, p. 103.

das Constituições, deve ceder perante os princípios fundamentais do Estado de Direito Democrático, não pode na prática funcionar o valor supraconstitucional do Direito da União Europeia porque um dos princípios cruciais do superprincípio do Estado de Direito é o princípio da constitucionalidade.

É exatamente isso o que observamos tanto na ideia de soberania como na ideia de legalidade democrática, não tendo sido formulada qualquer exceção ao art. 3.º da CRP, nem a outros preceitos que corporizam aquele princípio da constitucionalidade.

9. Inconstitucionalidade, ilegalidade e fiscalização do Direito Internacional Público

I. De acordo com as conceções que acabámos de expor, afigura-se finalmente necessário perceber os mecanismos de fiscalização do Direito Internacional Público que seja incorporado no Direito Português, sendo seguro que não tem de estar necessariamente conforme às exigências que, aqui, o parametrizam.

Na lógica subjacente ao nosso sistema constitucional[51], equaciona-se a fiscalização desse Direito Internacional

---

[51] Sobre o sistema português de fiscalização da constitucionalidade em geral, v. JORGE MIRANDA, *Sobre a previsível criação de um tribunal constitucional*, in *Democracia e Liberdade*, n.º 15 (A revisão constitucional), junho de 1980, pp. 72 e ss., *Inconstitucionalidade*, in *Pólis*, III, Lisboa, 1985, pp. 481 e ss., *A fiscalização da constitucionalidade – uma visão panorâmica*, in *Sientia Iuridica*, XLII, Julho-Dezembro de 1993, n.ºs 244/246, pp. 170 e ss.; JOSÉ MÁRIO FERREIRA DE ALMEIDA, *A justiça constitucional em Portugal*

Público sob duas vertentes distintas, havendo a reunião dos respetivos pressupostos e na esteira da sua posição hierárquica no Direito Português:

– a *fiscalização da constitucionalidade do Direito Internacional Público*; e
– a *fiscalização da conformidade do Direito Legal com o Direito Internacional Público*.

II. A *fiscalização da constitucionalidade do Direito Internacional Público*, por alusão ao Direito Constitucional, não oferece, em termos gerais, qualquer dificuldade, sendo a confirmação adjetiva do princípio substantivo da constitucionalidade, com a única particularidade de a fiscalização preventiva atingir apenas uma parcela, e não a totalidade, do Direito Internacional Público.

A fiscalização da constitucionalidade do Direito Internacional Público torna-se viável nos quatro tipos de meca-

---

– *notas para um estudo*, Lisboa, 1985, pp. 52 e ss.; PIERRE BON, *La justice constitutionnelle au Portugal – présentation générale*, in AAVV, *Justice Constitutionnelle au Portugal*, Paris, 1989, pp. 31 e ss.; LUÍS NUNES DE ALMEIDA, *O Tribunal Constitucional e o conteúdo, a vinculatividade e os efeitos das suas decisões*, in AAVV, *Portugal – Sistema Político-Constitucional*, Lisboa, 1989, pp. 942 e ss.; ARMANDO M. MARQUES GUEDES, *La Justice Constitutionnelle au Portugal – préface*, in AAVV, *Justice Constitutionnelle au Portugal*, Paris, 1989, pp. 3 e ss.; J. J. GOMES CANOTILHO e VITAL MOREIRA, *Fundamentos da Constituição*, Coimbra, 1991, pp. 237 e ss., e *Constituição...*, pp. 973 e ss.; DOMINIQUE ROUSSEAU, *La justice constitutionnelle en Europe*, Paris, 1992, pp. 81 e ss.; MIGUEL LOBO ANTUNES, *Tribunal Constitucional*, in *Dicionário Jurídico da Administração Pública*, VII, Lisboa, 1996, pp. 442 e ss.; J. J. GOMES CANOTILHO, *Direito Constitucional e Teoria da Constituição*, 7.ª ed., Coimbra, 2003, pp. 973 e ss.

nismos por que se organiza o sistema português de fiscalização da constitucionalidade:

- a *fiscalização preventiva*: para o Direito Internacional Convencional, nos momentos procedimentais que foram assinalados;
- a *fiscalização sucessiva concreta*: sendo certo que o Direito Internacional Público tem a virtualidade de se aplicar aos casos concretos, é dada a oportunidade, de esta fiscalização ser operativa;
- a *fiscalização sucessiva abstrata*: uma vez configurada a existência de normas, essa apreciação pode ser pedida nos termos constitucionalmente traçados, com independência da sua aplicação concreta;
- a *fiscalização da inconstitucionalidade por omissão*: sendo o Direito Internacional Público concebido como necessário para tornar exequíveis certas disposições constitucionais, pode abrir-se esta faculdade processual de fiscalização no âmbito daquela peculiar modalidade de inconstitucionalidade.

III. A *fiscalização da conformidade do Direito Legal com o Direito Internacional Público* pode ser ponderada em sede daquilo que constitucionalmente se designa por *fiscalização da legalidade*, ou seja, a observação do respeito que normas inferiores deve ter em relação a normas que as parametrizam, mas estas não se incluindo no bloco da constitucionalidade.

A fiscalização da legalidade que a CRP prevê não é genérica e aparece apenas para atos que possam violar as leis de valor reforçado, havendo vários exemplos disso, pelo que também interessa saber se o Direito Internacional Público que é violado pelo Direito Legal que se lhe subordina se sujeita a este mecanismo de fiscalização.

Caso que deve ser excluído desta qualificação é o da violação das normas da DUDH e dos direitos fundamentais atípicos, uma vez que, tendo sido essas normas recebidas pela CRP, valem internamente como normas constitucionais, devendo a respetiva violação qualificar-se como verdadeira e própria inconstitucionalidade[52].

A doutrina e a jurisprudência têm apresentado acentuadas divergências na sua qualificação, propondo-se duas alternativas possíveis[53]:

---

[52] Assim, JORGE MIRANDA e JORGE BACELAR GOUVEIA, *A duração da patente no Acordo do TRIPS no novo Código da Propriedade Industrial à luz da Constituição Portuguesa*, in *Revista da Ordem dos Advogados*, ano 57, I, janeiro de 1997, p. 282. O Tribunal Constitucional também já se pronunciou neste sentido: cfr. o Ac. n.º 222/90 do Tribunal Constitucional, de 20 de junho de 1990.

[53] Quanto a este problema no tocante à fiscalização da contradição do Direito Comunitário por parte do Direito Interno Legal, MARIA HELENA BRITO (*Relações...*, pp. 310 e ss.) considera tratar-se de uma ilegalidade, não de uma inconstitucionalidade, apenas admitindo a intervenção do Tribunal Constitucional, no caso de violação do Direito Comunitário originário, no âmbito da fiscalização concreta, porque também é Direito Internacional Convencional, o mesmo já não devendo suceder com a violação do Direito Comunitário derivado porque "O Direito Comunitário derivado não é um "Direito Internacional convencional...", acrescentando que "Só uma interpretação extensiva desta regra poderia conduzir à admissibilidade deste recurso e julgo que o seu caráter especial não permite tal extensão" (p. 313).

Discordamos deste entendimento e defendemos essa interpretação extensiva, que não é vedada pelo facto de se tratar de uma norma espe-

- como inconstitucionalidade; ou
- como ilegalidade *sui generis*[54.]

Esta é tudo menos uma discussão ociosa, porquanto são distintas as consequências de regime, conforme se adote uma e outra: se for inconstitucionalidade, aplicar-se-á o regime geral da fiscalização da constitucionalidade; se for ilegalidade, o regime geral não contempla direta e genericamente esta fiscalização, sendo necessário procurar solução adequada.

---

cial, já que só com norma excecional é que se proíbe a integração analógica, podendo mesmo assim ocorrer a interpretação extensiva: evidentemente que a razão de ser do preceito do art. 70.º, n.º 1, al. i), da Lei da Organização, Funcionamento e Processo do Tribunal Constitucional (LOFPTC) se relaciona com a necessidade de dotar o Tribunal Constitucional de competência de fiscalização nos casos em que ocorre uma desconformidade entre diversos níveis da Ordem Jurídica que não podem ser fiscalizados por outra via porque não subsumíveis num mais apertado conceito de inconstitucionalidade. Eis bem um exemplo de como tal preceito ganha todo o seu significado prático.

[54] Sobre esta opção no plano doutrinário, v. SIMÕES PATRÍCIO, *Conflito de lei interna com fontes internacionais: o artigo 4.º do Decreto-Lei n.º 262/83*, Lisboa, 1984; JOÃO MOTA DE CAMPOS, *Direito Comunitário*, II, 4.ª ed., Lisboa, 1994, p. 385.

No Tribunal Constitucional, durante anos, uma das secções optou pela inconstitucionalidade, ao passo que a outra secção recusou-a. V. os seguintes acs.: defendendo a inconstitucionalidade, Ac. n.º 27/84, de 21 de março de 1984, e Ac. n.º 409/87, de 21 de outubro de 1987; defendendo a ilegalidade *sui generis*, Ac. n.º 107/84, de 14 de novembro de 1984.

Para a indicação destes diversos arestos, v. JOÃO MARTINS CLARO, ANA FERNANDA NEVES e ANDRÉ FOLQUE FERREIRA, *Direito Internacional Público – elementos de estudo*, I, Lisboa, 2002, pp. 169 e ss.

Estamos em crer que essa desconformidade deve ser qualificada como ilegalidade, não como inconstitucionalidade: está em causa um confronto direto entre normas não constitucionais, não com a CRP.

A dificuldade no tocante ao âmbito da fiscalização resolve-se pela interpretação extensiva da norma que delimita a legalidade reforçada que lhe serve de parâmetro, nela também incluindo a "legalidade internacional" que deve subordinar o Direito Legal, tal como já expressamente sucede em sede de fiscalização concreta da legalidade[55].

IV. Tópico que ainda merece atenção é o da qualificação da sanção que resulta da verificação de uma desconformidade, que se apresenta fiscalizável nos termos que acabámos de expor.

A dúvida que se tem colocado faz oscilar as respostas entre duas possíveis qualificações:

– o *desvalor*, no âmbito dos desvalores dos atos inconstitucionais e ilegais;
– a *ineficácia*, na convicção de que o Direito Interno tem uma relação particular com o Direito Internacional Público.

---

[55] O art. 70.º, n.º 1, al. i), primeira parte, da LOFPTC, expressamente o admite neste tipo de fiscalização: "Cabe recurso para o Tribunal Constitucional, em secção, das decisões dos tribunais (...) Que recusem a aplicação de norma constante de ato legislativo, com fundamento na sua contrariedade com uma convenção internacional...".

O resultado geral e normal da desconformidade com parâmetros superiores do sistema jurídico é representado pelos desvalores jurídicos, que exprimem uma anomalia que, intrinsecamente viciando o ato, o afasta do ordenamento jurídico, sobre o mesmo se abatendo consequências negativas que determinam a respetiva depreciação.

Não vem a ser isso o que sucede nas relações entre o Direito Internacional Público e o Direito Interno porque vigora antes a consequência da ineficácia. A CRP não é critério de validade dos tratados, nem os tratados são critério de validade das leis internas, unicamente se posicionando como condições da sua vigência[56].

10. O valor positivo de tratados inconstitucionais

I. Esta não tem de ser uma resposta inelutável, ainda que se compreenda muito bem na lógica do princípio da constitucionalidade e de tudo aquilo que dissemos sobre as relações entre o Direito Constitucional e o Direito Internacional Público.

O resultado da desconformidade do Direito Internacional Público com o Direito Constitucional também se

---

[56] Cfr. MIGUEL GALVÃO TELES, *Eficácia dos tratados na ordem interna portuguesa (condições, termos e limites)*, Lisboa, 1967, pp. 99 e ss., e *Inconstitucionalidade pretérita*, in AAVV, *Nos Dez Anos da Constituição*, Lisboa, 1986, p. 328, nota; JORGE MIRANDA, *Decreto*, in *Dicionário Jurídico da Administração Pública*, III, Lisboa, 1990, pp. 88 e 106 e ss.; ANDRÉ GONÇALVES PEREIRA e FAUSTO DE QUADROS, *Manual...*, p. 123; JORGE MIRANDA e JORGE BACELAR GOUVEIA, *A duração...*, p. 284.

desenvolve por outros caminhos, na medida em que, perante a reunião de certos factos, pode dar-se o caso de a consequência não ser a eliminação dos atos internacionais inconstitucionais, antes a respetiva subsistência, não se deparando com aquelas habituais consequências negativas.

Eis situações em que à inconstitucionalidade se atribui um *valor positivo* e não o geral valor negativo, figura que, seja como for, só pode ter uma aceitação marginal e excecional, sob pena de se subverter toda a lógica do Direito Constitucional.

Ora, é precisamente para as convenções internacionais inconstitucionais que a CRP prevê uma hipótese de valor positivo, que se apresenta descrita no respetivo art. 277.º, n.º 2, de bem complexa interpretação[57]: "A inconstitucionalidade orgânica ou formal de tratados internacionais regularmente ratificados não impede a aplicação das suas normas na ordem jurídica portuguesa, desde que tais normas sejam aplicadas na ordem jurídica da outra parte,

---

[57] Quanto aos contornos da difícil hermenêutica deste preceito constitucional, embora com contributos desiguais no desenvolvimento e nas posições assumidas, v. PEDRO SOARES MARTÍNEZ, *Comentários à Constituição Portuguesa de 1976*, Lisboa, 1978, pp. 287 e 288; ANDRÉ GONÇALVES PEREIRA, *O Direito Internacional na...*, p. 43; JOÃO MOTA DE CAMPOS, *As relações...*, pp. 131 e ss.; ALBINO DE AZEVEDO SOARES, *Lições...*, pp. 159 e 160; RUI MEDEIROS, *Valores jurídicos negativos da lei inconstitucional*, in *O Direito*, 1989, III, p. 542; JORGE BACELAR GOUVEIA, *O valor positivo do ato inconstitucional*, Lisboa, 1992, pp. 35 e ss.; J. J. GOMES CANOTILHO e VITAL MOREIRA, *Constituição...*, 3.ª ed., pp. 998 e ss.; EDUARDO CORREIA BATISTA, *Direito Internacional...*, I, pp. 459 e ss.; JORGE MIRANDA, *Curso...*, pp. 169 e ss.

salvo se tal inconstitucionalidade resultar de violação de uma disposição fundamental"[58].

São vários os problemas que se suscitam no estudo da configuração desta inconstitucionalidade dos tratados internacionais:

- o *objeto*;
- o *âmbito*;
- o *regime*; e
- a *natureza*.

II. Num plano literal, o *objeto* do preceito constitucional em análise define como ato que se recorta para o especial efeito pretendido os tratados internacionais, sabendo-se que na terminologia constitucional esta é uma das modalidades por que se reparte o conceito geral de convenção internacional. É por isso que se tem colocado a dúvida sobre se tal preceito é também aplicável aos acordos em forma simplificada.

A esmagadora maioria da doutrina vai no sentido negativo, só concebendo a sua aplicação aos tratados solenes, excluindo-se, portanto, os acordos simplificados[59]. Também vem a ser esta a nossa posição com base nos diversos elementos de interpretação que se encontram disponíveis: desde o elemento literal – que apenas alude a tratados internacionais – aos elementos extraliterais, estes remetendo para uma ideia de excecionali-

---

[58] Art. 277.º, n.º 2, da CRP.
[59] Cfr. o respetivo elenco em JORGE BACELAR GOUVEIA, *O valor positivo*..., pp. 46 e 47.

dade que está nitidamente subjacente a este regime de inconstitucionalidade[60].

Sob outra perspetiva, o texto constitucional é muito exigente em matéria de efetiva aplicação do tratado em causa na esfera jurídica da outra parte: não só se requer uma relação de reciprocidade como parece que não se limita aos tratados bilaterais, antes até fazendo mais sentido nos tratados multilaterais[61].

III. Outro ponto que igualmente merece atenção é o do *âmbito* de aplicação deste preceito tomando em consideração os diversos critérios possíveis para categorizar a relação de inconstitucionalidade.

A única classificação diretamente referida é a que atende ao elemento do ato jurídico-público que não se mostra conforme à CRP, apenas se considerando a dimensão organizatória, não sendo relevante, neste diferenciado regime, a inconstitucionalidade material, decerto pelas suas mais melindrosas implicações à luz dos valores constitucionalmente protegidos.

Mas o texto constitucional, simetricamente, opera duas outras restrições, que não estão isentas de dificuldades interpretativas:

---

[60] Como escrevemos noutro lugar (JORGE BACELAR GOUVEIA, *O valor positivo*..., p. 48), "A apreciação dos elementos teleológico e sistemático conduz ao mesmo resultado. A opção constitucional pelo valor positivo do tratado internacional, e não pelo acordo, corresponde a uma preocupação de admitir exceções à desvalorização dos atos inconstitucionais apenas nos casos em que tal se considera menos intolerável...".

[61] Cfr. JORGE BACELAR GOUVEIA, *O valor positivo*..., p. 52.

– a necessidade da regularidade da ratificação; e
– a inconstitucionalidade não ser fundamental.

Neste segundo caso, o critério que permite a avaliação tem que ver com o grau de desvio do tratado inconstitucional relativamente ao texto da CRP, numa fenomenologia assaz complexa de recensear[62].

Embora não seja diretamente mencionado no art. 277.º, n.º 2, da CRP, a operatividade do singular regime que aí se concebe carece ainda de se acolher, adicionalmente, a publicação da convenção no jornal oficial interno, tal como se exige no art. 8.º, n.º 2, da CRP, para além da própria perfeição do ato de ratificação[63].

IV. A verificação desta singular relação de inconstitucionalidade dos tratados internacionais ainda suscita uma hesitação quanto a saber se pode ser verificada em qualquer das modalidades de fiscalização da constitucionalidade que o Direito Português conhece.

Não se julga que no âmbito da fiscalização sucessiva – que é o núcleo central desse sistema – se possam levantar óbices a respeito do modo como esta figura vem a ser relevante, a não aplicação dos efeitos invalidatórios que estão normalmente associados à verificação das situações de inconstitucionalidade.

Por causa dos termos em que esta situação é constitucionalmente definida, também se tem pacificamente con-

---

[62] Cfr. a nossa tentativa de exemplificação. Cfr. JORGE BACELAR GOUVEIA, *O valor positivo...*, pp. 65 e ss.
[63] Cfr. JORGE BACELAR GOUVEIA, *O valor positivo...*, p. 59.

siderado ser impossível a sua verificação em sede de fiscalização preventiva, pois que aí, procedimentalmente, sempre faltaria um dos elementos exigidos: não haveria a regularidade da ratificação porque, em tal ocasião, nunca teria chegado o momento de optar pela ratificação dos tratados internacionais.

Não consideramos ser este o melhor entendimento porque a "...não aplicação do valor positivo da convenção internacional inconstitucional pela fiscalização preventiva conduziria a resultados absurdos: uma mesma convenção internacional inconstitucional poderia ser alvo de juízos diametralmente opostos, de desvalor e de valor positivo. Bastaria simplesmente o uso da fiscalização preventiva ou da fiscalização sucessiva. Se fosse através daquela, não havendo ratificação, a decisão seria no sentido da sua desvalorização; mas se fosse por intermédio desta, porque já haveria ratificação, a consequência, diferentemente, seria o seu valor positivo. Não é, pois, concebível que uma mesmíssima inconstitucionalidade possa ser avaliada com tanta discrepância, ficando a sua sorte unicamente dependente da iniciativa presidencial na solicitação da fiscalização preventiva"[64].

V. Em atenção a tudo quanto ficou dito, somos do entendimento de que, na hipótese estudada, dado não haver quaisquer consequências jurídicas negativas para o ato e para o autor do ato, enfrentamos um caso, raro, de *valor positivo* de um ato jurídico inconstitucional.

---

[64] JORGE BACELAR GOUVEIA, *O valor positivo*..., pp. 75 e 76.

A doutrina portuguesa, ao analisar este tema, costuma enquadrá-lo na irregularidade: a desconformidade com a CRP não teria consequências na depreciação do ato em causa, assim se inserindo no conceito, oriundo do Direito Privado, de irregularidade.

Essa posição tem um problema fundamental: não é o de importar um conceito de Direito Privado, mas o de importar tal conceito adulterando no caminho o seu sentido existencial. É que a irregularidade no Direito Privado, como sucede com o casamento irregular, *v. g.*, é sempre ilustrativa de uma consequência negativa, decerto menor, mas nem por isso inexistente, que recai, não sobre o ato, que se mantém válido, mas sobre o autor do ato que feriu um padrão de conformidade jurídica[65].

No caso em apreço, não existindo qualquer reação negativa do ordenamento contra o tratado inconstitucional descrito naqueles pressupostos, não se justifica deparar com uma irregularidade, antes com um valor positivo do mesmo, dado que tudo se passará como se estivéssemos perante um tratado constitucional: não é possível detetar quaisquer efeitos laterais decorrentes da inconstitucionalidade da convenção internacional em questão[66].

---

[65] Sobre a irregularidade no Direito Civil, v. José Dias Marques, *Teoria Geral do Direito Civil*, II, Coimbra, 1959, pp. 219 e 414; Manuel De Andrade, *Teoria Geral da Relação Jurídica*, II, Coimbra, 1960, pp. 413 e 414; João de Castro Mendes, *Teoria Geral do Direito Civil*, II, Lisboa, 1979, p. 315; Carlos Alberto da Mota Pinto, *Teoria Geral do Direito Civil*, 3.ª ed., Coimbra, 1985, p. 618.

[66] Cfr. Jorge Bacelar Gouveia, *O valor positivo...*, pp. 37 e 38.

II – A INSERÇÃO E A POSIÇÃO DO DIREITO INTERNACIONAL PÚBLICO NO DIREITO DOS ESTADOS DE LÍNGUA PORTUGUESA

§ 3.º A inserção do Direito Internacional Público no Direito dos Estados de Língua Portuguesa

11. A inserção do Direito Internacional Público no Direito dos Estados de Língua Portuguesa

I. Passando à apreciação da relevância do Direito Internacional Público no Direito dos Estados de Língua Portuguesa, depois deste mais desenvolvido estudo no tocante ao Direito Português, é altura de selecionar as questões relativamente às quais se impõe o pertinente esforço comparativo sob o ponto de vista dos mecanismos de incorporação do Direito Internacional Público no Direito Interno, de entre elas se salientando estas três:

- primeiro, saber se há cláusulas internacionais nos textos constitucionais;
- depois, saber se, havendo cláusulas constitucionais atribuindo relevância interna ao Direito Internacional Público, é sempre o mesmo método de incorporação utilizado ou se, inversamente, há algumas fontes internacionais objeto de tratamento diferenciado quanto ao método de inserção utilizado;
- por fim, saber se essas cláusulas expressas abrangem a totalidade das fontes possíveis do Direito Internacional Público ou se, pelo contrário, fazem uma cobertura apenas parcial de tais fontes.

II. A título complementar, tem interesse determinar o especial papel que o Direito Internacional dos Direitos do Homem vai desempenhando nos Direitos dos Estados, assim se comprovando a cada vez maior interpenetração existente entre estes dois ordenamentos jurídicos.

Esta vem a ser, de resto, uma curiosa particularidade do Direito Constitucional Internacional de Língua Portuguesa, sob o impulso decisivo da CRP, que não tem paralelo noutras famílias constitucionais, assim mostrando também mais um dos traços da singularidade que é possível construir no âmbito dos sistemas constitucionais de matriz portuguesa.

12. A consagração de cláusulas internacionais na maioria dos textos constitucionais

I. Em relação à primeira pergunta, *a resposta não pode ser positiva para todos os textos constitucionais analisados, ainda que sejam minoritários os Estados que não contemplam cláusulas internacionais expressas nos respetivos articulados constitucionais.*

São dois os casos a assinalar, ainda que se perspetivem diferentes razões para esse mesmo facto:

- quanto a Angola, a omissão justifica-se por a Lei Constitucional de Angola (LCA) ser ainda provisória, tendo surgido no rescaldo de um acordo de paz cujos efeitos, infelizmente, duraram pouco tempo;
- quanto à Guiné-Bissau, a Constituição da Guiné-Bissau (CGB) foi o fruto de uma transição segura, mas muito atribulada, não tendo ainda havido condições políticas para a aprovação de um texto constitucional significativamente melhorado.

Todos os outros Estados, com intensidades variadas, são sensíveis ao problema da necessidade de os respetivos textos constitucionais se pronunciarem sobre esta matéria, até porque numa sociedade internacional global as respostas têm de ser dadas de um modo claro e explícito.

II. A dúvida que de seguida se coloca, em relação aos Estados que nada dizem a este propósito, é quanto aos termos da incorporação do Direito Internacional Público no Direito Interno dos Estados em causa, pois que nenhuma luz se apresenta para dar uma solução a esse problema.

É de crer que o Direito Internacional Público não deixará, só por isso, de ser internamente relevante nesses Estados, sendo certo que aqueles dois sistemas constitucionais até contemplam normas constitucionais a respeito do procedimento de conclusão interna das convenções internacionais.

No que respeita a outras fontes internacionais não convencionais, de duas, uma:

- ou essas fontes, por serem voluntárias, podem ser equiparadas aos mecanismos aplicáveis às convenções internacionais, sendo o caso dos atos unilaterais;
- ou, então, tais fontes são incorporadas por força da sua natureza, como sucederá com o costume internacional, que não precisa de pedir licença à lei para ser aplicável, neste caso estando dispensado de pedir licença à lei constitucional.

13. **A unanimidade da preferência pelo modelo da receção**

I. Em relação à segunda questão, que é decerto a central, suscita-se a existência de *uma evidente unanimidade no* *tocante ao modelo de incorporação adotado, que foi o modelo da receção e não o da transformação*, isto pensando naturalmente nos textos constitucionais que contêm uma alusão expressa neste ponto.

Quer isto dizer que a incorporação interna do Direito Internacional Público se opera mantendo os seus traços originários, não sendo as respetivas fontes objeto de qualquer processo de transmutação, tendendo a torná-lo relevante a partir de uma fonte estadual, e não a partir de uma fonte que fosse verdadeiramente internacional.

II. Mas o próprio modelo da receção do Direito Internacional Público no Direito Interno é suscetível de algumas sub-classificações, as quais permitem esclarecer vários aspetos do respetivo regime, estando essencialmente em causa a distinção entre:

– a *receção automática*, que não depende de qualquer formalidade interna para se operacionalizar; e
– a *receção condicionada*, a qual fica dependente do cumprimento de formalidades de índole organizatória, e não substantiva, para se efetivar.

III. A *receção automática* do Direito Internacional Público é escolhida no âmbito do Direito Internacional Público que não tem fonte convencional, o qual fica a fazer parte da Ordem Jurídica dos Estados de Língua Portuguesa, ainda que sejam utilizadas diversas fórmulas para o expressar:

– CSTP (Constituição de São Tomé e Príncipe): "As normas e os princípios de Direito Internacional geral

ou comum fazem parte integrante do Direito são-
-tomense"[67];
- CCV (Constituição de Cabo Verde): "O Direito Internacional geral ou comum faz parte integrante da ordem jurídica cabo-verdiana, enquanto vigorar na ordem jurídica internacional"[68]; "Os atos jurídicos emanados dos órgãos competentes das organizações supranacionais de que Cabo Verde seja parte vigoram diretamente na ordem jurídica interna, desde que tal esteja estabelecido nas respetivas convenções constitutivas"[69];
- CTL (Constituição de Timor Leste): "A ordem jurídica timorense adota os princípios de Direito Internacional geral ou comum"[70].

IV. A *receção condicionada* do Direito Internacional Público é efetivada para o Direito Internacional Convencional, naturalmente se percebendo que está em causa uma fonte que carece da colaboração do Estado que a vai incorporar na respetiva ordem jurídica, embora se registem diversos cambiantes:

- só o Direito Internacional Convencional: a CSTP[71], a CTL[72] e a CM (Constituição de Moçambique)[73];

---

[67] Art. 13.º, n.º 1, da CSTP.
[68] Art. 12.º, n.º 1, da CCV.
[69] Art. 12.º, n.º 3, da CCV.
[70] Art. 9.º, n.º 1, da CTL.
[71] Cfr. o art. 13.º, n.º 2, da CSTP.
[72] Cfr. o art. 9.º, n.º 2, da CTL.
[73] Cfr. o art. 18.º, n.º 1, da CM.

– o Direito Internacional Convencional e também o Direito derivado das organizações internacionais: a CCV[74].

O caso da CB (Constituição do Brasil de 1988) é particular na medida em que se mantém a natureza internacional dos tratados, ainda que verbalmente essa afirmação só seja feita no tocante aos direitos humanos, embora ela possa ser generalizável aos diversos instrumentos internacionais, para os quais se pede o consentimento do Estado Brasileiro[75].

14. A diversidade das fontes internacionais acolhidas pelos textos constitucionais

I. Em relação à terceira pergunta, que só faz sentido para os Estados que consagram cláusulas internacionais expressas no tocante à relevância interna do Direito Internacional, *as posições assumidas são também de variada índole, encarando-se as respostas jurídico-positivas em função de três modelos teoricamente concebíveis quanto à amplitude da cobertura das fontes internacionais incluídas*:

---

[74] Cfr. o art. 12.º, n.ºs 2 e 3, da CCV.

[75] Modelo de receção – e não de transformação – que, em geral, se infere do facto de a vinculação aos tratados internacionais, no Brasil, se fazer através de decreto legislativo, e não por lei, além de no diploma sobre a publicação de atos jurídico-públicos, que é o Decreto n.º 96 671/88, os tratados aparecerem autonomizados relativamente às leis. Cfr. VALÉRIO DE OLIVEIRA MAZZUOLI, *O poder legislativo e os tratados internacionais*, in *Revista de Informação Legislativa*, ano 38, n.º 150, abril/junho de 2001, pp. 43 e ss.

- o *modelo da cobertura mínima*, referindo-se apenas às convenções internacionais;
- o *modelo da cobertura intermédia*, referindo-se às convenções internacionais, mas também a outras fontes do Direito Internacional Público, não esgotando, porém, o elenco destas; e
- o *modelo da cobertura máxima*, pelo qual se opera a relevância interna de todas as fontes possíveis do Direito Internacional Público.

II. O *modelo da cobertura mínima*, que fica assim caracterizado pela sua redução ao Direito Internacional Convencional, tem lugar nos textos constitucionais de língua portuguesa que nesta matéria apenas aludem às convenções internacionais: a CB[76] e a CM[77].

Mas assim se fica sem saber em que termos adquirem relevância interna as outras fontes do Direito Internacional Público, que não se reduzem às convenções internacionais[78].

III. O *modelo da cobertura intermédia*, não esgotando todas as fontes possíveis do Direito Internacional Público, acolhe

---

[76] Cfr. o art. 5.º, § 3.º, da CB.
[77] Cfr. o art. 18.º, n.º 1, da CM.
[78] Tal omissão sendo bem verberada por CELSO D. DE ALBUQUERQUE MELLO (*Direito Constitucional Internacional – uma introdução*, 2.ª ed., Rio de Janeiro/São Paulo, 2000, p. 365): "O que pretendemos estudar é um tema, infelizmente, não versado na Constituição Federal: o das relações entre o DI e o Direito Interno. O único dispositivo existente é de alcance restrito e que estudamos no capítulo próprio. Aplica-se apenas aos direitos humanos".

não somente as convenções internacionais, mas também outras fontes internacionais, conquanto não todas elas de um modo expresso, o que vem a traduzir-se em duas alternativas, a primeira menos densa do que a segunda:

- ou no conjunto do Direito Internacional Comum e do Direito Internacional Convencional: a CSTP[79] e a CTL[80];
- ou no conjunto do Direito Internacional Comum, do Direito Internacional Convencional e do Direito derivado das organizações internacionais: a CCV[81].

Como se observa, embora com a ligeira variação que ficou assinalada, vem a ser este o modelo largamente perfilhado pelos textos constitucionais de língua portuguesa, em grande medida recebendo a herança da CRP, que adota este modelo, faltando-lhe fazer alusão a algumas fontes internacionais que escaparam do alcance – pelo menos, expresso e direto – do art. 8.º.

IV. O *modelo da cobertura máxima* não vem a ser seguido por nenhum dos Estados de Língua Portuguesa analisados, ainda que a resposta de um deles se apresente bem mais satisfatória do que a de qualquer um dos restantes.

É o caso de Cabo Verde, que oferece uma panorâmica muito vasta de resposta a algumas questões que a experiência da aplicação prática da CRP tem legitimamente suscitado:

---

[79] Cfr. o art. 13.º da CSTP.
[80] Cfr. o art. 9.º, n.os 1 e 2, da CTL.
[81] Cfr. o art. 12.º, n.os 1, 2 e 3, da CCV.

- é o caso da pretendida separação entre os tratados e acordos internacionais[82];
- é o caso dos procedimentos a adotar em matéria de adesão e de desvinculação das convenções internacionais[83]; e
- é o caso da explicitação da publicação das convenções internacionais e de todos os atos que lhe estão conexos[84].

Não obstante, não se pode dizer que o sistema cabo-verdiano, neste ponto, tenha chegado à almejada perfeição de uma cobertura total das fontes possíveis do Direito Internacional Público.

15. A especial relevância constitucional do Direito Internacional Público dos Direitos do Homem

I. A observação do regime de incorporação do Direito Internacional Público no Direito dos Estados de Língua Portuguesa permite ainda identificar *situações especiais em relação a algumas das fontes internacionais.*

É que alguns textos constitucionais são particularmente sensíveis ao tema geral da proteção dos direitos fundamentais, para o efeito consagrando extensos elencos de direitos nos respetivos articulados constitucionais.

Contudo, é frequente que esses mesmos documentos constitucionais consagrem cláusulas específicas de receção

---

[82] Cfr. o art. 14.º da CCV.
[83] Cfr. o art. 13.º da CCV.
[84] Cfr. o art. 264.º, n.º, al. c), da CCV.

do Direito Internacional Público dos Direitos do Homem, tal sucedendo em todas as Constituições analisadas, no que se entrevê uma clara inspiração colhida da CRP.

A discussão sobre a relevância específica da receção dessas fontes deve ser focalizada em dois níveis diferenciados da relação da proteção constitucional dos direitos fundamentais com o Direito Internacional dos Direitos do Homem:

– ao nível da positivação constitucional; e
– ao nível da interpretação e integração constitucional.

II. Ao nível da *positivação constitucional dos direitos do homem*, a pergunta coloca-se no sentido de saber se os textos constitucionais conferem um especial cuidado às fontes internacionais quando operam a constitucionalização dos direitos fundamentais.

Este vem a ser o mecanismo da *cláusula aberta dos direitos fundamentais*[85] constitucionais, pelo qual o legislador constitucional tem a ideia dos seus limites e pretende abrir o elenco dos tipos de direitos que consagra a outros tipos de direitos – *direitos fundamentais atípicos* – que não tenha querido ou não tenha podido consagrar.

A grande vantagem deste mecanismo, apelando à aplicação direta interna dos direitos do homem que sejam pertinentes, reside no facto de a origem destes ser insuspeita, logrando o efeito desejado sem ter que passar pelo caminho, muitas vezes tortuoso, da revisão constitucional.

---

[85] Tal como ela vem a ser consagrada no art. 16.º, n.º 1, da CRP.

A leitura dos textos constitucionais permite chegar à conclusão de que em todos eles, direta ou indiretamente, os direitos do homem, consagrados pelas "...regras aplicáveis do Direito Internacional...", são assumidos como fonte interna dos direitos fundamentais, frase que bem assinala a herança da CRP, os dois últimos textos apenas se referindo às leis, mas podendo globalmente considerar os direitos humanos oriundos de fonte internacional, porquanto esta também passa a fazer parte integrante da ordem jurídica de cada Estado:

- CB: "Os direitos e a garantias expressos nesta Constituição não excluem outros decorrentes do regime e dos princípios por ela adotados, ou dos tratados internacionais em que a República Federativa do Brasil seja parte"[86];
- CSTP: "Os direitos consagrados nesta Constituição não excluem quaisquer outros que sejam previstos nas leis ou em regras de Direito Internacional"[87];
- CCV: "As leis ou convenções internacionais poderão consagrar direitos, liberdades e garantias não previstos na Constituição"[88];
- LCA: "Os direitos fundamentais expressos na presente Lei não excluem outros decorrentes das

---

[86] Art. 5.º, § 2.º, da CB. Cfr. VALÉRIO DE OLIVEIRA MAZZUOLI, *A incorporação dos tratados internacionais de proteção dos direitos humanos no ordenamento brasileiro*, in *Revista de Informação Legislativa*, ano 37, n.º 147, julho/setembro de 2000, pp. 179 e ss.

[87] Art. 18.º, n.º 1, da CSTP.

[88] Art. 17.º, n.º 1, da CCV.

leis e das regras aplicáveis de Direito Internacional"[89];
- CGB: "Os direitos fundamentais consagrados na Constituição não excluem quaisquer outros constantes das demais leis da República e das regras aplicáveis de Direito Internacional"[90];
- CTL: "Os direitos fundamentais consagrados na Constituição não excluem quaisquer outros constantes da lei e devem ser interpretados em consonância com a Declaração Universal dos Direitos Humanos"[91];
- CM: "Os direitos fundamentais consagrados na Constituição não excluem quaisquer outros constantes das leis"[92].

III. Ao nível da *interpretação e integração dos direitos fundamentais*, a pergunta tem que ver com a necessidade de saber se o intérprete-aplicador dispõe de regras especiais que o orientem nessas tarefas, tratando-se de direitos fundamentais, pensando-se aqui numa resposta normativo-formal presente ao nível dos textos constitucionais, não se excluindo que a prática, juntamente com os desenvolvimentos jurisprudenciais e doutrinários, contribua, a seu modo, para aperfeiçoar o panorama a apresentar.

É essa a indicação que se colhe em quase todos os textos constitucionais, porquanto se assinala a importância cons-

---

[89] Art. 21.º, n.º 1, da LCA.
[90] Art. 29.º, n.º 1, da CGB.
[91] Art. 23.º da CTL.
[92] Art. 42.º da CM.

titucional da proteção internacional dos direitos humanos, embora se possa gizar alusões de intensidade diferenciada:

- *intensidade máxima*: alusão genérica aos instrumentos de proteção internacional dos direitos do homem, ao mesmo tempo se individualizando a DUDH e a CADHP (Carta Africana dos Direitos do Homem e dos Povos), tal sucedendo com a LCA: "As normas constitucionais e legais relativas aos direitos fundamentais devem ser interpretadas e integradas de harmonia com a Declaração Universal dos Direitos do Homem, da Carta Africana dos Direitos do Homem e dos Povos e dos demais instrumentos internacionais de que Angola seja parte"[93];
- *intensidade elevada*: alusão específica à DUDH e à CADHP, como sucede com a CM: "Os preceitos constitucionais relativos aos direitos fundamentais são interpretados e integrados de harmonia com a Declaração Universal dos Direitos do Homem e a Carta Africana dos Direitos do Homem e dos Povos"[94];
- *intensidade média*: alusão específica apenas à DUDH, como sucede com os restantes textos constitucionais, que são a CSTP[95], a CCV[96], a CGB[97] e a CTL[98], na esteira do preceito do art. 16.º, n.º 2, da CRP.

---

[93] Art. 21.º, n.º 2, da LCA.
[94] Art. 43.º da CM.
[95] Cfr. o art. 18.º, n.º 2, da CSTP.
[96] Cfr. o art. 17.º, n.º 3, da CCV.
[97] Cfr. o art. 29.º, n.º 2, da CGB.
[98] Cfr. o art. 23.º da CTL, embora neste caso apenas se refira a "interpretação" e não já a "integração" dos direitos fundamentais por recurso à DUDH.

§ 4.º A posição do Direito Internacional Público no Direito dos Estados de Língua Portuguesa

16. A posição do Direito Internacional Público no Direito dos Estados de Língua Portuguesa

I. O outro tema que se coloca na relevância do Direito Internacional Público no Direito dos Estados de Língua Portuguesa é o de saber, após a incorporação ocorrer nos termos em que observámos, a posição hierárquica que o mesmo vai ocupar, sendo nítido que a estrutura da ordem jurídica interna é piramidal e comporta diversos patamares, em conformidade com o relevo das matérias, bem como com o tipo de autoridade de onde tais normas são emanadas, pelo que se justifica equacionar dois tópicos autónomos de discussão:

- a relação entre o Direito Internacional Público e o Direito Constitucional; e
- a relação entre o Direito Internacional Público e o Direito Infra-Constitucional (Direito Legal).

II. No que respeita ao primeiro tópico, o problema consiste em inquirir se os textos constitucionais assumem um entendimento a respeito da posição do Direito Internacional Público em relação à vocação suprema dentro da ordem jurídica de que o Direito Constitucional normalmente não abdica, num tema que recentemente tem sido reequacionado em nome dos valores de que o Direito Internacional Público é portador.

Claro que esta problemática, nos seus diferentes prismas, toca com domínios diversos e que não merecerão agora estudo, *maxime* a problemática geral dos limites transcendentes ao poder constituinte, ou até com o princípio geral internacional da prevalência das convenções internacionais no âmbito dos Direitos internos.

Do que se trata, verdadeiramente, é apenas de saber se os textos constitucionais aceitam que o Direito Internacional Público – ou, pelo menos, parte das suas normas, princípios ou fontes – possa com eles competir na suprema regulação interna da ordem jurídica estadual que lhes compete realizar.

III. Quanto ao outro tópico da discussão, a respetiva intensidade argumentativa é mais baixa porque está em causa fazer relacionar as fontes não constitucionais, internacionais e legais, não se podendo perder de vista a multiplicação, quase infrene, do recurso às fontes internacionais em detrimento das fontes legais na regulação de muitas atividades da comunidade política atual.

Habitualmente, a discussão tem sido colocada na escolha, para o Direito Internacional Público, de um patamar de supralegalidade, em que está acima da legislação ordinária interna, ou de um patamar de igual nivelamento legislativo, posicionando-se o Direito Internacional Público no mesmo plano da legislação ordinária.

17. Direito Internacional Público e Direito Constitucional

I. É bem menor o número de casos em que os textos constitucionais tomam posição a respeito da sua relação com o Direito Internacional Público comparativamente à situação do entendimento constitucional assumido acerca da posição hierárquica do Direito Internacional Público com o Direito Infra-Constitucional.

Mesmo nos casos de omissão de regulação constitucional, eis uma questão que faz sempre sentido pôr porque é forçoso saber qual o relacionamento que se estabelece, o que não tem de ser dado diretamente, antes podendo indiretamente resultar dos próprios mecanismos de fiscalização da constitucionalidade que venham a ser estabelecidos.

II. Nos sistemas constitucionais em análise, *a esmagadora maioria deles nem sequer se pronuncia especificamente sobre este assunto*, à semelhança do que sucede no sistema constitucional português, onde colheram boa parte da sua inspiração regulativo-constitucional.

Sendo a maioria das Constituições dos Estados de Língua Portuguesa providas de cláusulas a respeito da relevância interna do Direito Internacional Público, o certo é que são poucos os textos constitucionais que sobre este ponto tomam uma posição, não esclarecendo a superioridade, a igualdade ou a inferioridade do texto constitucional relativamente ao Direito Internacional Público.

III. O único caso em que constitucionalmente se assume uma opção quanto à posição recíproca do Direito Internacional Público relativamente ao Direito Constitucional é o da CB, com um entendimento expresso favorável à equivalência das respetivas localizações, ainda que no contexto particular da relação da Constituição com a proteção dos direitos fundamentais[99].

---

[99] Desenvolvidamente sobre esta questão na CB, v. CELSO D. DE ALBUQUERQUE MELLO, *Direito Constitucional Internacional...*, pp. 337 e ss.;

É do seguinte teor o importante preceito que a CB tem a este propósito: "Os tratados e convenções internacionais sobre direitos humanos que forem aprovados, em cada Casa do Congresso Nacional, em dois turnos, por três quintos dos votos dos respetivos membros, serão equivalentes às emendas constitucionais"[100].

IV. Contudo, isto não quer dizer que entendimentos expressos não sejam defendidos pelas outras Constituições, mas tal acontecendo sem se considerar peculiarmente esta problemática, antes considerando-a em globo no problema da superioridade do Direito Constitucional no ordenamento jurídico.

Desta feita, quase sempre a tomada de posição é contrária à defendida na CB, em que as relações entre o Direito Constitucional e o Direito Internacional Público – através, sobretudo, dos mecanismos de fiscalização da constitucionalidade deste – se pautam pela superioridade daquele relativamente a este, conforme estes preceitos devidamente o ilustram:

– CSTP: a formulação de um princípio geral de superioridade da Constituição – "São inconstitucionais as normas que infrinjam o disposto na Constituição ou os princípios nela consignados"[101] – é acompanhada

---

VALÉRIO DE OLIVEIRA MAZZUOLI, *O novo § 3.° do Artigo 5.° da Constituição e sua eficácia*, in AAVV, *O Direito Constitucional Internacional após a Emenda 45/04 e os Direitos Fundamentais* (coord. de EDUARDO BIACCHI GOMES e TARCÍSIO HARDMAN REIS), São Paulo, 2007, pp. 159 e ss.

[100] Art. 5.°, § 3.°, da CB.
[101] Art. 144.°, n.° 1, da CSTP.

da admissão de uma exceção – "A inconstitucionalidade orgânica ou formal de tratados internacionais regularmente ratificados não impede a aplicação das suas normas na ordem jurídica são-tomense, desde que tais normas sejam aplicadas na ordem jurídica de outra parte, salvo se tal inconstitucionalidade resultar de violação de uma disposição fundamental"[102];
- CCV: a formulação de um princípio geral de superioridade da Constituição – "São inconstitucionais as normas e resoluções de conteúdo normativo ou individual e concreto que infrinjam o disposto na Constituição ou os princípios nela consignados"[103] – é acompanhada da admissão de uma exceção – "A inconstitucionalidade orgânica ou formal dos tratados ou acordos internacionais que versem matérias da competência reservada da Assembleia Nacional ou da competência legislativa do Governo não impede a aplicação das suas normas na ordem jurídica cabo-verdiana, desde que sejam confirmados pelo Governo e aprovados pela Assembleia Nacional por maioria de dois terços dos Deputados presentes, na primeira reunião plenária seguinte à data da publicação da decisão do Tribunal"[104];
- LCA: a formulação de um princípio geral de superioridade da Constituição, não se distinguindo entre normas internas ou internacionais – "As normas que

---

[102] Art. 144.º, n.º 2, da CSTP.
[103] Art. 272.º, n.º 1, da CCV.
[104] Art. 272.º, n.º 2, da CCV.

infrinjam o disposto na Lei Constitucional ou os princípios nela designados são inconstitucionais"[105];
- CGB: a formulação de um princípio geral de superioridade da Constituição, não se distinguindo entre normas internas ou internacionais – "Nos feitos submetidos a julgamento não podem os tribunais aplicar normas que infrinjam o disposto na Constituição ou os princípios nela consagrados"[106];
- CM: a formulação de um princípio geral de superioridade da Constituição, não se distinguindo entre normas internas ou internacionais – "As normas constitucionais prevalecem sobre todas as restantes normas do ordenamento jurídico"[107].

18. Direito Internacional Público e Direito Infra-Constitucional

I. O panorama é já bastante diverso quanto ao outro mencionado tópico, uma vez que são mais numerosos os casos em que os textos constitucionais de língua portuguesa tomam posição sobre a relação entre o Direito Internacional Público e o Direito Infra-Constitucional, sendo de distinguir três tipos de entendimento:

- um *entendimento explícito global, relativo a todas as fontes internacionais*;
- um *entendimento explícito parcial, só aplicável a algumas dessas fontes*; e

---

[105] Art. 153.º, n.º 1, da LCA.
[106] Art. 126.º, n.º 1, da CGB.
[107] Art. 2.º, n.º 4, da CM.

– um *entendimento implícito*, *que não se assume como geral ou especial.*

II. O *entendimento explícito global* é protagonizado por um único Estado, funcionando para a globalidade das fontes internacionais, numa meritória preocupação de esclarecimento acerca das responsabilidades internacionais que o Estado em causa assume na cena internacional.

É o caso, muito discutível na opção feita, da CM, que confere igual nivelamento legislativo ao Direito Internacional Público[108]: "As normas de Direito Internacional têm na ordem jurídica interna o mesmo valor que assumem os atos normativos infraconstitucionais emanados da Assembleia da República e do Governo, consoante a sua respetiva forma de receção"[109].

III. O *entendimento explícito parcial* está normalmente associado às fontes convencionais, sendo de sublinhar a existência de dois outros textos constitucionais que definem a relação hierárquica do Direito Internacional Convencional com a Ordem Jurídica do Estado, em ambos os casos de supralegalidade daquele, embora no caso da CCV esse entendimento se alargue ao Direito Internacional Comum:

---

[108] Solução que não estava prevista em diversos anteprojetos, mas que viria a constar da versão final: cfr. uma opinião favorável a uma versão anterior, em que se propugnava a indicação expressa da superioridade do Direito Internacional relativamente ao Direito Legal, JORGE BACELAR GOUVEIA, *Reflexões sobre a próxima revisão da Constituição Moçambicana de 1990*, Maputo, 1999, p. 19.

[109] Art. 18.º, n.º 2, da CM.

- a CSTP confere supralegalidade ao Direito Internacional Convencional: "As normas constantes de convenções, tratados e acordos internacionais validamente aprovadas e ratificadas pelos respetivos órgãos competentes têm prevalência, após a sua entrada em vigor na ordem internacional e interna, sobre todos os atos legislativos e normativos internos de valor infraconstitucional"[110];
- a CCV confere supralegalidade ao Direito Internacional Comum e ao Direito Internacional Convencional: "As normas e os princípios do Direito Internacional geral ou comum e do Direito Internacional convencional validamente aprovados ou ratificados têm prevalência, após a sua entrada em vigor na ordem jurídica internacional e interna, sobre todos os atos legislativos e normativos internos de valor infraconstitucional"[111];
- a CTL confere inferioridade à lei por referência às convenções internacionais, qualificando a desconformidade como invalidade: "São inválidas todas as normas das leis contrárias às disposições das convenções, tratados e acordos internacionais recebidos na ordem jurídica interna timorense"[112].

IV. O *entendimento implícito* é assumido por todos os outros textos constitucionais, que não tomam posição sobre a matéria: a CB, a LCA e a CGB.

---

[110] Art. 13.º, n.º 3, da CSTP.
[111] Art. 12.º, n.º 4, da CCV.
[112] Art. 9.º, n.º 3, da CTL.

Não obstante tal ausência, podem prevalecer os argumentos utilizados na CRP na defesa da ideia da supralegalidade do Direito Internacional Público, sobretudo o que advém da lógica contratual subjacente às convenções internacionais.

Por outra perspetiva, essa argumentação pode igualmente servir para que a supralegalidade, se inicialmente mais adequada no contexto das fontes convencionais, seja do mesmo modo convincente nas outras fontes do Direito Internacional Público, tornando-se uma regra geral nas relações deste com cada ordem jurídica interna[113].

---

[113] É o que sucede com o Direito Brasileiro, no qual boa parte da doutrina – em divergência com o Supremo Tribunal Federal – defende a supralegalidade do Direito Internacional: VALÉRIO DE OLIVEIRA MAZZUOLI, *O Supremo Tribunal Federal e os conflitos entre tratados internacionais e leis internas*, in *Revista de Informação Legislativa*, ano 39, n.º 154, abril/junho de 2002, pp. 15 e ss., e *Curso de Direito Internacional Público*, São Paulo, 2006, p. 57; EDUARDO BIACCHI GOMES, *A celebração dos tratados no Ordenamento Constitucional Brasileiro e os Direitos Fundamentais*, in AAVV, *O Direito Constitucional Internacional após a Emenda 45/04 e os Direitos Fundamentais* (coord. de EDUARDO BIACCHI GOMES e TARCÍSIO HARDMAN REIS), São Paulo, 2007, pp. 80 e ss. Em sentido diverso, JOSÉ FRANCISCO REZEK, *Direito Internacional Público – curso elementar*, 10.ª ed., São Paulo, 2006, pp. 96 e ss.

II
PARTE ESPECIAL

A BANDEIRA DO MPLA
E O DIREITO CONSTITUCIONAL
DOS PARTIDOS POLÍTICOS DE ANGOLA[1]

CONSULTA

O Partido Popular – PP, representado pelo seu Presidente, Manuel David Mendes, apresentou no Tribunal Constitucional de Angola uma petição de impugnação da bandeira do MPLA por "ato violador da Constituição", requerendo que "...seja citado o MPLA, para voluntariamente proceder à adequação da sua bandeira em conformidade com a lei e, se assim não proceder, ser usado os mecanismos estaduais para se fazer cumprir a lei"[2].

O requerente alega em defesa da sua pretensão processual o facto de a bandeira do MPLA se assemelhar – embora não sendo igual – à bandeira da República, sendo certo que neste momento teria terminado um período transitório previsto pela nova Constituição de Angola.

Com o objetivo de habilitar o MPLA a apresentar no Tribunal Constitucional a devida contestação, solicitamos a V. Ex.ª a elaboração de um parecer jurídico, na sua

---

[1] Parecer de Direito inédito.

[2] Conclusão da impugnação apresentada no Tribunal Constitucional de Angola em 11 de agosto de 2010.

qualidade de ilustre constitucionalista, a respeito das diversas questões que se suscitam no âmbito deste processo judicial.

Com os nossos melhores cumprimentos.

O Vice-Presidente do MPLA

Roberto de Almeida

Luanda, 25 de outubro de 2010.

I – INTRODUÇÃO

1. O tema do parecer

I. A Consulta do presente Parecer afigura-se muito clara quanto àquilo em que se pretende obter a nossa opinião: *saber se a bandeira do MPLA é de uso legítimo à luz do Direito de Angola aplicável tomando em consideração o facto de ser parecida com a bandeira da República de Angola.*

Daí que a nossa resposta se alinhe por uma *metodologia jurídica* na medida em que procura enquadrar tal resposta no âmbito das diversas pertinentes dimensões do Direito Constitucional de Angola, sendo neste setor jurídico que se impõe encontrar as soluções adequadas e tendo em vista um propósito processual.

Como é bom de ver, *daqui estão arredadas quaisquer considerações de natureza política, as quais só podem estar excluídas da dimensão jurídico-positiva que se pretende desenvolver na elaboração do presente Parecer.*

II. Só que por detrás daquela aparente uniformidade temática se escondem *múltiplos tópicos de argumentação que cumpre equacionar* para se obter uma resposta tão completa quanto possível.

Este é bem um exemplo da complexidade do Direito Constitucional, o qual se equilibra – e se reequilibra de novo – entre as soluções substantivas e as soluções processuais.

Assume aqui toda a relevância a convocação de *uma perspetiva de natureza geral, a partir da qual se possam colocar alguns pontos específicos que irrompem na análise jurídica do caso*, dela depois decorrendo soluções intimamente associadas à resposta concreta a dar ao pedido formulado do ponto de vista da sua viabilidade, de acordo com uma *ótica marcadamente dedutiva*.

III. O tema que baliza este Parecer é do mesmo modo sensível *a uma preocupação multidimensional com o conhecimento do regime jurídico aplicável*, porquanto apela às vertentes disponíveis para operacionalizar o conhecimento do Direito Constitucional aplicável.

O Direito Constitucional Contemporâneo — sobretudo o Direito Constitucional do Estado de Direito Democrático, como é o caso de Angola — está longe de poder apresentar-se satisfatoriamente num discurso exegético, pelo qual a solução jurídica se alcança com base num preceito legal que simplesmente regule o caso.

Se isso fosse verdade, não seria necessário pedir pareceres jurídicos. O hodierno Direito Constitucional, devido ao seu caráter compromissório, exige, ao invés, uma maior elaboração argumentativa, destinada a resolver conflitos internormativos, a interpretar fontes constitucionais ou a preencher lacunas de regulamentação ou de exceção.

O problema suscitado neste parecer corresponde bem a uma necessidade acrescida de argumentação jurídica em que se torna imperioso *o recurso ao pensamento jurídico sistemático*, ponderando o uso de princípios constitucionais e oferecendo uma solução firme, mas substancialmente ancorada no Direito Constitucional de Angola visto na sua globalidade e na sua unidade sistemática.

2. Sequência das questões

I. A delimitação temática operada pelo texto da Consulta recebida torna, porém, aconselhável o seu desdobramento em diversos sub-temas, os quais em conjunto contribuirão para a cabal resposta à pergunta formulada, sendo possível discernir três partes fundamentais:

- o sentido da nova Constituição de Angola de 2010, em jeito de aproximação contextualizadora;
- a orientação estabelecida a respeito dos símbolos partidários no Direito dos Partidos de Angola;
- os traços gerais do sistema angolano de contencioso dos partidos políticos.

II. *O primeiro núcleo temático é de cunho introdutório* e destina-se a *situar o Direito Constitucional de Angola não apenas no seu percurso histórico-evolutivo de um país recentemente independente como, sobretudo, no plano das definitivas alterações ocorridas ainda este ano com a aprovação da Constituição de Angola.*

Esta é uma ilustração de natureza geral necessária atento o facto de ter sido invocada precisamente a erupção de um novo texto constitucional em cujo processo deliberativo se estableceu uma mudança profunda das regras aplicáveis em diversos domínios, incluindo o do regime dos símbolos partidários.

Conhecer a realidade envolvente de uma ordem jurídico-constitucional pode ser determinante para se perceber o sentido da alteração desse regime e a sua explicitação perante uma prática política que mergulha as suas raízes no tempo da colonização portuguesa.

III. O *segundo núcleo temático* – já diretamente atinente ao problema jurídico colocado na Consulta do Parecer e com uma índole manifestamente substantiva – *relaciona-se com a apreciação das regras fundamentais que se incluem no atual Direito dos Partidos de Angola, tomando a específica referência ao regime aplicável aos seus símbolos.*

Mas essa é uma análise que carece de ser acompanhada da inserção dessas regras no círculo mais vasto do princípio democrático, sendo certo que os partidos políticos concorrem, desde o século XIX, para a expressão democrática da vontade dos cidadãos, em reconhecimento da soberania popular.

IV. O *terceiro núcleo temático é de natureza processual* e tem *o propósito de evidenciar o regime do contencioso dos partidos políticos de Angola e que o Tribunal Constitucional também protagoniza.*

Estamos em face de um tópico de estudo decisivo porque a Consulta do Parecer situa o problema jurídico no quadro específico de uma impugnação processual apresentada no Tribunal Constitucional, o qual se integra num sistema de controlo da juridicidade político-partidária que se impõe conhecer em termos gerais.

Depois naturalmente que cumpre aprofundar a viabilidade jurídico-processual da pretensão formulada na impugnação à luz das opções que o legislador de Angola fez na matéria de fiscalização da legalidade dos atos e das deliberações dos partidos políticos.

V. Dada a previsível extensão do parecer, pelo volume e dificuldade das interrogações a que cumpre dar resposta, *justifica-se que no final do mesmo sejam apresentadas as conclusões que forem sendo colhidas em cada uma das partes desenvolvidas.*

II – A NOVA CONSTITUIÇÃO DE ANGOLA

3. A Revolução de 25 de Abril de 1974 em Portugal e as independências dos Estados Africanos de Língua Portuguesa

I. Um dos principais objetivos da III República Democrática, implantada em Portugal a partir da Revolução de 25 de Abril de 1974, foi o da *descolonização dos povos e territórios de África*, durante vários séculos e até então colónias de Portugal, assim ganhando a sua legítima independência política, nas seguintes datas históricas[3]:

---

[3] Sobre a evolução e caracterização geral dos sistemas constitucionais africanos de língua portuguesa, v. Jorge Miranda, *Manual de Direito Constitucional*, I, 7.ª ed., Coimbra, 2003, pp. 239 e ss.; António Alberto Neto, *Instituições políticas e sistemas constitucionais nos países africanos de expressão portuguesa*, Luanda, 2003; Jorge Bacelar Gouveia, *Os sistemas político-constitucionais dos Estados Africanos de Língua Portuguesa*, in *Estudos de Direito Público de Língua Portuguesa*, Coimbra, 2004, pp. 288 e ss. (=*Les systèmes politico-constitutionnels des États africains de langue portugaise*, in *Révue Française de Droit Constitutionnel*, n.º 73, 2008, pp. 185 e ss.), *Sistemas constitucionais africanos de língua portuguesa: a caminho de um paradigma?*, in AAVV, *30 Anos da Constituição Portuguesa* (org. de Jorge Bacelar Gouveia *et alli*), Lisboa, 2006, pp. 123 e ss., e *Manual de Direito Constitucional*, I, 3.ª ed., Coimbra, 2009, pp. 350 e ss.; Filipe Falcão Oliveira, *Direito Público Guineense*, Coimbra, 2005, pp. 95 e ss.; Nuno Piçarra, *A evolução do sistema de garantia da Constituição em Cabo Verde*, in *Direito e Cidadania*, ano VII, n.º 22, Praia, 2005, pp. 211 e ss.; Cristina Nogueira da Silva, *«Missão civilizacional» e codificação de usos e costumes na doutrina colonial portuguesa (séculos XIX-XX)*, in *Quaderni Fiorentini per la Storia del Pensiero Giuridico Moderno*, 33-34 (2004-2005), Milano, 2005, pp. 899 e ss.; Luísa Neto, *Trajetos de independência e consolidação da estrutura estadual nos países africanos de língua oficial portuguesa*, in

- Angola: 11 de novembro de 1975;
- Cabo Verde: 5 de julho de 1975;
- Guiné-Bissau: 24 de setembro de 1973;
- Moçambique: 25 de junho de 1975;
- São Tomé e Príncipe: 12 de julho de 1975.

Essa é uma evolução político-constitucional que não permite surpreender uma única tendência, antes dois períodos bem distintos para a respetiva compreensão[4]:

- *uma primeira era constitucional de I República Socialista* (1975-1990); e
- *uma segunda era constitucional de II República Democrática* (1990-....).

II. O contexto da descolonização portuguesa, no terreno da luta de libertação nacional e nos anos que se seguiram à Revolução dos Cravos de Portugal[5], foi politica-

---

AAVV, *Estudos em Homenagem ao Prof. Doutor Joaquim Moreira da Silva Cunha*, Coimbra, 2005, pp. 563 e ss.; Dário Moura Vicente, *Unidade e diversidade nos atuais sistema jurídicos africanos*, in AAVV, *Prof. Doutor Inocêncio Galvão Telles: 90 anos – Homenagem da Faculdade de Direito da Universidade de Lisboa*, Lisboa, 2007, pp. 317 e ss.

[4] Cfr. Jorge Bacelar Gouveia, *Os sistemas político-constitucionais...*, pp. 292 e ss.

[5] Quanto à importância da formação das elites africanas que levariam as colónias à independência política, v. Brazão Mazula, *Educação, cultura e ideologia em Moçambique: 1975-1985*, Porto, 1995, pp. 65 e ss.; Dalila Cabrita Mateus, *A luta pela independência – a formação das elites fundadoras da FRELIMO, MPLA e PAIGC*, Mem Martins, 1999, pp. 43 e ss.; Kenneth Maxwell, *A construção da Democracia em Portugal*, Lisboa, 1999, pp. 115 e ss.; George Wright, *A destruição de um país – a política dos Estados Unidos para*

mente dominado pela emergência de formações partidárias e de ideologias socialistas, de direta ou indireta inspiração soviética[6].

A esmagadora maioria dos movimentos de libertação nacional foi doutrinalmente influenciada pelos ideais comunistas, tal como eles foram desenvolvidos na antiga URSS, ainda que se assinalassem algumas originalidades ou outras proveniências.

III. A análise comparada dos diversos sistemas constitucionais dos novos Estados Africanos de Língua Portuguesa revela *traços comuns, dentro daquela comum fonte de inspiração, tanto político-ideológica como jurídico-constitucional:*

— *o sistema social*: a prevalência dos direitos económicos e sociais, como instrumentos de "desalienação do

---

Angola desde 1945, Lisboa, 2000, pp. 79 e ss.; Aristides Pereira, *Uma luta, um partido, dois países*, 2.ª ed., Lisboa, 2002, pp. 73 e ss.; Carlos Veiga, *Cabral e a construção do Estado em Cabo Verde – uma apreciação crítica*, in *Direito e Cidadania*, ano VI, n.º 19, janeiro a abril de 2004, pp. 67 e ss.; Filipe Falcão Oliveira, *Direito Público...*, pp. 82 e ss.; Pedro Borges Graça, *A construção da Nação em África*, Coimbra, 2005, pp. 175 e ss.

[6] Ainda que com a manutenção, até hoje, de importantes traves-mestras do Direito Privado, que se mantêm comuns a Portugal e aos Estados Africanos de Língua Portuguesa.

Cfr. o exemplo de Moçambique em relação aos Códigos Civil, Penal e Comercial, embora o segundo só até certo ponto: Jorge Bacelar Gouveia, Susana Brasil de Brito e Arão Feijão Massangai, *Código Civil e Legislação Complementar*, 2.ª ed., Maputo, 2000; Jorge Bacelar Gouveia e Emídio Ricardo Nhamissitane, *Código Penal e Legislação Penal*, 2.ª ed., Maputo, 2000; Jorge Bacelar Gouveia e Lúcia da Luz Ribeiro, *Código Comercial e Legislação Comercial*, 2.ª ed., Maputo, 2000.

homem", em detrimento dos direitos e liberdades políticos e civis, num forte monismo ideológico e partidário;
- *o sistema económico*: a apropriação dos meios de produção, com a coletivização da terra, que passou a ser propriedade do Estado, e a planificação imperativa da economia;
- *o sistema político*: a concentração de poderes no órgão parlamentar de cúpula, com a presença do partido único e a sua localização paralela nas estruturas do Estado.

IV. A *primeira fase* na evolução político-constitucional dos Estados africanos de língua portuguesa durou cerca de uma década e meia, sendo ainda possível nela divisar períodos diferenciados[7]:

- *1.º período*: o período inicial de implantação das estruturas dos Estados agora independentes, com o retorno de muitos portugueses e a sua reorganização interna;
- *2.º período*: o período intermédio de organização política e social segundo o modelo de inspiração soviética,

---

[7] Período que não ocorreu sem que se sentissem também inúmeras dificuldades de natureza jurídica, na transição do Direito Português, colonialmente aplicável, para o novo Direito dos Estados Independentes. V., a este propósito, o problema do regime jurídico aplicável ao casamento nestes novos Estados, tanto na sua aceção religiosa, como na sua aceção civil.

Para o caso moçambicano, cfr. Jorge Bacelar Gouveia, *A relevância civil do casamento católico*, in *Africana*, n.º 14, Porto, 1994, pp. 155 e ss.

com a intensificação da cooperação com os países do bloco comunista, principalmente a URSS, Cuba e a República Democrática Alemã; e
- *3.º período*: o período final de progressiva crise económica, com o recrudescimento dos conflitos políticos internos, nalguns casos — Angola e Moçambique — degenerando em sangrentas guerras civis.

V. Esta primeira *vaga de textos constitucionais de inspiração soviética*, com base na doutrina do marxismo-leninismo, não resistiria à queda dos regimes comunistas, um pouco por toda a parte, simbolizado e iniciado pelo derrube do Muro de Berlim, em novembro de 1989.

Nitidamente que esse fenómeno, de certa sorte há muito tempo larvar e apenas esperando um momento de rastilho político e social, se projetaria nos Estados africanos em questão, logo desde o seu início. É mesmo impressionante a facilidade com que os respetivos sistemas políticos se organizaram com vista à superação do paradigma soviético.

Também se pode dizer que a avaliação das economias e das sociedades desses Estados de Língua Portuguesa revelava já um elevado mal-estar com a aplicação do modelo soviético, que fracassaria, pelo menos, por duas razões fundamentais:

- *pelo caráter informal das sociedades africanas*, até certo ponto incompatível e avesso à rigidez e disciplina conaturais à antiga estruturação burocrática soviética;
- *pelo centralismo político-ideológico que decorria das doutrinas administrativas soviéticas*, abafando as comunidades

locais e, na cúpula, combatendo as suas mais diversas expressões, como os Direitos consuetudinários locais.

VI. Do ponto de vista constitucional, a substituição dos antigos textos constitucionais no âmbito da segunda fase assinalada fez-se através de *transições constitucionais*, que consistiram na criação de novos textos, mas aproveitando os procedimentos de revisão constitucional anteriormente estabelecidos. *A passagem às novas ordens constitucionais em todos estes Estados fez-se sempre de uma forma pacífica, sem revoluções ou ruturas formais.*

Por outra parte, igualmente sucedeu que na maioria dos Estados a aprovação de novos documentos constitucionais se ficou a dever aos parlamentos monopartidários que tinham sido escolhidos no tempo da I República, quase não tendo havido textos constitucionais fruto de uma discussão pluripartidária nos novos parlamentos eleitos.

A principal exceção que importa referir é a de Cabo Verde, que aprovaria uma nova Constituição, em 1992, já em sistema pluripartidário. Nos outros casos, as novas Constituições foram depois pontualmente revistas, para se adequarem aos processos de pacificação interna, em contexto pluripartidário.

VII. Em alguns dos Estados africanos de língua portuguesa registaram-se ainda conflitos armados internos, guerras civis já no período da independência, que opuseram os governos constituídos, bem como os respetivos partidos únicos, às oposições armadas, numa forte confrontação do ponto de vista político-ideológico a respeito da opção constitucional adotada.

A situação de Angola foi a que se prolongaria mais tempo, continuando mesmo depois de implantada uma nova ordem constitucional democrática, só tendo terminado em 2002.

Em Moçambique, a situação de guerra civil duraria menos tempo e terminaria em 4 de outubro de 1992, data da assinatura, em Roma, do Acordo Geral de Paz entre o Governo/Frelimo e a Renamo.

4. A caracterização político-constitucional geral da II República dos Estados Africanos de Língua Portuguesa

I. Feito este breve percurso acerca da evolução jurídico-constitucional dos Estados Africanos de Língua Portuguesa, importa agora deles extrair *um conjunto de traços distintivos comuns*, segundo algumas opiniões podendo contribuir mesmo para a formação de *um sistema constitucional de matriz portuguesa*[8], cumprindo referir estes tópicos fundamentais:

— *as fontes constitucionais*;
— *os princípios fundamentais*;
— *os direitos fundamentais*;

---

[8] Laços que igualmente se mantêm em muitos outros níveis, como o demonstram à saciedade os variadíssimos acordos de cooperação que foram estabelecidos.

V. a sua resenha quase completa porque entretanto desatualizada em Jorge Bacelar Gouveia, *Acordos de Cooperação entre Portugal e os Estados Africanos Lusófonos*, 2.ª ed., Lisboa, 1998.

- *a organização económica;*
- *a organização política;* e
- *a revisão da Constituição.*

II. De um prisma geral, pode afirmar-se, sem qualquer rebuço, que *os atuais textos constitucionais dos Estados Africanos de Língua Portuguesa espelham a influência da CRP*, tanto no estilo adotado quanto na sistematização seguida.

Essa influência é extensível a algumas das instituições jurídico-constitucionais que foram escolhidas, o que se compreende dada a presença de jurisconsultos portugueses na respetiva elaboração, bem como a proximidade cultural de muitos dos juristas destes novos Estados, que entretanto se foram formando nas Faculdades de Direito de Portugal.

Este facto desvenda outra nota bem mais impressiva: é que foi com a II República que se reatou uma ligação interrompida nos tempos das independências, afastamento relativamente ao Direito Português que determinou a adesão a um outro sistema de Direito, de inspiração soviética.

III. Ao nível das *opções gerais* de Direito Constitucional, verifica-se uma grande comunhão em torno dos *grandes princípios constitucionais*:

- o *princípio republicano*, sendo a república a forma institucional de governo preferida, com a eleição direta do Chefe de Estado;
- o *princípio do Estado de Direito*, de acordo com todas as suas exigências de certeza e segurança, de igualdade e de separação de poderes;

- o *princípio democrático*, com a existência de eleições periódicas, nas quais participam os cidadãos, num sufrágio que é universal, direto e secreto;
- o *princípio do Estado unitário*, uma vez que os Estados são unitários, tendo sido rejeitados os esquemas propostos de federalismo, embora atenuado por alternativas de regionalismo político-legislativo, ainda que de índole parcial;
- o *princípio social*, reconhecendo ao Estado um papel de intervenção na prestação de direitos económicos e sociais;
- o *princípio internacional*, em que a soberania estadual não impede a inserção externa dos Estados, ao nível de diversas organizações internacionais.

IV. Em matéria de *direitos fundamentais*, é de frisar que todos os textos constitucionais contêm extensas listagens de direitos fundamentais, que ficam assim a integrar as primeiras partes das respetivas Constituições.

Só que essa conceção de direitos fundamentais é heterogénea porque não bebe apenas da teoria liberal, antes reflete a presença de outras conceções de direitos fundamentais, como as teorias social e democrática.

O elenco dos direitos fundamentais consagrados é reforçado pela presença de importantes regras que orientam os termos da intervenção do legislador ordinário, subordinando efetivamente os outros poderes públicos – o legislativo, o executivo e o judicial – aos respetivos comandos.

O sistema constitucional de direitos fundamentais nem sequer se pode considerar um sistema fechado, mas antes aberto: quer pelo apelo a direitos fundamentais atípicos, quer pelo apelo à DUDH, esclarece-se que a respetiva tipologia é unicamente exemplificativa, e não taxativa.

V. Relativamente à *organização económica*, beneficiando de importantes normas constitucionais, acolhe-se um *sistema capitalista de mercado* e definitivamente se abandonaria a planificação imperativa da economia.

Simplesmente, a passagem à II República nos Estados Africanos de Língua Portuguesa não se faria sem que algumas das instituições da I República se conservassem, num debate que está longe de terminar:

- *conservou-se a propriedade pública da terra*, globalmente nacionalizada aquando da independência, embora o Estado possa conceder o direito de uso da mesma;
- *limitou-se o investimento estrangeiro*, numa tendência que tem vindo a atenuar-se, à medida que a capacidade de intervenção e os interesses de grupos económicos estrangeiros tem vindo a aumentar.

VI. Na sua leitura formal, todos os sistemas políticos africanos de língua portuguesa partem de uma *visão dinâmica dos órgãos do poder público*, com a intervenção efetiva do Chefe de Estado, do Parlamento e do Executivo.

No entanto, não só por ligeiras diferenças textuais quanto sobretudo por divergências interpretativas, a evolução desses sistemas tem apontado em direções distintas:

- *numa direção parlamentarizante*, sendo hoje já um parlamentarismo racionalizado, em Cabo Verde;
- *numa direção presidencializante*, em Angola, Guiné-Bissau e Moçambique, sendo o Presidente da República o

chefe efetivo do Governo, apesar de existir, embora nem sempre e com escassa autonomia política, a figura do Primeiro-Ministro;
- *numa direção semipresidencial*, São Tomé e Príncipe, ainda que ironicamente aqui o Chefe de Estado detenha competências executivas em matéria de defesa e de relações externas[9].

VII. A *revisão dos textos constitucionais* tem uma característica comum: a da *hiper-rigidez das Constituições dos Estados Africanos de Língua Portuguesa*.

Na sua alteração, os textos constitucionais submetem-se a regras próprias, que afastam o respetivo procedimento dos esquemas gerais de aprovação da legislação ordinária:

- *os limites orgânicos*: concentrando a aprovação exclusivamente nos órgãos parlamentares, poder legislativo não partilhado com outros órgãos legislativos;
- *os limites procedimentais*: exigindo a aprovação das alterações constitucionais por maioria de 2/3 dos Deputados, assim obrigando a um maior empenhamento democrático;
- *os limites temporais*: impondo que a revisão constitucional só possa ser feita de cinco em cinco anos;
- *os limites materiais*: forçando que a revisão constitucional não ponha em causa certas matérias, valores ou

---

[9] Cfr. os diversos textos publicados em AAVV, *O Semi-Presidencialismo e o Controlo da Constitucionalidade na África Lusófona* (ed. de Armando Marques Guedes), in *Negócios Estrangeiros*, número especial 11.4, outubro de 2007, pp. 6 e ss.

princípios, considerados como o "bilhete de identidade" dos textos constitucionais;
— *os limites circunstanciais*: proibindo a revisão constitucional durante a vigência do estado de exceção.

5. A evolução político-constitucional de Angola

I. De todos estes Estados, foi Angola o último a alcançar uma situação de paz, real desde 2002, aquando da cessação de hostilidades por parte do grupo rebelde UNITA, na sequência da morte do seu líder[10].

---

[10] Sobre o Direito Constitucional de Angola em geral, v. Rui Ferreira, *A democratização dos poderes públicos nos países da África Austral*, Coimbra, 1995, *passim*; Raul Araújo, *Os sistemas de governo de transição nos PALOP*, Coimbra, 1996, *passim*; Adérito Correia e Bornito de Sousa, *Angola – História Constitucional*, Coimbra, 1996, pp. 11 e ss.; Carlos Maria Feijó, *Problemas atuais de Direito Público Angolano – contributo para a sua compreensão*, Lisboa, 2001, pp. 13 e ss., e *O Novo Direito da Economia de Angola – Legislação Básica*, Coimbra, 2005, pp. 7 e ss.; Jorge Bacelar Gouveia, *Introdução ao Direito Constitucional de Angola*, Luanda, 2002, pp. 48 e ss., e *Segredo de Estado e Lei Constitucional em Angola*, in *Estudos de Direito Público de Língua Portuguesa*, Coimbra, 2004, pp. 237 e ss.; AAVV, *A descentralização em Angola*, Luanda, 2002; Wladimir Brito, *O presidencialismo como sistema de governo adequado para Angola*, in *Direito e Cidadania*, ano V, n.º 18, setembro a dezembro de 2003, pp. 153 e ss.; Adérito Correia, *A fiscalização da constitucionalidade no Constitucionalismo vigente em Angola e no anteprojeto de Constituição*, in AAVV, *Estudos em Comemoração do Vigésimo Aniversário da Licenciatura em Direito da Universidade Agostinho Neto*, Luanda, 2004, pp. 7 e ss.; Filipe Falcão Oliveira, *Direito Público…*, pp. 99 e ss.; Raúl Araújo, *Semipresidencialismo em Angola: uma tentativa falhada de modelo de governo*, in *Revista da Faculdade de Direito da Universidade Agostinho Neto*, n.º 7, Luanda, 2006, pp. 39 e ss.; António Pedro Barbas Homem, *Sobre*

Mas isso não quer dizer que Angola não possa identicamente partilhar das características que se assinalam aos outros Estados Africanos de Língua Portuguesa, ainda que apresentando algumas singularidades muito relevantes.

Assim, é possível surpreender, em termos político-constitucionais, *três períodos distintos do Constitucionalismo Angolano independente*, os quais é de sinteticamente caracterizar[11]:

– o *1.º período: a I República com a Constituição de 1975*;
– o *2.º período: a II República com a Lei Constitucional de 1992*; e
– o *3.º período: a II República com a Constituição Angolana de 2010*.

II. O *1.º período* mencionado corresponde ao tempo da edificação do Estado Angolano, após a traumática experiência colonial, durante o qual vigorou a Constituição da I República, de 11 de novembro de 1975, que no seu tempo de vida sofreu algumas pequenas revisões.

Esta fase seria caracterizada pela construção de um novo Estado a partir das estruturas coloniais existentes, com o reconhecimento ao MPLA do papel de partido de vanguarda.

III. O *2.º período* acolhe o tempo em que se operou a viragem para a II República a partir da celebração dos

---

as fontes do Direito Angolano, in AAVV, *Estudos em honra do Professor Doutor José de Oliveira Ascensão*, I, Lisboa, 2008, pp. 319 e ss.

[11] Com uma semelhante proposta de periodificação do Direito Administrativo de Angola, Carlos Feijó e Cremildo Paca, *Direito Administrativo*, I, 2.ª ed., Luanda, 2008, p. 23.

Acordos de Bicesse, de maio de 1991, a que depois se seguiria a aprovação da Lei Constitucional de 1992.

O prolongamento da guerra civil, iniciada logo depois da proclamação da independência, terminaria com um estruturado processo de negociação, após o qual se reuniram condições para a realização das primeiras eleições gerais no país, presidenciais e legislativas.

O advento desse período foi marcado pela aprovação de uma nova Lei Constitucional em 1992 (LCA)[12], precisamente destinada a acomodar o novo regime democrático emergente, bem como pela elaboração de numerosas leis ordinárias, destinadas a garantir um ambiente de pluripartidarismo.

Contudo, este clima político não vigoraria mais do que algumas semanas após a realização das eleições de setembro de 1992, pois que se reiniciaria a guerra civil, nunca a UNITA tendo aceitado os resultados eleitorais.

IV. O *3.º período* – o que se vive na atualidade – integra-se dentro de uma mesma II República, mas tem uma forte razão para a sua autonomização: a aprovação da Constituição de Angola de 2010 (CA).

Por um lado, durante este período, surgiu um novo texto constitucional, o qual foi aprovado segundo o regime estabelecido na Lei Constitucional para o efeito.

Noutra perspetiva, este novo tempo constitucional também correspondeu à realização das segundas eleições legislativas, durante muito tempo adiadas por causa das con-

---

[12] Cfr. o respetivo texto em Jorge Bacelar Gouveia, *As Constituições dos Estados de Língua Portuguesa*, 2.ª ed., Coimbra, 2006, pp. 363 e ss.

dições de exceção que o país vivia enquanto a guerra civil foi uma realidade.

A convocação destas eleições para a Assembleia Nacional ainda demorou mais um pouco em relação ao fim da guerra civil, que aconteceu em 2002, porque se esboçou um entendimento quanto à aprovação nessa legislatura da nova Constituição, o qual depois não viria a consumar-se, ainda que tivesse sido elaborado um importante anteprojeto de Constituição em 2004.

6. A II República e a nova Constituição de Angola de 2010

I. Tem sido discutido se o aparecimento de uma nova Constituição – como sucede a partir de fevereiro de 2010 com a Constituição de Angola – não implicaria automaticamente a mudança de regime constitucional a ponto de se impor a III República de Angola, à semelhança do que aconteceu com a periodificação da história político-constitucional portuguesa[13].

Assim sucede normalmente com o surgimento de novos textos constitucionais, seja por revolução, seja por transição, pois que os mesmos, contrastando com o passado constitucional, estabelecem um novo projeto de Direito, alterando substancialmente a identidade constitucional.

É esse o resultado na esmagadora maioria das experiências de mudança de Constituição por esse mundo fora,

---

[13] Para um desenvolvimento acerca da história político-constitucional portuguesa, v. Jorge Bacelar Gouveia, *Manual...*, I, pp. 403 e ss.

sendo até os textos constitucionais os símbolos das alterações ocorridas no regime político, no sistema social e no quadro económico dos Estados.

II. Contudo, *não se crê que, em Angola, o aparecimento da nova Constituição tenha determinado a mudança para uma III República*, com isto evidentemente não se pretendendo apoucar sequer a importância deste novel texto constitucional.

A verdade é que a nova Constituição de 2010 segue as linhas originalmente traçadas pela Lei Constitucional de 1992, essas verdadeiramente inovadoras e transformadoras do regime constitucional anteriormente vivido e que foi a I República Angolana.

III. Quer isso dizer que *a nova Constituição de 2010 manteve a identidade constitucional inaugurada em 1992, a qual não foi tolhida e dela se apresentando como um aprofundamento jurídico-constitucional.*

Porquê? Por várias razões.

Essa é uma conclusão que se retira logo do facto de a nova Constituição ter sido limitada pela Lei Constitucional de 1992 através de um severo regime de hiper-rigidez constitucional, através da aposição de um conjunto forte de limites ao correspondente poder constitucional, precisamente designado de revisão constitucional.

Mas essa é uma conclusão que se pode também testar pela leitura do próprio articulado da Constituição de 2010, que mantém todas as características que já existiam no texto da Lei Constitucional de 1992.

A multiplicação de preceitos constitucionais da nova CA em relação à LCA releva mais do foro do desenvolvimento de certos institutos e da adição de mais direitos e liberdades do que propriamente de uma intenção de romper com o regime constitucional pré-existente.

E mesmo quando as mudanças foram de maior monta, como a passagem de um sistema de governo semipresidencial a presidencial, não se operou qualquer rotura na ordem constitucional porque essa matéria nunca esteve protegida pela Lei Constitucional ao nível dos limites materiais de revisão constitucional.

IV. Uma questão que se pode colocar tem que ver com a natureza do poder jurídico-público que, no plano parlamentar, segregou a nova CA de 2010.

É que, na Teoria do Direito Constitucional, só tem sentido falar-se de Constituição quando a mesma resulta de um poder constituinte, poder prototípico do Estado, qualquer que ele seja.

Se a nova Constituição de Angola de 2010 não inovou em relação à Lei Constitucional de 1992, não tendo surgido um poder constituinte com a virtualidade de estabelecer uma diversa identidade constitucional, então só haveria que contestar-se a designação de "Constituição" que foi dada ao articulado aprovado pela Assembleia Nacional em janeiro/fevereiro de 2010.

Note-se que este problema não se coloca apenas em Angola e que, no espaço africano de língua portuguesa, já em Moçambique sucedeu algo de semelhante, com a aprovação de uma nova Constituição em 2004, a qual não inovou substancialmente em relação à Constituição de 1990, essa, sim, um dos elementos fundadores da II República Moçambicana.

É de crer que, apesar de tudo, é mais apropriado apelidar de "Constituição" o texto angolano de 2010 do que o texto moçambicano de 2004, por um simples motivo: é que, em Angola, a Lei Constitucional de 1992 nunca se assumiu como um texto constitucional definitivo, até tendo evitado a nomenclatura "Constituição", usando uma designação menos comprometida e mais adequada a essa transitoriedade, ao passo que em Moçambique em ambos os casos sempre se lançou mão da palavra "Constituição".

V. Se esta é a conclusão mais adequada à realidade jurídico-constitucional angolana, não se pode escamotear a dúvida fundamental: pode haver, por causa de dois textos constitucionais com uma mesma identidade constitucional, dois poderes constituintes distintos?

Certamente que a resposta é negativa, dado que o poder constituinte se apresenta numa lógica radicalmente unitária, não permitindo desdobramentos.

A melhor construção teórica para explicar o fenómeno constitucional de Angola tem que ver com a ideia de *uma produção faseada do poder constituinte*, que se manifestou em dois momentos separados:

— *num primeiro momento*, a um nível temporalmente transitório e materialmente simplificado, com a aprovação da Lei Constitucional de 1992;
— *num outro momento*, a um nível temporalmente definitivo e materialmente amplificado, com a aprovação da Constituição de 2010, na qual o poder constituinte se esgotou.

Certamente que é legítimo duvidar do interesse destas qualificações teoréticas para o que se passou em Angola na passagem da Lei Constitucional de 1992 à Constituição de 2010.

Não obstante a justeza geral desse raciocínio, julga-se que há uma consequência prática da maior relevância: a necessidade de o novo texto constitucional de 2010, sendo o fruto maduro de um poder constituinte matricialmente traçado no texto de 1992, não ter podido ultrapassar os limites por este definido sob pena de se enfrentar uma ilegítima rutura na ordem constitucional ou mesmo, caso fosse desrespeitadora de limites identitários, uma rutura da ordem constitucional, com todas as consequências daí advenientes no plano da validade jurídica da nova Constituição.

VI. Tudo quanto acaba de ser escrito implica não apenas a justificação para a manutenção, com a Constituição de 2010, da mesma II República como fundamentalmente a conclusão de que só com este texto terminaria a *transição constitucional* iniciada em 1991, após a celebração dos Acordos de Bicesse.

A *transição constitucional é uma das três modalidades possíveis para o nascimento de um poder constituinte*[14], por natureza originário, mas ela não tem de plasmar-se instantaneamente num só ato – pois são frequentes os períodos transitórios – como pode apresentar-se sincopada em diversas sub-fases constituintes de um único poder constituinte.

---

[14] Quanto às modalidades de produção do poder constituinte, v. Jorge Bacelar Gouveia, *Manual...*, I, pp. 639 e ss.

Deste modo, *a aprovação da Constituição de 2010 completa a manifestação do poder constituinte que em Angola se iniciou com a LCA de 1992 e que agora termina.*

É por isso inteiramente acertada a qualificação que a CA dá de si própria enquanto momento conclusão da transição constitucional angolana: "Relembrando que a atual Constituição representa o culminar do processo de transição constitucional iniciado em 1991, com a aprovação, pela Assembleia do Povo, da Lei n.º 12/91, que consagrou a democracia multipartidária, as garantias dos direitos e liberdades fundamentais dos cidadãos e o sistema económico de mercado, mudanças aprofundadas, mais tarde, pela Lei de Revisão Constitucional n.º 23/92"[15].

VII. A nova Constituição de Angola foi aprovada em 21 de janeiro de 2010 e foi submetida a um processo de fiscalização preventiva da Constitucionalidade por parte do Tribunal Constitucional.

O Tribunal Constitucional, no seu Acórdão n.º 111//2010, de 30 de janeiro de 2010, viria considerar o texto constitucional aprovado globalmente válido, não obstante ter determinado o expurgo de algumas das suas normas: o art. 132.º, n.ºs 1 e 4, e a omissão verificada no art. 109.º da Constituição, na sua versão provisória[16].

Após esse expurgo ordenado pelo Tribunal Constitucional, o texto definitivo da Constituição de Angola seria aprovado em 3 de fevereiro de 2010 pela Assembleia

---

[15] § 11.º do preâmbulo da CA.

[16] Cfr. o 1.º parágrafo da decisão do acórdão do Tribunal Constitucional n.º 111/2010 (processo n.º 152/2010), de 30 de janeiro de 2010.

Nacional, tendo o mesmo sido depois promulgado pelo Presidente da República, em 5 de fevereiro de 2010, e nesse mesmo dia publicado no *Diário da República*, I Série, n.º 23.

VIII. O texto da Constituição de Angola de 2010 tem 244 artigos, os quais se repartem pela seguinte sistematização, partes antecedidas por um preâmbulo:

- Título I – *Princípios fundamentais*
- Título II – *Direitos e Deveres Fundamentais*
- Título III – *Organização Económica, Financeira e Fiscal*
- Título IV – *Organização do Poder do Estado*
- Título V – *Administração Pública*
- Título VI – *Poder Local*
- Título VII – *Garantias da Constituição e Controlo da Constitucionalidade*
- Título VIII – *Disposições Finais e Transitórias*

III – A JURIDICIDADE DA BANDEIRA DO MPLA À LUZ DO DIREITO DOS PARTIDOS POLÍTICOS DE ANGOLA: ASPETOS SUBSTANTIVOS

7. O princípio democrático em geral

I. A indagação acerca das características de um sistema constitucional com vista a esclarecer o regime jurídico aplicável aos símbolos partidários deve ter como ponto de partida o modo como se organiza a relação entre os gover-

nantes e os governados, ou seja, as relações entre o Estado-
-Poder e o Estado-Sociedade, para depois se passar ao estudo exclusivo das relações que ocorrem dentro do poder político.

A isso se chama *forma política de governo*, para se dissociar da forma institucional de governo, adotando-se igualmente outras designações, como "sistema político", "regime político" ou "forma política"[17].

O estudo, teorético e dogmático, das formas de governo permite estabelecer uma *summa divisio* fundamental entre dois grandes pólos, que devem ser vistos separadamente:

– as *ditaduras*; e
– as *democracias*[18].

II. Claro que essa é uma apreciação que, partindo da leitura e da hermenêutica dos textos constitucionais, deve ainda considerar a existência de outros elementos, fornecidos pela prática política e pela aplicação dos comandos

---

[17] Cfr. as explicitações de Marcelo Rebelo de Sousa, *Direito Constitucional*, Braga, 1979, p. 318.

[18] Sobre o conceito de forma política de governo, bem como as modalidades por que pode desdobrar-se, v. Hans Kelsen, *Teoria Geral do Estado*, 3.ª ed., Coimbra, 1951, pp. 122 e ss.; Marcelo Rebelo de Sousa, *Direito Constitucional...*, pp. 318 e ss.; Jorge Miranda, *Sistema de governo*, in *Verbo – Enciclopédia Luso-Brasileira de Cultura*, 17.º vol., Lisboa, 1983, pp. 302 e ss., *Governo (formas e sistemas de)*, in *Pólis*, III, Lisboa, 1985, pp. 77 e ss., *Ciência Política – formas de governo*, Lisboa, 1992, p. 30, e *Manual de Direito Constitucional*, III, 5.ª ed., Coimbra, 2004, pp. 322 e ss.; Marcello Caetano, *Manual de Ciência Política e Direito Constitucional*, I, 6.ª ed., Coimbra, 1989, pp. 360 e ss.; Reinhold Zippelius, *Teoria Geral do Estado*, 3.ª ed., Lisboa, 1997, pp. 203 e ss.; Jorge Bacelar Gouveia, *Manual...*, II, pp. 865 e ss.

constitucionais vivida pelos protagonistas da política e seus destinatários.

Têm aqui grande utilidade as apreciações da Ciência Política, assim dando uma valiosa colaboração no estudo que o Direito Constitucional vai levar a cabo a este propósito.

É também de tomar em consideração o facto de nem sempre ser inteiramente fácil enquadrar, com perfeição, determinado sistema político-constitucional, tal como ele aparece na estruturação de certo Estado, numa daquelas duas categorias.

Não é raro que a realidade dos sistemas político-constitucionais apareça com elementos contraditórios ou com tendências que não vão apenas num sentido, ainda que apontem predominantemente num certo rumo.

III. A discussão acerca das formas políticas de governo é uma das mais antigas questões do Direito Constitucional e da Ciência Política, remontando a sua reflexão ao tempo da época ateniense, cujos principais ícones proporiam modalidades puras e degeneradas, tanto em Platão como em Aristóteles.

A evolução posterior dos sistemas políticos determinou que a grande divisão se tornasse mais simples e *separasse as ditaduras das democracias*, deixando de fazer sentido formular juízos morais acerca de algumas das modalidades.

Paralelamente, operar-se-ia a separação do esquema unipessoal do governo da coisa pública com base democrática da forma política de governo, passando aquele a ingressar no conceito, menos árduo, de forma institucional de governo, *ali se contrapondo a monarquia à república*.

8. As formas ditatoriais de governo

I. As *ditaduras* correspondem à forma política de governo, vigente em certo sistema constitucional, em que os governantes exercem um poder público efetivo e amplo, com indiferença ou mesmo contra a vontade dos governados, o que se assinala na ocorrência de certos índices[19], como:

- *um poder amplo no seio das diferentes funções de Estado*, com a prevalência das funções exercidas pelo ditador;
- *um poder amplo na relação entre o poder político e os cidadãos*, sem possibilidade de estes se protegerem com direitos fundamentais dotados de efetividade;
- *um poder amplo na duração e por vezes perpetuação dos cargos públicos exercidos*, com duração indefinida e sobretudo não renovada pela legitimidade democrática desses mesmos cargos.

II. Estes visíveis sinais da existência de uma ditadura têm na sua base diferentes causas que, isolada ou conjuntamente, dão origem àquele resultado:

- *a ausência de mecanismos de escolha dos governantes por parte dos governados*, como cidadãos do Estado nos quais deve residir a sede do poder público e em nome dos quais o Estado tem sentido;

---

[19] Sobre as ditaduras, nas suas múltiplas vertentes, v. Hans Kelsen, *Teoria Geral do Direito e do Estado*, 3.ª ed., São Paulo, 2000, pp. 428 e ss.; Reinhold Zippelius, *Teoria...*, pp. 214 e ss.

- *a ausência de instrumentos de limitação do exercício dos poderes dos governantes*, quer entre si pela concentração de poderes, quer na relação do poder com a esfera de proteção dos cidadãos, pela ausência ou nominalização dos direitos fundamentais;
- *a ausência de instrumentos de controlo da atividade exercida pelos governantes*, nomeadamente em matéria de respeito pela necessária juridicidade das suas deliberações.

III. No entanto, as ditaduras não são todas iguais e ao longo do tempo têm sido apresentadas diversas modalidades, em razão de outros tantos critérios.

O mais relevante de todos é o da composição do órgão fulcral da ditadura, sendo de dissociar entre:

- a *autocracia, quando o governo é de vários*, podendo aplicar-se em diversos domínios, como sucede habitualmente com as ditaduras de esquerda; e
- a *monocracia, quando o governo é atribuído a uma única pessoa*, podendo ser de raiz cesarista, militarista ou fascista, em geral de direita.

IV. A inspiração das ditaduras pode ser variável em decorrência da doutrina que as justifica, para além do setor populacional que exerce o poder:

- o *bolchevismo*: radicando na conceção marxista-leninista de esquerda, implantada pelo Estado Socialista da ex-URSS;
- o *fascismo*: radicando na conceção totalitária de direita, dominante nos Estados fascistas e fascizantes;

– o *caudilhismo*: radicando na conceção totalitária de direita, mas com a especificação de sobressair uma inspiração militarista, muito comum nos Estados da América Latina até aos anos setenta do século XX.

V. Do ponto de vista das repercussões na organização do Estado e da Sociedade, as ditaduras podem ainda sub-distinguir-se entre:

– as *ditaduras autoritárias*;
– as *ditaduras totalitárias*.

A distinção repousa na amplitude da ditadura no tocante à limitação da liberdade individual, como lembra Hans Kelsen: "Em todos os (...) Estados ditatoriais, a Ordem Jurídica penetra não apenas na esfera económica, mas também em outros interesses do indivíduo privado num grau muito mais alto que em qualquer outro Estado atual. Em vista desse facto, as ditaduras de partido também têm sido chamadas Estados «totalitários»"[20].

9. As formas democráticas de governo

I. As *democracias*, opostas às ditaduras, *representam organizações de poder público em que os governados influenciam a atividade e o percurso dos governantes, sobre eles exercendo um efetivo controlo democrático.*

---

[20] Hans Kelsen, *Teoria Geral do Direito e do Estado*, p. 432.

A própria palavra "democracia", na sua raiz etimológica, é bem ilustrativa do seu significado denotativo, pois que é originário do grego, aí se usando os vocábulos "demos" – que quer dizer povo – e "kratos" – que designa poder público[21].

Ou como não nos lembrarmos da expressão do Presidente Norte-Americano Abraham Lincoln, que certo dia definiu a democracia como o "governo do povo, pelo povo e para o povo"!

II. A concretização da forma política democrática nos textos constitucionais faz-se também com apelo ao *princípio da soberania popular, na titularidade do povo e dela emanando o critério de escolha e de atividade do Estado-Poder.*

Deste modo, *a democracia significa que o poder público postula uma relação de confiança com a comunidade política, em que o respetivo exercício se submete a diversos controlos, jurídicos e políticos*[22].

---

[21] Quanto ao sentido etimológico da democracia, v. Jorge Bacelar Gouveia, *O princípio democrático no novo Direito Constitucional Moçambicano*, in *Revista da Faculdade de Direito da Universidade de Lisboa*, XXXVI, n.º 1 de 1995, pp. 465 e ss.; Robert A. Dahl, *Democracia*, Lisboa, 2000, p. 19; Dalmo de Abreu Dallari, *O aparato jurídico da Democracia*, in *Direito e Cidadania*, ano VI, n.º 19, janeiro a abril de 2004, pp. 133 e ss.

Numa perspetiva histórica quanto à evolução da ideia de democracia, v., por todos, Luciano Canfora, *A Democracia – História de uma Ideologia*, Lisboa, 2007, pp. 11 e ss.

[22] Sobre a democracia em geral, v. Georges Burdeau, *A Democracia*, 3.ª ed., Mem Martins, 1975, pp. 9 e ss.; Jorge Miranda, *Ciência Política...*, pp. 141 e ss., e *Manual de Direito Constitucional*, VII, Coimbra, 2007, pp. 9 e ss.; Alain Touraine, *O que é a Democracia*, 2.ª ed., Petrópolis, 1996, pp. 17 e ss.; Reinhold Zippelius, *Teoria...*, pp. 230 e ss.; J. J. Gomes Canotilho, *Direito Constitucional e Teoria da Constituição*, 7.ª ed., Coimbra, 2003,

A operacionalização da democracia depende da regra da *maioria*, segundo a qual a decisão corresponde à vontade popular se determinada por um conjunto de cidadãos em número superior ao daqueles que têm uma opinião contrária, regra da maioria que se fundamenta precisamente na igualdade da intervenção de cada um desses cidadãos.

III. O funcionamento da democracia com base na regra da maioria não pode querer dizer que as minorias – ou seja, aqueles que têm opinião contrária ou mesmo nenhuma opinião – se consideram excluídas do sistema político ou, numa visão menos drástica, apenas se limitem a esperar a oportunidade de passarem a maioria política.

Não: a democracia, num debate que se tem recentemente revalorizado, é também deferente para com as minorias políticas, na medida em que são partes integrantes do sistema político, numa lógica heraclitiana – entre a afirmação e o seu contrário, entre o ser e o não ser... – em que só pela dialética discursiva e pelo contraditório político-ideológico se pode verdadeiramente legitimar a decisão política.

É assim que a aplicação do princípio da maioria vai sofrer algumas reduções, quer porque se reconhecem situações de decisão com maioria agravada, quer porque as minorias podem ter votos de bloqueio[23].

---

pp. 287 e ss.; Robert A. Dahl, *Democracia*, pp. 45 e ss.; Ronald Dworkin, *La Democracia Posible – princípios para un nuevo debate político*, Barcelona, 2007, pp. 15 e ss.

[23] Cfr. Hans Kelsen, *Teoria Geral do Direito e do Estado*, p. 411.

Só que este entendimento jamais pode levar à equivalência da maioria e da minoria no sistema político porque isso seria, desde logo, antidemocrático: mas pelo menos chama a atenção para a importância de a proteção das minorias permitir a preservação da própria democracia, mostrando a alternativa futura e evitando que a maioria degenere numa ditadura.

IV. Ao invés do que sucede com as ditaduras, nas democracias regista-se a efetiva presença dos governados no estatuto e no desempenho dos governantes, sendo vários os prismas que podem ser analisados:

- *a intervenção na escolha dos governantes*, através de um esquema em que, direta ou indiretamente, a sua vontade é decisiva na seleção daqueles;
- *a intervenção na atividade levada a cabo pelos governantes*, na medida em que esta se apresenta limitada na distribuição de poderes entre os órgãos (separação de poderes) e no respeito por um espaço de proteção dos cidadãos (direitos fundamentais);
- *a intervenção na fiscalização dos atos dos governantes*, através da sua efetiva submissão a uma atividade de controlo judicial e de natureza política;
- *a intervenção na possibilidade da não redesignação dos governantes*, com mandatos limitados no tempo, e sempre com uma ponderação acerca do mérito do trabalho desenvolvido[24].

---

[24] Robert A. Dahl (*Democracia*, pp. 99 e ss.) elenca mesmo algumas dessas instituições da democracia: dirigentes eleitos, eleições livres, justas

V. Na prática, a concretização da relação entre os governados e os governantes, em regime democrático, pode desdobrar-se à luz de três importantes óticas:

— *a democracia representativa*, caso em que os governantes mandam em nome do povo e tem a sua confiança política, através da *eleição*;
— *a democracia referendária*, sendo pontualmente o povo a decidir diretamente questões de governação, com a força de um ato jurídico-público, que é o *referendo*;
— *a democracia participativa*, situação em que o exercício de direitos políticos, que formam a opinião pública, contribui, ainda que informalmente, para a limitação do poder público e a sua democratização.

VI. As *vantagens da democracia* como modalidade de forma institucional de governo, a despeito do enorme consenso em seu redor, podem ser sistematizadas, de acordo com Robert A. Dahl[25], com base nas seguintes ideias-força:

— ajuda a evitar a governação por autocratas cruéis e viciosos;
— garante aos cidadãos um conjunto mínimo de direitos fundamentais impossíveis em sistemas ditatoriais;
— assegura uma maior margem de liberdade pessoal;
— auxilia os cidadãos na proteção dos seus interesses fundamentais;

---

e frequentes, liberdade de expressão, acesso de fontes alternativas de informação, autonomia de associação e cidadania inclusiva.

[25] Cfr. Robert A. Dahl, *Democracia*, pp. 55 e ss.

- proporciona o exercício do autogoverno, permitindo a escolha democrática das leis;
- favorece a oportunidade do exercício de uma responsabilidade moral;
- encoraja o desenvolvimento humano na coletividade;
- favorece um elevado grau de igualdade política;
- ajuda o clima de paz em relação a outras democracias;
- auxilia o aumento da riqueza nacional.

10. Angola como Estado Democrático

I. A *natureza democrática do Estado Angolano, não suscitando qualquer espécie de dúvida, não deixa de ser solenemente proclamada nos preceitos iniciais do respetivo articulado constitucional, princípio democrático que, na CA, se assume como um princípio geral de Direito Constitucional, atravessando todo o seu articulado.*

Recorde-se, de resto, que a profusão de indicações constitucionais a este respeito nem sequer pode causar qualquer estranheza se tomarmos nota do facto de ter sido em nome da democracia que precisamente se fundou a II República de Angola a partir do processo de assinatura dos Acordos de Bicesse em 1991.

II. As indicações constitucionais começam logo com o preâmbulo da CA, que explicitamente alude à construção de um "Estado Democrático":

- primeiro, pela indicação da legitimidade parlamentar do órgão eleito para a aprovação da nova Constitui-

ção: "Nós, o Povo de Angola, através dos nossos lídimos representantes, Deputados da Nação livremente eleitos nas eleições parlamentares de setembro de 2008"[26];
- segundo, pelo sublinhado da fase democrática em que se insere o novo texto constitucional: "Destacando que a Constituição da República de Angola se filia e enquadra diretamente na já longa e persistente luta do povo angolano, primeiro, para resistir à ocupação colonizadora, depois para conquistar a independência e a dignidade de um Estado soberano e, mais tarde, para edificar, em Angola, um Estado Democrático de Direito e uma sociedade justa"[27];
- terceiro, pela síntese apresentada dos mais relevantes princípios constitucionais da nova Constituição: "Reafirmando o nosso compromisso com os valores e princípios fundamentais da Independência, Soberania e Unidade do Estado Democrático de Direito, do pluralismo de expressão e de organização política, da separação e equilíbrio de poderes dos órgãos de soberania, do sistema económico de mercado e do respeito e garantia dos direitos e liberdades fundamentais do ser humano, que constituem as traves mestras que suportam e estruturam a presente Constituição"[28].

---

[26] § 1.º do preâmbulo da CA.
[27] § 5.º do preâmbulo da CA.
[28] § 12.º do Preâmbulo da CA.

III. Os preceitos iniciais do articulado da CRP, por seu turno, também se mostram da elevada importância, com várias alusões:

- "Angola é uma República soberana e independente, baseada (...) na vontade do povo angolano..."[29];
- "A República de Angola é um Estado democrático de Direito que tem como fundamentos a soberania popular, o primado da Constituição e da lei, a separação de poderes e interdependência de funções, a unidade nacional, o pluralismo de expressão e de organização política e a democracia representativa e participativa"[30];
- "A soberania, una e indivisível, pertence ao povo, que a exerce através do sufrágio universal, livre, igual, direto, secreto e periódico, do referendo e das demais formas estabelecidas pela Constituição, nomeadamente para a escolha dos seus representantes"[31];
- "Constituem tarefas fundamentais do Estado angolano: (...) defender a democracia, assegurar e incentivar a participação democrática dos cidadãos e da sociedade civil na resolução dos problemas nacionais"[32].

IV. O funcionamento do sistema político é ainda muito sensível ao espírito da democracia, a qual se pretende man-

---

[29] Art. 1.º da CA.
[30] Art. 2.º da CA.
[31] Art. 3.º, n.º 1, da CA.
[32] Art. 21.º, al. l), da CA.

ter no exercício dos direitos fundamentais de natureza política, como o que sucede com o direito de participação na vida pública:

- em termos gerais, "Todo o cidadão tem o direito de participar na vida política e na direção dos assuntos públicos, diretamente ou através de representantes livremente eleitos, e de ser informado sobre os atos do Estado e a gestão dos assuntos públicos, nos termos da Constituição e da lei"[33];
- em termos específicos, "Todo o cidadão, maior de 18 anos, tem o direito de votar e ser eleito para qualquer órgão eletivo do Estado e do poder local e de desempenhar os seus cargos ou mandatos, nos termos da Constituição e da lei"[34].

V. Ao nível da garantia do núcleo fundamental da CA, são ainda visíveis as preocupações com os traços fundamentais do regime democrático, que bem se expressam em alguns dos limites materiais da revisão constitucional, porquanto as "...alterações da Constituição têm de respeitar...":

- "o núcleo essencial dos direitos, liberdades e garantias dos cidadãos"[35];
- "o Estado de Direito e a democracia pluralista"[36];

---

[33] Art. 52.º, n.º 1, da CA.
[34] Art. 54.º, n.º 1, da CA.
[35] Art. 236.º, al. e), da CA.
[36] Art. 236.º, al. f), da CA.

– "o sufrágio universal, direto, secreto e periódico para a designação dos titulares eletivos dos órgãos de soberania e das autarquias locais"[37].

VI. *A caracterização de Angola como um Estado Democrático igualmente se obtém sem qualquer hesitação através da análise da prática política de todo este percurso da II República.*

Num primeiro momento, logo que a guerra civil terminou com a assinatura dos Acordos de Bicesse de 1991, foi possível introduzir a democracia multipartidária, tendo então sido realizadas eleições pluripartidárias para o Presidente da República e para a Assembleia Nacional de 1992.

Mais recentemente, em setembro de 2008, houve novas eleições para a Assembleia Nacional, delas tendo resultado o texto constitucional vigente, que prevê a eleição presidencial findo o mandato em curso do atual Presidente da República.

Em qualquer destas três experiências, as eleições foram sempre objeto de observação internacional, que as validaram e as consideraram livres e justas.

Por outro lado, o interregno nas eleições legislativas que só terminou em setembro de 2008, com uma Assembleia Nacional em prolongamento de mandato por mais de 16 anos, facilmente se explicou no contexto do recomeço da guerra civil, tendo obtido uma credencial constitucional por intermédio de uma pontual alteração da LCA, consumada na Lei n.º 18/96, de 14 de novembro, "...a qual

---

[37] Art. 236.º, al. h), da CA.

prorrogou os mandatos do órgão parlamentar perante a situação de necessidade vivida no país"[38].

VII. A variedade de alusões à forma democrática de governo, através da exaltação do princípio da soberania popular, revela-se no plano da verificação das três modalidades que pudemos salientar, que se encontram todas presentes, sendo elas gradações da intervenção popular no sistema político:

– *a dimensão representativa*;
– *a dimensão referendária* (ou semidirecta); e
– *a dimensão participativa*.

Vejamos a última perspetiva da democracia participativa com mais detença, atendendo ao facto de o problema colocado à nossa consideração no presente Parecer estar relacionado com o Direito Constitucional dos Partidos Políticos.

É a própria CA a realçar a relevância dos partidos políticos no desenvolvimento da Democracia Angolana: "Os partidos políticos, no quadro da presente Constituição e da lei, concorrem, em torno de um projeto de sociedade e de programa político, para a organização e para a expressão da vontade dos cidadãos, participando na vida política e na expressão do sufrágio universal, por meios democráticos e pacíficos, com respeito pelos princípios da independência nacional, da unidade nacional e da democracia política"[39].

---

[38] Cfr. Jorge Bacelar Gouveia, *As Constituições dos Estados de Língua Portuguesa*, p. 361.
[39] Art. 17.º da CA.

11. A democracia participativa e os partidos políticos

I. A *dimensão participativa da democracia*, menos orgânica e mais informal, é a que se liga ao exercício dos *direitos de natureza política* que permitem a expressão da *opinião pública*, que indiretamente influencia as decisões políticas tomadas pelos governantes, opinião pública que se constrói com base nas opiniões individuais livremente produzidas no espaço público[40].

Isto quer dizer que a vontade popular que qualquer sistema político deve apreciar não se vai confinar àquilo que é transmitido no momento da *eleição* ou do *referendo*: é do mesmo modo relevante o sentido dos cidadãos que se possa manifestar entre aqueles momentos formais-decisórios, dando assim substância a uma cultura democrática e a uma intensa intervenção da sociedade nos assuntos da Política[41].

Esta outra vertente da democracia não se exerce contra e muito menos em substituição da democracia representativa – claramente que a complementa, assinalando uma saudável vigilância democrática sobre aquilo que vai sendo o quotidiano da governação.

---

[40] Como refere Reinhold Zippelius (*Teoria...*, p. 346), "Quando aqui se fala, de forma sintética, de "opinião pública", não se deve perder de vista o facto de não existir numa comunidade uma opinião pública uniforme e objetivamente indiferenciada, mas apenas opiniões diferentes, estruturadas (articuladas) por temas, que encontram um apoio por vezes maior e por vezes menor".

[41] Cfr. Reinhold Zippelius, *Teoria...*, p. 346.

Daí que seja relevante apreciar as duas principais funções que a opinião pública exerce em democracia:

- *uma função de legitimação*: é a função que permite a aceitação, fáctica e ética, da atuação dos governantes, uma vez que estes podem absorver as conceções sociais dominantes que se exprimem através da opinião pública, não divorciando o Estado da Sociedade;
- *uma função de controlo*: é a função que determina a limitação do poder público, na medida em que, diversamente da teoria da *arcana rei publicae* do Estado Absoluto, se exige que os eleitores avaliem os meandros das decisões políticas, assim melhor julgando os governantes nos momentos eleitorais, ao mesmo tempo que estes se sentem condicionados pelo escrutínio da opinião pública.

II. Os instrumentos que se colocam ao serviço desta democracia participativa estão todos em consonância com os *direitos políticos*, os quais integram um ideal de *status* político, de cidadania ativa na participação do espaço público, de construção da opinião pública, o *status activae civitatis* na taxonomia de Georg Jellinek[42].

São vários os direitos fundamentais que podem exemplificar essa ideia, assim substanciando uma opinião pú-

---

[42] Quanto à importância e função da opinião pública em geral, v. Marcello Caetano, *A opinião pública no Estado moderno*, Lisboa, 1965, pp. 11 e ss., e *Manual de Ciência Política...*, I, pp. 380 e ss.; Jürgen Habermas, *L'espace public*, Paris, 1993, pp. 149 e ss.; Reinhold Zippelius, *Teoria...*, pp. 337 e ss.; Maria Luísa Duarte, *O direito de petição – cidadania, participação e decisão*, Coimbra, 2008, pp. 68 e ss.

blica, que, sendo forte, fortalece a democracia participativa, que é componente essencial de um Estado Democrático avançado e amadurecido:

- *a liberdade de opinião* (expressão e informação): a faculdade de os cidadãos livremente exprimirem os seus pontos de vista, sem coação, censura ou discriminação, a respeito dos mais variados assuntos[43];
- *a liberdade de imprensa*: a faculdade de os cidadãos poderem exprimir as suas opiniões livres usando os meios de comunicação social – a imprensa escrita, o mais antigo, a rádio e a televisão – e também a faculdade, que se integra neste direito fundamental, de criação desses meios de comunicação social, direito que se estende aos jornalistas enquanto seus profissionais[44];
- *a liberdade de reunião*: a faculdade de as pessoas livremente se juntarem, para entre si trocarem opiniões ou levarem a cabo projetos[45];
- *a liberdade de manifestação*: a faculdade de as pessoas livremente se juntarem no sentido de exteriorizarem, para fora do agrupamento, os seus pontos de vista[46];
- *a liberdade de associação*: a faculdade de as pessoas livremente criarem pessoas jurídicas coletivas associativas, não carecendo de qualquer autorização pública, no exercício da sua autonomia privada[47];

---

[43] Cfr. o art. 40.°, n.° 1, da CA.
[44] Cfr. o art. 44.° da CA.
[45] Cfr. o art. 47.°, n.° 1, da CA.
[46] Cfr. o art. 47.°, n.° 2, da CA.
[47] Cfr. o art. 48.° da CA.

- *a liberdade de criação e de militância nos partidos políticos*: a faculdade de as pessoas livremente criarem partidos políticos, bem como neles desenvolverem a sua atividade de militância, participando na respetiva vida institucional, liberdade que se comunica aos partidos políticos como pessoas associativas especiais[48];
- *o direito de petição perante órgãos públicos*: a faculdade de as pessoas fazerem chegar às autoridades públicas pedidos, representações, reclamações ou queixas a respeito dos seus direitos, da juridicidade em geral ou para a melhor prossecução do interesse público[49].

III. De todos os direitos fundamentais de intervenção política, um peculiar realce deve ser conferido à liberdade de associação partidária, o mesmo é dizer, ao fenómeno, nas suas diversas implicações, dos *partidos políticos*, ainda que a liberdade de comunicação social, na sociedade de informação de hoje, igualmente não possa ser menosprezada[50].

A *definição de partidos políticos*[51] tem sido tentada pelos mais diversos autores, a partir de diferentes critérios[52], podendo

---

[48] Cfr. o art. 55.º da CA.

[49] Cfr. o art. 73.º da CA. Sobre o direito de petição especificamente, v., por todos, Maria Luísa Duarte, *O direito de petição...*, pp. 73 e ss.

[50] Frisando a importância da liberdade da comunicação social na construção da opinião pública em Estado pluralista, Reinhold Zippelius, *Teoria...*, pp. 350 e ss.

[51] Sobre os partidos políticos em geral, v. Georges Burdeau, *O Estado*, Póvoa do Varzim, s.d., pp. 103 e ss.; Marcelo Rebelo de Sousa, *Direito Constitucional...*, pp. 181 e ss., *Os partidos políticos no Direito Constitucional Português*, Braga, 1983, pp. 7 e ss., *Partidos políticos – Ciência Política e Direito*,

em tal conceito isolar-se *três elementos fundamentais*, simultaneamente numa perspetiva politológica e jurídico-constitucional:

— um *elemento subjetivo*;
— um *elemento temporal*;
— um *elemento teleológico*.

O *elemento subjetivo* implica a dimensão pessoal como substrato da entidade a criar: ao contrário do que sucede com as fundações ou com as sociedades, este elemento de caráter pessoal — que depois se recorta, com cambiantes diversos, pelos militantes e pelos simpatizantes — confere aos partidos a qualificação de associações.

O *elemento temporal* determina que os partidos políticos possuam um caráter duradouro. Isto significa que, tanto

---

in *Pólis*, IV, Lisboa, 1986, pp. 991 e ss., *A Constituição e os partidos políticos*, in AAVV, *Portugal – Sistema Político-Constitucional*, Lisboa, 1989, pp. 663 e ss., e *Ciência Política*, Coimbra, 1989, pp. 88 e 89; Marcello Caetano, *Manual de Ciência Política...*, I, pp. 387 e ss.; Jean-Paul Jacque, *Le statut des Partis Politiques en Europe*, in AAVV, *Les Droits de L'Homme – droits collectifs ou droits individuels*, Paris, 1980, pp. 102 e ss.; Jorge Miranda, *Ciência Política...*, pp. 271 e ss., e *Manual de Direito Constitucional*, VII, Coimbra, 2008, pp. 159 e ss.; José Manuel Meirim, *O financiamento dos partidos políticos e das campanhas eleitorais*, Lisboa, 1994, pp. 5 e ss.; Maurice Duverger, *Los partidos políticos*, Cidade do México, 1994, pp. 15 e ss.; Jorge Bacelar Gouveia e Ana Rita Cabrita, *Partidos políticos*, in *Dicionário Jurídico da Administração Pública*, 1.º sup., Lisboa, 1998, pp. 345 e ss.; Fernando Farelo Lopes, *Os partidos políticos*, Oeiras, 2004, pp. 11 e ss.

[52] Sistematizando alguns desses critérios, Marcelo Rebelo de Sousa, *Direito Constitucional...*, pp. 195 e ss., *Os partidos políticos...*, pp. 75 e ss., e pp. 406 e ss., e *Partidos políticos*, pp. 991 e ss.; Jorge Miranda, *Ciência Política...*, pp. 273 e ss.

pelos objetivos que prosseguem como pela função social e política que desempenham, os partidos não podem constituir-se a termo ou sujeitar a sua permanência à verificação de uma qualquer condição resolutiva. A existência de uma organização estável é uma característica dos partidos, o que os distingue de outros grupos de fins meramente eleitorais.

O *elemento teleológico* sublinha as finalidades dos partidos políticos. Está em causa o reconhecimento normativo do importante papel que desempenham no funcionamento do sistema representativo constitucionalmente consagrado. Explicitando esta ideia, indique-se a faculdade de apresentação de candidaturas aquando das eleições dos titulares dos órgãos do poder público.

Em resumo: podemos definir os partidos políticos como *as pessoas coletivas de tipo associativo, com caráter de permanência, tendo por finalidade representar o Estado-Sociedade ao nível dos órgãos do poder público, assim contribuindo, como suas peças fundamentais, para o funcionamento do sistema de poder político instituído.*

IV. Os elementos conceptuais anteriormente referidos permitem separar os partidos políticos de três *figuras afins* que, com os mesmos, não ostentam qualquer confusão[53]:

– as *associações políticas*;
– as *comissões eleitorais*; e
– os *grupos de pressão*.

---

[53] Sobre a distinção entre partidos políticos e algumas destas suas figuras afins, v. Marcelo Rebelo de Sousa, *Direito Constitucional...*, pp. 186 e ss., *Os partidos políticos...*, pp. 415 e ss., *Partidos...*, pp. 994 e 995, e *Ciência Política...*, p. 88; Jorge Bacelar Gouveia e Ana Rita Cabrita, *Partidos...*, pp. 346 e ss.

A primeira destas figuras, as *associações políticas*, apesar de poderem prosseguir alguns dos fins assinalados aos partidos políticos, não revestem necessariamente caráter duradouro, nem visam a representação dos cidadãos nos órgãos do poder público. Pretendem simplesmente apresentar-se como *fora* de debate político-ideológico, sobressaindo essencialmente a sua função pedagógica e intelectual, normalmente de teor sectorial no tocante aos caleidoscópicos temas da vida política de um país.

Também costuma distinguir-se os partidos políticos das chamadas *comissões eleitorais* pelas mesmas razões, mas avultando com mais evidência o seu caráter acentuadamente transitório. Uma vez que estas se formam com o intuito exclusivo de patrocinar uma determinada candidatura eleitoral, elas extinguem-se logo que concluídas as eleições que eram a sua razão de ser.

É ainda de mencionar os *grupos de pressão ou de interesse*, que assentam, as mais das vezes, numa estrutura permanente e bem organizada. Simplesmente, ao contrário dos partidos políticos, não têm por escopo concorrer aos órgãos do poder público, mas tão-somente transmitir as pretensões dos seus associados aos representantes dos cidadãos, partidariamente enquadrados ou não, tentando condicionar – e, se possível, determinar mesmo – as decisões políticas que digam diretamente respeito aos respetivos setores de atividade e de interesse[54].

---

[54] Cfr. João Caupers e Maria Lúcia Amaral, *Grupos de interesse*, in *Revista da Faculdade de Direito da Universidade de Coimbra*, Coimbra, vol. XL, n.º 1-2 de 1999, pp. 23 e ss.; Luís Nandim de Carvalho, *Direito ao lobbying*, Lisboa, 2000, *passim*.

V. Tomando por base diferentes critérios, os vários autores têm procurado proceder a *classificações* dos partidos políticos, de forma a melhor surpreender as relações destes com o sistema político em que se inserem. Entre as mais divulgadas, logo ressalta a classificação proposta por Maurice Duverger, que aparta os *partidos de quadros* dos *partidos de massas*[55].

Os *partidos de quadros* ou *de notáveis* são aqueles que procuram reunir as pessoas com mais prestígio na sociedade, caracterizando-se por dar sobretudo importância à qualidade dos seus dirigentes, não tanto à quantidade dos seus membros. Dentro dos partidos considerados *de quadros*, podem, na opinião deste autor, sub-distinguir-se os *flexíveis* e os *rígidos*, consoante exista ou não disciplina de voto nos grupos parlamentares e ainda atendendo ao grau de centralização na organização interna do partido.

Por sua vez, os *partidos de massas* ou *de militantes*, surgidos posteriormente, já nos finais do século XIX, caracterizam-se pela maior relevância que atribuem aos seus membros, os militantes. São partidos que, na sua maior parte, têm origem em organizações sócio-profissionais representativas do operariado industrial e dos trabalhadores rurais, os quais visam, com base numa organização estável e permanente, bem como numa disciplina interna

---

[55] Há autores que referem ainda, na linha da classificação proposta por Maurice Duverger, os *partidos de eleitores*, os *partidos de contestação* e os *partidos mistos*, os quais seriam resultado da evolução e reorganização dos *partidos de massas* e dos *partidos de quadros*.

V., a este propósito, Marcelo Rebelo de Sousa, *Partidos...*, pp. 1000 e ss., e Fernando Farelo Lopes, *Os partidos...*, pp. 29 e ss.

mais férrea, prosseguir uma atuação também a nível extraparlamentar, influindo na opinião pública. Os *partidos de massas* podem subqualificar-se como *especializados* – caso dos socialistas – ou *totalitários* – caso dos comunistas e fascistas.

Outras classificações atendem à própria ideologia do partido e às conceções de índole social e política defendidas. Nestas, pode recordar-se, a título exemplificativo, a de Georg Jellinek, que distingue *partidos conservadores* e *partidos progressistas*. Os primeiros são os que defendem a manutenção das instituições vigentes e a conservação do sistema político tal como existe. Os outros, pelo contrário, são os que assumem uma postura crítica face à ordem vigente, fazendo propostas no sentido de a alterar ou de criar uma nova ordem.

Mais recentemente, novas modalidades de partidos políticos têm sido aventadas, num diverso enquadramento dado pelo amadurecimento do Estado Social ou até pelo seu envelhecimento, quando se fala já do Estado Pós--Social[56]:

- *os partidos de todo o Mundo ou os "catch all-parties"*: são partidos que, deixando de lado as divisões ideológicas, se apresentam essencialmente pragmáticos, com programas vagos e disciplinas internas fluidas, alcançando uma grande base social de apoio;
- *os partidos-cartel*: são partidos que se assumem como dependentes da atividade estadual e jogam entre si a perpetuação no poder, o que se pode testemunhar nos

---

[56] Cfr. Fernando Farelo Lopes, *Os partidos políticos...*, pp. 117 e ss.

acordos existentes no plano dos partidos do centro político (o "bloco central").

VI. Numa perspetiva diferente, isto é, olhando agora ao conjunto dos partidos políticos que existem em cada sistema político, distinguem-se vários *sistemas de partidos*, de acordo com outros tantos critérios[57].

O critério mais difundido na doutrina considera o número de partidos existentes e surpreende três categorias:

- os *sistemas monopartidários* – de partido único ou de partido liderante: de partido único, em que apenas existe um partido político, que é também aquele que está no poder; de partido liderante, quando coexistam vários partidos, mas só um deles exerce efetivamente o poder;
- os *sistemas bipartidários* – perfeitos, se os dois partidos têm entre 85% e 90% dos mandatos, e imperfeitos, se os dois partidos têm entre 75% e 85% dos mandatos; e
- os *sistemas multipartidários* – perfeitos, se os partidos se equivalem em representatividade eleitoral, e imperfeitos, quando um deles sobressai com mais de 35% dos mandatos[58].

---

[57] Sobre os sistemas de partidos, v. Marcelo Rebelo de Sousa, *Direito Constitucional...*, pp. 206 e ss.; Maurice Duverger, *Los partidos...*, pp. 234 e ss.; Dieter Nohlen, *Sistemas electorales y sistemas de partidos*, 2.ª ed., Cidade do México, 1998, pp. 42 e ss.; Jorge Bacelar Gouveia e Ana Rita Cabrita, *Partidos...*, pp. 348 e 349.

[58] Sobre esta classificação, v. Marcelo Rebelo de Sousa, *Partidos...*, pp. 1005 e 1006, e *Ciência Política...*, p. 89; Jorge Miranda, *Ciência Política...*, pp. 276 e ss.

VII. Reconhecendo, porém, a insuficiência de um critério apenas numérico, alguns autores, nomeadamente Giovanni Sartori, numa tentativa de melhor explicar a realidade partidária deste ponto de vista, acrescentaram novos critérios de diferença[59].

Trata-se de considerar a existência de um confronto ou divergência ideológica, mais ou menos marcada, que se trava entre os partidos, de que é exemplo o confronto esquerda-direita.

Assim, o ilustre autor transalpino distingue:

(i) o sistema de partido único (ex-URSS);
(ii) o sistema de partido hegemónico (México);
(iii) o sistema de partido dominante (Índia, Japão);
(iv) o sistema bipartidário (Estados Unidos, Reino Unido);
(v) o sistema pluralista moderado (Países Baixos, Suíça, Bélgica); e
(vi) o sistema de pluralismo polarizado (Itália e Finlândia).

Dentro de cada um destes sistemas, opera o mesmo autor várias ramificações, atendendo ao tal grau de polarização existente entre os partidos. Por exemplo, distingue, no âmbito do bipartidarismo, o bipartidarismo convergente do bipartidarismo polarizado, de acordo com o maior ou o menor confronto ideológico esgrimido entre os dois partidos que integram o sistema.

---

[59] Cfr. Giovanni Sartori, *Elementi di Teoria Politica*, 2.ª ed., Bologna, 2000, pp. 237 e ss. Cfr. também Dieter Nohlen, *Sistemas electorales...*, pp. 43 e ss.

VIII. Nos últimos tempos, além do conceito de polarização, têm sido ainda desenvolvidos os conceitos da *fragmentação* e da *volatilidade* partidária[60]:

- o *grau de fragmentação* – distinguindo-se o sistema partidário em razão da dispersão ou da concentração de votos por referência à colocação dos partidos políticos no quadro das diferentes opções sociais e políticas;
- o *grau de volatilidade* – diferenciando-se os sistemas partidários, numa lógica de sucessão no tempo de diversos atos eleitorais, em função do tipo de votação dos eleitores quanto a um mesmo partido, concluindo-se pela existência de partidos que mantêm as votações (sistema com pouca volatilidade) e de partidos que mudam acentuadamente de votações, aumentando e diminuindo (sistema com muita volatilidade).

IX. Atualmente, nas sociedades democráticas, os partidos políticos desempenham um papel de extrema rele-

---

[60] Uma explicação destes conceitos pode ler-se em Marcelo Rebelo de Sousa, *Partidos...*, pp. 1007 e ss., em que se afirma: "A fragmentação respeita ao sistema político em geral e é um conceito estrutural e tendencialmente estático, traduzindo as clivagens de natureza sócio-económica, étnica, linguística, cultural, que acabam por se repercutir mediatamente no sistema de partidos...".

Quanto ao conceito de *volatilidade*, "...reporta-se à mudança líquida verificada num determinado sistema de partidos como resultado da transferência do voto individual (...). Exprime, pois, o grau de permanência do perfil de um certo sistema de partidos e não tanto as clivagens sociais (como a fragmentação) ou tensões ideológicas interpartidárias (como a polarização)."

Cfr. também Dieter Nohlen, *Sistemas electorales...*, pp. 43 e ss.

vância para o eficaz funcionamento do sistema político instituído[61], podendo referir-se estas funções mais relevantes:

1) a *função pedagógica*;
2) a *função eleitoral*; e
3) a *função parlamentar*.

A *função pedagógica* realça a sua excelência como canal de comunicação entre os cidadãos e os poderes públicos. São os partidos, afinal, o meio mais eficaz de transformar as necessidades individuais dos seus membros em exigências políticas coletivas, concretizadas nos programas eleitorais elaborados.

Ainda neste contexto, é reconhecida aos partidos uma importante função de formação da opinião pública. Na verdade, sendo os partidos organizações privilegiadas de debate e confronto de ideias, é a partir deles que nasce e ganha forma, como dispõe a Lei Fundamental da Alemanha, a *"vontade política do povo"*[62]. São os partidos que definem, através dos programas eleitorais que elaboram, as opções que se colocam ao eleitorado.

A *função eleitoral* é, de todas, possivelmente a mais visível e, por isso, a mais significativa. São os partidos políticos os responsáveis pela animação das campanhas eleitorais, quer definindo as opções políticas, quer selecionando os candi-

---

[61] A respeito das diversas funções dos partidos no sistema político, v. Marcelo Rebelo de Sousa, *Direito Constitucional...*, pp. 194 e 195, *Os partidos políticos...*, pp. 95 e ss., e *Partidos...*, pp. 992 e 993, e pp. 1003 e 1004; Jean-Paul Jacque, *Le statut...*, pp. 105 a 107; Jorge Bacelar Gouveia e Ana Rita Cabrita, *Partidos...*, pp. 349 e ss.

[62] Art. 21.º da Lei Fundamental da Alemanha (*Grundgesetz*).

datos à titularidade dos cargos políticos. Noutra perspetiva, são ainda eles próprios, como interessados diretos, os fiscalizadores do desenrolar do processo eleitoral.

A *função parlamentar*, em período não eleitoral, implica que os partidos políticos desempenhem uma ação de esclarecimento e de formação das deliberações: ora apoiando, com as ações levadas a cabo e o respetivo discurso político, o Governo no poder que ajudaram a escolher; ora contestando a política governamental, quando estejam na oposição.

Pelo exposto, resulta que os partidos políticos são neste momento uma realidade indispensável ao bom funcionamento do regime democrático, tanto pelo debate ideológico de que são promotores por vocação, como pela animação das campanhas eleitorais, sem esquecer ainda a titularidade e o exercício do poder político.

X. Como decorre das classificações anteriormente elencadas, há uma interação recíproca entre o sistema de partidos e o sistema político.

Deste modo, se aos sistemas políticos ditatoriais ou totalitários corresponde um sistema de partido único ou liderante, já nos sistemas políticos democráticos a pluralidade de partidos políticos pode traduzir-se num sistema de bipartidarismo ou de multipartidarismo.

De outro lado, o sistema eleitoral condiciona o sistema de partidos existente, como reconhece, em geral, a doutrina. Esta influência até acaba por ser mútua, na medida em que se pretenda consagrar um sistema eleitoral adaptado ao sistema de partidos preexistente ou, com a consagração de determinado sistema eleitoral, criar-se um novo sistema partidário.

Classicamente, separam-se dois grandes sistemas eleitorais:

– o *sistema da representação maioritária*, a uma ou a duas voltas, consoante seja exigida ou não a maioria absoluta; e
– o *sistema de representação proporcional*.

O *sistema da representação maioritária*, dado que se basta com a maioria dos votos em cada círculo eleitoral, permite que o partido vencedor num maior número de círculos obtenha a maioria no Parlamento, ainda que a maioria dos eleitores não tenha votado nesse mesmo partido.

O *sistema de representação proporcional* possibilita que os vários partidos consigam eleger candidatos e, assim, obter representação parlamentar.

Daqui decorre que o sistema de representação maioritária é o que melhor favorece sistemas políticos bipartidários, em que há dois partidos, o partido do Governo e o partido da oposição. Tal é patente em países, nomeadamente os anglo-saxónicos, com sistemas governativos de há muito implantados, onde as clivagens ideológicas não são marcadas[63].

A representação proporcional, sistema mais comummente adotado pela generalidade dos países europeus continentais, permitindo aos diversos partidos alcançar assento

---

[63] Com uma análise das relações entre o sistema de partidos, o sistema de governo e o sistema eleitoral no Direito Português, v., por todos, Marcelo Rebelo de Sousa, *Direito Constitucional...*, pp. 209 e ss., e *Os partidos políticos...*, pp. 617 e ss.

parlamentar, é propiciadora de sistemas multipartidários, dando azo a soluções de compromisso em sociedades onde o debate ideológico se assume mais acentuado.

XI. Se hoje aos partidos políticos é reconhecido um papel decisivo na vida democrática dos Estados, que leva mesmo os autores a adotarem a designação – que é neste momento em parte pejorativa – de *Estado de Partidos (Parteienstaat)*, esse é um fenómeno do século XX que não encontra paralelo na História[64].

Eis uma evolução que foi em tempos sintetizada por HEINRICH TRIEPEL, em quatro momentos:

(i) a *oposição*;
(ii) a *ignorância*;
(iii) a *legalização*; e
(iv) a *incorporação*[65].

---

[64] Com o traçado breve desta evolução, v. Marcelo Rebelo de Sousa, *Direito Constitucional...*, pp. 188 e ss., *Os partidos políticos...*, pp. 19 e ss., e *Partidos*, pp. 995 e ss.; Jorge Miranda, *Ciência Política...*, pp. 274 e ss.; Jorge Bacelar Gouveia e Ana Rita Cabrita, *Partidos...*, pp. 351 e ss.

[65] Outra é a proposta de periodificação de Marcelo Rebelo de Sousa (*Partidos...*, p. 1010), de teor mais analítico, ao descortinar a existência de seis fases na evolução geral dos partidos políticos no percurso de todo o Constitucionalismo:

– 1.ª fase – oposição: fins do século XVIII e princípios do século XIX;

– 2.ª fase – indiferença: entre 1810 e 1850;

– 3.ª fase – reconhecimento atomístico na legislação eleitoral: entre 1850 e 1910;

– 4.ª fase – legalização global, com alguns afloramentos constitucionais: entre 1914 e 1930;

Este movimento atual de incorporação é patente na Constituição Italiana de 1947, na Lei Fundamental Alemã de 1949, na Constituição Francesa de 1958 e, após a liberdade e a democracia[66], na Constituição Portuguesa de 1976[67].

12. O novo Direito dos Partidos Políticos na II República Angolana

I. O Direito Constitucional de Angola insere-se nas *principais orientações que se pode colher em matéria de democracia participativa sob o ponto de vista da centralidade dos partidos políticos no respetivo desenvolvimento.*

– 5.ª fase – afirmação do Estado-partido, com transição para Estado de Partidos pelo Estado Democrático defensivo;

– 6.ª fase – plenitude do Estado de Partidos, com Estado Social de Direito, depois de 1976.

[66] No que respeita ao enquadramento jurídico-constitucional dos partidos políticos em Portugal, pode distinguir-se, à semelhança do que ocorreu nos restantes países europeus, três fases:

1) uma primeira fase de ignorância intencional, que decorreu entre 1822 e 1918;

2) uma segunda fase de tolerância, entre 1919 e 1974; e

3) uma fase de incorporação legal e constitucional, que se verifica a partir de 1974.

Cfr. Marcelo Rebelo de Sousa, *A Constituição e os Partidos Políticos*, pp. 663 ss.

[67] Para uma descrição da evolução dos partidos políticos em Portugal, v. Marcelo Rebelo de Sousa, *Os partidos políticos...*, pp. 135 e ss., e *Partidos políticos portugueses*, in *Pólis*, IV, Lisboa, 1986, pp. 1014 e ss.; Jorge Miranda, *Ciência Política...*, pp. 285 e ss.

A prová-lo à saciedade está mesmo a circunstância de este ter sido um tema central no texto da nova CA de 2010 considerando o anterior texto da LCA de 1992, numa nítida opção de reforço do estatuto jurídico-constitucional dos partidos políticos: o art. 4.º da LCA e o art. 17.º da CA.

II. A CA teve a preocupação de conferir uma apreciável densidade ao estatuto dos partidos, aceitando o seu papel no sistema político.

A matéria aparece referida em diversos preceitos constitucionais, nas principais partes regulativas da CA[68]:

– *nos Princípios Fundamentais*;
– *nos Direitos e Deveres Fundamentais*;
– *na Organização do Poder do Estado*.

É de mencionar as seguintes disposições da CA: arts. 17.º, 25.º, 45.º, 55.º, 109.º, 111.º, 132.º, 135.º, 146.º e 164.º.

Mas sem dúvida que o preceito fundamental é o do art. 17.º da CA, cuja importância justifica que o mesmo se transcreva na totalidade:

Artigo 17.º
(Partidos Políticos)

1. Os partidos políticos, no quadro da presente Constituição e da lei, concorrem, em torno de um projeto de sociedade e de programa político, para a organização e para a expressão da vontade dos cidadãos, participando na vida política e na expressão do sufrágio universal, por meios democráticos e

---

[68] Cfr. Jorge Miranda, *Ciência Política*..., pp. 293 e ss.

pacíficos, com respeito pelos princípios da independência nacional, da unidade nacional e da democracia política.

2. A constituição e o funcionamento dos partidos políticos devem, nos termos da lei, respeitar os seguintes princípios fundamentais:
   a) caráter e âmbito nacionais;
   b) livre constituição;
   c) prossecução pública dos fins;
   d) liberdade de filiação e filiação única;
   e) utilização exclusiva de meios pacíficos na prossecução dos seus fins e interdição da criação ou utilização de organização militar, paramilitar ou militarizada;
   f) organização e funcionamento democrático;
   g) representatividade mínima fixada por lei;
   h) proibição de recebimento de contribuições de valor pecuniário e económico provenientes de governos e instituições governamentais estrangeiros;
   i) prestação de contas do uso de fundos públicos.

3. Os partidos políticos devem, nos seus objetivos, programa e prática, contribuir para:
   a) a consolidação da nação angolana e da independência nacional;
   b) a salvaguarda da integridade territorial;
   c) o reforço da unidade nacional;
   d) a defesa da soberania nacional e da democracia;
   e) a proteção das liberdades fundamentais e dos direitos da pessoa humana;
   f) a defesa da forma republicana de governo e do caráter laico do Estado.

4. Os partidos políticos têm direito a igualdade de tratamento por parte das entidades que exercem o poder público, direito a um tratamento imparcial da imprensa pública e direito de oposição democrática, nos termos da Constituição e da lei.

Outros preceitos igualmente matriciais na economia da CA em matéria de regime de partidos políticos enquadram essa atividade no plano do exercício dos direitos fundamentais políticos:

- "É livre a criação de associações políticas e partidos políticos, nos termos da Constituição e da lei"[69];
- "Todo o cidadão tem o direito de participar em associações políticas e partidos políticos, nos termos da Constituição e da lei"[70].

Das disposições citadas resulta patente *o movimento de incorporação formal dos partidos políticos* operado pela CA, com isso esconjurando alguns "fantasmas" antidemocráticos, antipartidários e antipluralistas ainda porventura existentes em Angola.

III. Naturalmente que este patamar normativo-constitucional é depois complementado pela legislação ordinária aplicável, a começar pela **Lei dos Partidos Políticos** (LPP), que é a Lei n.º 2/05, de 1 de julho.

É um diploma legal que tem 45 artigos, distribuídos pelos seguintes Capítulos:

- Capítulo I – *Disposições Gerais*
- Capítulo II – *Constituição de Partidos*
- Capítulo III – *Filiação e Disciplina Partidária*
- Capítulo IV – *Determinação de Candidatos para Eleições aos Órgãos do Poder do Estado*

---

[69] Art. 55.º, n.º 1, da CA.
[70] Art. 55.º, n.º 2, da CA.

- Capítulo V – *Relações com outras Organizações*
- Capítulo VI – *Extinção, Fusão, Cisão, Incorporação e Coligação*
- Capítulo VII – Infrações *e respetivas Penalidades*
- Capítulo VIII – *Disposições Finais e Transitórias*

IV. A importância do estatuto constitucional dos partidos políticos é logo demonstrada pelo preceito inicial da LPP, que em boa medida reproduz a sua função constitucional, definindo-os como "...as organizações de cidadãos, de caráter permanente, autónomas, constituídas com o objetivo fundamental de participar democraticamente na vida política do País, concorrer livremente para a formação e expressão da vontade popular e para a organização do poder político, de acordo com a Lei Constitucional e os seus Estatutos e Programas, intervindo, nomeadamente, no processo eleitoral mediante a apresentação ou o patrocínio de candidaturas"[71].

Outros princípios fundamentais constantes da LPP se alinham neste mesmo propósito:

- o princípio da duração indeterminada;
- o princípio da liberdade, quer na sua constituição, quer no desenvolvimento da sua atividade;
- o princípio democrático na sua organização interna;
- o princípio da transparência quanto às suas atividades;
- o princípio do caráter nacional.

---

[71] Art. 1.º da LPP.

V. No que toca à sua constituição, a orientação geral que decorre do princípio da liberdade é a de que o nascimento dos partidos políticos não fica dependente de qualquer autorização pública: "A constituição dos partidos políticos é livre, não dependendo de qualquer autorização, sem prejuízo do disposto nos artigos 5.º e 6.º da presente lei"[72].

Não obstante, são formuladas algumas exigências formais para que o partido político se constitua, sob pena de tal vicissitude não poder sequer operacionalizar-se: a apresentação de um requerimento, subscrito por um mínimo de 7 500 cidadãos eleitores, acompanhado por vários outros documentos[73].

A personalidade jurídica dos partidos políticos, assim como o início da sua atividade, surgem com a sua inscrição junto do Tribunal Constitucional, num regime de declaração prévia por registo, a qual pode não ser aceite perante o incumprimento de qualquer um dos requisitos formais enunciados.

VI. Quanto à sua extinção, esta vicissitude encontra-se regulada sob duas distintas perspetivas: a extinção voluntária, que se designa por dissolução, e a extinção forçada, que tem a natureza de extinção judicial:

– *a dissolução voluntária*: é a extinção do partido político por deliberação dos seus órgãos, a qual deve ser comunicada ao Tribunal Constitucional, para efeito de cancelamento do registo[74];

---

[72] Art. 4.º, n.º 1, da LPP.
[73] Cfr. o art. 14.º da LPP.
[74] Cfr. o art. 33.º, n.ºs 2 e 3, da LPP.

– *a extinção judicial*: é a extinção do partido político, decretada pelo Tribunal Constitucional, através da verificação dos fatores que determinam a respetiva extinção, todos com a particularidade de serem formais e em caso algum se interferindo na atividade material desenvolvida pelo partido político[75].

VII. A LPP refere também a matéria do estatuto dos filiados dos partidos políticos, estabelecendo um significativo conjunto de regras a respeito das suas relações com as estruturas partidárias.

A relevância dos filiados partidários é enorme porque são eles que integram o substrato do partido, tanto no momento inicial em que se agrupam e organizam de modo a formar um novo partido como quando, após a constituição, são estes filiados que, pela ação política desenvolvida e pela determinação da doutrina e programa adotados, vivificam o partido e asseguram a sua continuidade no quadro do sistema político instituído, de acordo com a sua natureza eminentemente associativa.

A liberdade de associação partidária, se costuma ser vista institucionalmente do ponto de vista dos partidos políticos, igualmente se assinala numa perspetiva individual, na relação de cada cidadão com cada partido político: "A filiação num partido político é livre, não podendo ninguém ser obrigado a ingressar num partido político ou a nele permanecer"[76].

---

[75] Cfr. o art. 33.º, n.º 4, da LPP.
[76] Art. 10.º, n.º 1, da LPP.

A filiação partidária, mesmo se concebida com a máxima liberdade, vai comportar *limites,* uns naturais e outros decorrentes do estatuto dos cidadãos perante outras instâncias públicas:

- *impossibilidade de dupla filiação partidária*: os filiados num partido não podem estar filiados, ao mesmo tempo, em qualquer outro partido[77];
- *restrições na relação de pertença partidária*: os cidadãos com certos estatutos sofrem limitações na sua atividade partidária, na titularidade de certos cargos partidários ou mesmo no estabelecimento da sua relação de filiação partidária[78].

O filiado em partido político integra um estatuto que confere vários direitos políticos de participação, mas também se encontra vinculado a um conjunto de deveres, com proteção de cunho disciplinar[79].

VIII. A terminar, é útil uma referência aos partidos políticos sem dúvidas no seu estatuto de legalidade existentes em Angola, uma vez mais se confirmando, se houvesse incertezas a esse propósito, a natureza democrática e mulitpartidária do sistema político-constitucional angolano[80]:

---

[77] Cfr. o art. 17.º, n.º 2, al. d), da CA, e o art. 22.º da LPP.
[78] Cfr. o art. 21.º da LPP.
[79] Cfr. o art. 28.º, n.º 1, da LPP.
[80] Cfr. http://angolananet.com/jos/index.php?option=com_content&view=article&id=58:lista-completa-dos-partidos-politico-de-angola&catid=1:noticias&Itemid=30. Acesso em 1.11.2010.

001 – Movimento Popular de Libertação de Angola (MPLA)
002 – União Nacional para a Independência Total de Angola (UNITA)
003 – Partido da Aliança Juventude Operária e Camponesa de Angola (PAJOCA)
004 – Partido Social Democrata (PSD)
005 – Partido Renovador Democrático (PRD)
006 – Partido de Renovação Social (PRS)
007 – Convenção Nacional Democrática de Angola
008 – Partido Nacional Democrático de Angola
009 – Partido Democrático Pacífico de Angola
010 – Frente Nacional de Libertação de Angola (FNLA)
011 – Partido Democrático de Angola (PDA)
012 – Partido Democrático para o Progresso de Aliança Nacional de Angola (P.D.P.-A.N.A)
013 – Frente para Democracia (FpD)
014 – Partido Angolano Liberal (PAL)
015 – Partido Angolano Independente (P.A.I)
016 – Partido Liberal Democrático (P.L.D)
017 – Movimento de Defesa dos Interesses de Angola – Partido de Consciência Nacional (M.I.D.A/P.C.N)
018 – Partido Social Democrático Angolano (P.S.D.A)
019 – Partido Democrático Liberal de Angola (PDLA)
020 – Unificação Democrática Angolana (U.D.A)
021 – Partido Renovador Angolano (P.R.A)
022 – União Nacional para a Democracia (U.N.D)
023 – União Nacional da Luz para a Democracia e Desenvolvimento de Angola (UNLDDA)
024 – Partido Angolano Conservador da Identidade Africana (PACIA)
025 – União Nacional Patriótica para a Democracia (U.N.D.P)

026 – União Nacional para Democracia e Progresso (UNDP)

027 – Partido de Solidariedade e da Consciência de Angola (P.S.C.A)

028 – Partido Social Liberal (P.S.L)

029 – Partido Democrático Radical de Angola (P.D.R.A)

030 – Partido Socialista Angolano (PSA)

031 – Partido de Apoio Para Democracia e Desenvolvimento de Angola (PADDA)

032 – Tendência de Reflexão Democrática (TRD)

033 – Aliança Nacional Democrática (AND)

034 – União Democrática dos Povos de Angola (UDPA)

035 – Partido de Expressão Livre Angolano (PELA)

036 – Partido Social da Paz de Angola (PSPA)

037 – Partido Angolano para os Interesses Democráticos (PAID)

038 – Partido Frente Democrática de Angola (PFDA)

039 – Partido de Convergência Democrático Angolano (PCDA)

040 – União Social Democrática (USD)

041 – Partido Nacional e Progressista de Angola (PNPA)

042 – Partido Nacional Independente de Angola (PNIA)

043 – Partido para a Unidade Nacional de Angola (PUNA)

044 – Aliança para Democracia dos Povos de Angola (ADPA)

045 – Partido Angolano Do Desenvolvimento Social (PADS)

046 – Partido Nacional Ecológico de Angola (PNEA)

047 – Frente Nacional de Desenvolvimento Democrático de Angola (FNDDA)

048 – Partido Independente Renovador (P.I.R)

049 – Partido de Convenção Democrática e Progresso (P.C.D.P)

050 – Partido da Comunidade Comunista Angolana (P.C.C.A)
051 – Partido Congressista Angolano(P.C.A)
052 – Partido Democrático Unificado de Angola (P.D.U.A)
053 – Partido de Apoio a Liberdade e Democracia de Angolana (PALDA)
054 – Partido Angolano para Unidade e Democracia e Progresso (P.A.U.D.P)
055 – Partido Democrático para o Progresso Social (P.D.P.S)
056 – Movimento Democrático de Angola (M.D.A)
057 – Partido de Aliança Democrática para a Liberdade de Angola (ADLA)
058 – Partido Angolano para Unidade e Desenvolvimento (P.AU.D.)
059 – Partido Republicano Social Democrático (PRSD)
060 – Partido de Aliança Livre de Maioria Angolana (P.A.L.M.A)
061 – Partido Progressista Democrático Liberal de Angola (P.P.D.L.A)
062 – Partido Restaurador da Esperança (P.R.E)
063 – Movimento para Democracia de Angola (MPDA)
064 – Partido Trabalhista de Angola (P.T.A)
065 – União Democrática Nacional de Angola (UDNA)
066 – Partido Nacional (PN)
067 – Partido Operário Social Democrático (POSDA)
068 – Partido Liberal para o Progresso de Angola (PLPA)
069 – Partido de Apoio Democrático e Progresso de Angola (PA.DE.PA)
070 – União Angolana pela Paz Democracia e Desenvolvimento (U.A.P.D.D)
071 – Partido Democrático dos Trabalhadores (P.D.T)
072 – Movimento Patriótico Renovador da Salvação Nacional (M.P.R./S.N.)

073 – Partido de Convergência Nacional (P.C.N)
074 – Partido Social Independente de Angola (P.S.I.A.)
075 – Partido da Comunidade Socialista Angolana (P.C.S.ª)
076 – Centro Democrático Social (C.D.S.)
077 – Partido Angolano Unificado para a Solidariedade (P.A.U.S.)
078 – Partido Angolano Conservador do Povo (PACOPO)
079 – Partido Salvação Nacional (P.S.N.)
080 – Partido Nacional de Salvação de Angola (P.N.S.A.)
081 – Partido Republicano Conservador Angolano (P.R.C.A.)
082 – Partido Conservador (P.C.)
083 – Partido Liberal para a Unidade Nacional (P.L.U.N.)
084 – Aliança do Povo Independente e Democrático de Angola (A.P.I.D.A)
085 – Aliança Nacional (A.N.)
086 – União Nacional Angolano – Partido da Terra (U.N.A.-P.T.)
087 – Congresso de Aliança Democrática Angolana (C.A.D.A.)
088 – Partido Angolano Republicano (P.A.R.)
089 – Partido Pacífico Angolano (P.P.A.)
090 – Partido de Apoio à Liberdade Linguística de Angola (P.A.L.L.A.)
091 – Partido Democrático Nacional (P.D.N.)
092 – Partido de Reunificação do Povo Angolano (P.R.P.A.)
093 – Partido de Massas Democráticos (P.M.D.)
094 – Frente Juvenil de Salvação/Partido Juvenil da Social Democracia (F.R.E.S.A./P.J.S.D.)
095 – Aliança Nacional Independente de Angola (A.N.I.A.)
096 – Partido Republicano de Angola (P.R.E.A.)
097 – Aliança Democrática Angolana – Cristã (A.D.A.C.)
098 – Partido Democrático de União Nacional de Angola (P.D.U.N.A.)

13. A norma da proibição da confundibilidade dos símbolos partidários com os símbolos nacionais em geral

I. Aspeto central porque diretamente pertinente à solução do problema descrito na Consulta deste Parecer é o do *regime aplicável aos símbolos dos partidos políticos na sua relação com os símbolos nacionais.*

Nos termos do art. 19.°, n.° 1, da LLP, "A sigla e os símbolos de um partido não podem confundir-se ou ter relação gráfica ou fonética com símbolos e emblemas nacionais ou com imagens e símbolos religiosos".

Eis um preceito legal que, mesmo não assumindo uma relevância jurídico-constitucional específica, perfeitamente se compreende em nome do princípio democrático: sendo livres e concorrendo para a expressão da vontade popular, os partidos não são o Estado, não devendo os respetivos símbolos confundir-se com o mesmo.

Percebe-se aqui bem a distinção entre o nível do poder público exercido pelos órgãos do Estado e em benefício de todos os cidadãos e o nível partidário, no qual cada partido político apresenta a sua ideologia e o seu projeto de sociedade, em contraste com outros partidos políticos, como é saudável numa democracia pluralista e também pluripartidária.

Se assim não fosse, colocar-se-ia seriamente em risco a verdadeira conceção democrática que se pode ler na CA e que tem sido uniformemente reconhecida na realidade político-constitucional de Angola, no contexto do exercício das diversas liberdades e direitos inerentes à democracia participativa.

II. Mas esta norma geral veio a ser temporariamente suspensa pelo preceito do art. 43.º da mesma LLP, incluída no seu Capítulo VIII, sob a epígrafe "Disposições Finais e Transitórias", nela se estabelecendo o seguinte: "O disposto no n.º 1 do artigo 19.º da presente lei, sobre semelhanças ou relação gráfica ou fonética com símbolos e emblemas nacionais, aplica-se com a aprovação da nova Constituição no âmbito da revisão constitucional ampla e profunda".

Em resumo: durante a vigência da LPP, é possível descortinar dois períodos distintos neste ponto do regime dos símbolos partidários na sua relação com os símbolos nacionais:

– *um primeiro período, de possibilidade de confusão*, até à vigência da Constituição de Angola de 2010; e
– *um segundo período, de não possibilidade de confusão*, depois da vigência da Constituição de Angola de 2010.

É neste segundo período que estamos, portanto: de efetividade da disposição do art. 19.º, n.º 1, da LPP, na qual se estabelece uma norma que impede a semelhança e a confusão dos símbolos partidários com os símbolos nacionais.

III. Uma vez que este é um dos tópicos principais na resolução do problema equacionado, justifica-se perceber melhor o alcance desta norma, através do estudo dos seus segmentos fundamentais.

Esta é uma norma que se assume como *norma proibitiva*, vedando aos seus destinatários – os partidos políticos – a assunção de um certo comportamento, no caso a adoção de um símbolo partidário com características de semelhança ou confundibilidade com os símbolos nacionais, tal representando um desvalor para a Ordem Jurídica.

14. A previsão normativa: o sentido da confundibilidade dos símbolos partidários com os símbolos nacionais

I. No plano da respetiva *previsão normativa*, é de evidenciar dois elementos fundamentais que a determinam, e que são os seguintes:
- *os símbolos partidários e nacionais*;
- *a relação de semelhança ou de parecença*.

A LPP, ao falar de símbolos partidários e nacionais, não os individualiza, sendo certo que é possível encontrar diversos instrumentos ou artefactos que podem cumprir essa missão.

Não se julga, porém, que valha a pena discutir o resultado que nos parece óbvio: tanto a bandeira do MPLA é um símbolo deste partido político como a bandeira de Angola é um símbolo deste Estado.

Não há, assim, quaisquer dificuldades na qualificação conceptual de que em ambos os casos os objetos em causa – as duas bandeiras – se encontram abrangidos pela previsão normativa por serem símbolos das respetivas instituições.

II. Já os critérios de aferição de uma relação de semelhança e de parecença nos aprecem bem mais discutíveis, na medida em que a norma legal em apreço — e bem, a nosso ver — não se limita com uma graduação mais restrita de exata identidade, mas também abrange as relações de aproximação ou de parecença, as quais designa pela possibilidade de confusão...

Temos aqui uma matéria tanto mais complexa quanto é certo a legislação partidária, neste ponto, ser muito parca em indicações complementares que pudessem facilitar a tarefa do intérprete-aplicador.

Daí que a construção dogmático-normativa dos necessários critérios de confundibilidade deva socorrer-se de outro setor jurídico em cujo contexto tais critérios têm sido bem apurados: o Direito Industrial, através do regime aplicável ao direito à marca.

É esse o caminho que vamos trilhar.

III. O Direito Industrial é um capítulo do Direito Comercial e define-se, na proposta de Luís M. Couto Gonçalves, pela "...necessidade de proteger os modos de *afirmação económica da identidade da empresa*", proteção essa que depois se concretiza "...por duas vias distintas: pela atribuição de *direitos privativos* em relação a concretas formas de afirmação e pela *proibição de determinados comportamentos concorrenciais*"[81].

Dentro da primeira vertente dos *direitos privativos*, é possível descortinar diversos tipos de afirmação económica da identidade da empresa: "...a afirmação *técnica* (patentes de invenção e modelos de utilidade, de um modo especial),

---

[81] Luís M. Couto Gonçalves, *Manual de Direito Industrial*, 2.ª ed., Coimbra, 2008, pp. 32 e 33.

estética ou *ornamental* (desenhos ou modelos) e *distintiva* (sinais distintivos) da empresa[82].

Nos direitos privativos, o que interessa trazer à colação para a resolução do problema colocado neste Parecer é o direito de marca ou, tão-somente, a marca[83], ela sobressaindo como economicamente mais relevante e socialmente mais conhecida.

IV. A importância da marca no Direito Industrial, segundo a atividade económica que a mesma protege, corresponde ao desempenho de *três funções jurídicas*:

– a *função de distinção*;
– a *função de qualidade*; e
– a *função de publicidade*[84].

É a função de distinção que diretamente interessa porquanto por ela se exerce uma tarefa de singularizar os produtos ou serviços que lhe correspondem, podendo dizer-se, acolhendo a sugestão de Luís M. Couto Gonçalves, que *"A marca (...) também indica, sempre, que os produtos ou serviços se reportam a um sujeito que assume em relação aos mesmos o ónus pelo seu uso não enganoso"*[85].

---

[82] Luís M. Couto Gonçalves, *Manual de Direito Industrial*, p. 33.
[83] Sobre a marca e o seu regime no Direito Industrial, v. Luís M. Couto Gonçalves, *Manual de Direito Industrial*, pp. 183 e ss.
[84] Cfr. Luís M. Couto Gonçalves, *Manual de Direito Industrial*, pp. 184 e ss.
[85] Luís M. Couto Gonçalves, *Manual de Direito Industrial*, p. 190. Para mais desenvolvimentos, v. Luís M. Couto Gonçalves, *Função Distintiva da Marca*, Coimbra, 1999, pp. 151 e ss.

A maior operacionalidade da função distintiva da marca vem a traduzir-se no facto de a mesma corporizar um direito de exclusivo que se traduz na proibição de imitações por parte de outras marcas, sendo requisito de tal conceito, de acordo com o exemplo que se pode colher do Direito Industrial Português, (i) "a prioridade da marca imitada, (ii) a identidade ou a afinidade dos produtos e serviços marcados e (iii) a semelhança gráfica, figurativa, fonética ou outra da marca posterior com a marca anteriormente registada"[86].

15. A não confundibilidade da bandeira do MPLA com a bandeira angolana

I. A densificação da previsão normativa do art. 19.º, n.º 1, da LPP que pudemos realizar com recurso à Dogmática do Direito Industrial, em matéria de marcas, permite dar uma resposta mais argumentativa na conclusão de que a bandeira do MPLA não se confunde com a bandeira de Angola.

Embora aquele símbolo partidário não seja propriamente uma marca e muito menos o Direito dos Partidos Políticos se confundindo com o Direito Industrial, *é impressiva a aproximação dogmática no preenchimento do conceito de confundibilidade entre símbolos partidários e símbolos nacionais, o qual é igualmente utilizado pela legislação angolana e tem um larguíssimo lastro no Direito Industrial.*

---

[86] Luís M. Couto Gonçalves, *Manual de Direito Industrial*, p. 273.

Aliás, não é difícil justificar este caminho metodológico de solução do caso em apreço mesmo considerando a maior aproximação de uma bandeira partidária ao conceito de logótipo, no contexto das designações que nomeiam uma pessoa jurídica coletiva, como é um partido político.

É que mesmo aí são os conceitos e os princípios do direito da marca que prevalecem em homenagem à sua anterioridade histórico-evolutiva e à sua maior experiência na análise de um número muito maior de situações patológicas encontradas.

Em resumo, *são duas as linhas argumentativas para a conclusão de que a bandeira do MPLA não se confunde com a bandeira do Estado de Angola*:

– *as bandeiras não são idênticas*;
– *as bandeiras, tendo semelhanças entre si, distinguem-se facilmente para o cidadão angolano.*

Vejamos cada uma delas, recordando a fisionomia das duas bandeiras:

MPLA

REPÚBLICA DE ANGOLA

II. *A conclusão mais fácil de obter é a de que as duas bandeiras não são iguais, não obstante a duas cores utilizadas e na mesma disposição horizontal.*

É isso o que se percebe, desde logo, dos elementos que delas constam, sendo certo que a bandeira de Angola é mais elaborada, pela presença da estrela, mas também da secção da roda dentada e da catana.

Mas é igualmente de mencionar que o único elemento comum às duas bandeiras – a estrela – tem uma colocação diversa em tamanho e em centralidade global em comparação com todos esses símbolos.

III. Mais árdua é porventura a explicação para a não existência de risco de confusão entre as duas bandeiras, com base nas diferenças que foram ali referidas, a despeito da semelhança das duas cores comuns e dispostas do mesmo modo.

Já não se exige aqui uma exata identidade, mas uma parecença ou afinidade, a qual só pode assentar em duas considerações distintas:
- *uma consideração subjetiva*; e
- *uma consideração objetiva*.

IV. Do ponto de vista subjetivo, as duas bandeiras em apreço não se referem a uma mesma ou sequer homólogas realidades, que na linguagem do Direito Industrial em matéria de marcas seriam os bens, produtos ou serviços com que se relacionassem.

A bandeira de Angola é um símbolo do Estado, República independente desde 11 de novembro de 1975, ao passo que a bandeira do MPLA se refere a uma formação política, até muito anterior ao Estado angolano, mas que não é sequer uma pessoa coletiva de Direito Público, revestindo-se de um cunho associativo.

Seja como for, parece que o art. 19.º, n.º 1, da LPP prescinde da diferença subjetiva, porquanto considera haver do mesmo modo risco de confusão ponderando antecipadamente a diversidade de sujeitos jurídicos a que se referem as bandeiras.

Mas a relevância deste fator subjetivo, não sendo determinante por si, acaba por ser pertinente na construção de uma identidade partidária diversa da identidade estadual por alusão a cada uma das suas bandeiras.

V. Decisiva é *a não confundibilidade objetiva entre as duas bandeiras, ainda que considerando as parecenças entre elas existentes*.

O principal argumento para responder negativamente a esse juízo de confundibilidade radica no entendimento do cidadão angolano nesta matéria, o qual considerará os seguintes fatores de reflexão:

- sendo a bandeira de um Estado um símbolo nacional que todos os cidadãos devem conhecer bem, e ainda por cima no caso uma bandeira que sempre acompanhou a ereção do novo Estado independente, *não é de supor que a mudança dos dois elementos que a compõem passe despercebida como significando uma outra realidade com ela não confundível;*
- *a anterioridade histórica da bandeira do MPLA, criada em 1956, igualmente deve ser lembrada,* dado que essa bandeira, integrando o processo de descolonização do povo Angola e fazendo parte de um dos momentos mais exaltantes da formação deste Estado, não pode ser esquecida nas suas características próprias e muito anteriores à da bandeira nacional de 1975;
- *a experiência histórica da I República, com os seus traços identificadores de regime de inspiração socialista, com um partido único, sem se fazer agora juízos de valor, é ainda um aspeto a considerar,* porquanto permitiu formar uma cultura cívica coletiva quanto à importância do Estado e do Partido, a qual depois se desfez do lado partidário, ainda assim tendo permitido incorporar nos cidadãos angolanos um conhecimento geral da diferença entre o símbolo do Estado e o símbolo partidário do MPLA;
- *a experiência histórica da II República, a partir da abertura democrática de 1991 e de 1992, deve ser finalmente recordada*

porque contribuiu para determinar o aparecimento de outros partidos políticos, mantendo-se aquelas bandeiras, as quais foram sendo conhecidas pelos cidadãos angolanos diferenciadamente, conforme as instituições que simbolizam e num contexto de democracia multipartidária.

Numa palavra: *acreditar que a bandeira do MPLA se confunde com a bandeira da República de Angola é desprezar a cultura cívica dos angolanos, que mesmo nos níveis mais baixos de instrução não deixam de perceber as características essenciais da bandeira do seu país, a importância do MPLA como movimento de libertação na guerra colonial e como partido único na I República e como Angola prosseguiu o seu caminho democrático e pluralista com a II República, não obstante a conservação daquelas bandeiras e no contexto de outros partidos políticos, também com as suas próprias bandeiras.*

16. A estatuição normativa: o alcance da proibição da confundibilidade dos símbolos partidários com os símbolos nacionais

I. Do ponto de vista da *estatuição da norma do art. 19.º, n.º 1, da LPP*, sendo a mesma proibitiva, isso implica que o comportamento definido na sua previsão – ter símbolos partidários iguais ou confundíveis com os símbolos nacionais – é objeto de uma censura jurídica da Ordem Jurídica, que o verbera e deprecia.

O ponto é saber quais as consequências para a ocorrência de tal comportamento proibido, sendo certo que se pode questionar a presença de uma completa consequência jurídico-positiva associada a tal comportamento indesejável, desde já se explicitando que esta análise é meramente académica e não significa que se considere que passe a haver qualquer confundibilidade entre tais símbolos.

II. A antijuridicidade – no sentido de um comportamento contrário ao Direito – só se afigura verdadeiramente operativa quando confrontada com as consequências que o Direito organiza para a hipótese de esse incumprimento ocorrer, com incidência em dois níveis, numa dimensão sancionatória que comporta por força do princípio da juridicidade, inerente ao princípio do Estado de Direito[87]:

– *a desvalorização dos atos antijurídicos*; e
– *a responsabilização dos autores de tais atos*.

E a importância desta matéria é tão significativa que já no tempo do Estado Romano era bem conhecida a classificação que teorizava várias categorias de normas jurídicas precisamente na sua relação com a existência de normas secundárias de tipo sancionatório:

a) a *lex imperfecta* – desprovida de sanção;

---

[87] Quanto ao Direito sancionatório, que aqui encontra uma das suas múltiplas aplicações, Hans Kelsen, *Teoria Pura do Direito*, 6.ª ed., Coimbra, 1994, pp. 162 e ss., e *Teoria Geral do Direito e do Estado*, pp. 71 e ss.; Marcelo Rebelo de Sousa, *O valor jurídico do ato inconstitucional*, I, Lisboa, 1988, pp. 19 e ss.

b) a *lex minus quam perfecta* – assistida de sanções para os infratores, mas o ato antijurídico permanecia válido;
c) a *lex perfecta* – assistida da invalidade do ato antijurídico;
d) a *lex maius quam perfecta* – que cumulava a invalidade do ato antijurídico com outro tipo de sanções[88].

III. Ora, a resposta que este caso merece deve sugerir antes a destrinça entre *três comportamentos distintos*, os quais se alinham com consequências diversas:

– *certo partido ter sempre a mesma bandeira, a qual em certo momento se tornou confundível, não o sendo antes, e por ação da norma que passou a vigorar desde fevereiro de 2010;*
– *certo partido ter sido criado logo com uma bandeira confundível com os símbolos nacionais;* ou
– *certo partido ter sido colocado a posteriori na situação de possuir uma bandeira confundível com um símbolo nacional por intermédio de uma alteração estatutária superveniente que mudou os seus símbolos.*

IV. *O primeiro caso parece ser um caso típico de uma lex imperfecta (lei imperfeita) porque à proibição de um comportamento não se*

---

[88] Quanto aos contornos e importância desta classificação, v. João de Castro Mendes, *História do Direito Romano*, Lisboa, 1958, pp. 342 e ss., e *Introdução ao Estudo do Direito*, Lisboa, 1984, p. 81; J. Batista Machado, *Introdução ao Direito e ao Discurso legitimador*, Coimbra, 1983, pp. 95 e 96; Jorge Bacelar Gouveia, *O valor positivo do ato inconstitucional*, Lisboa, 1991, p. 20; José de Oliveira Ascensão, *O Direito – Introdução e Teoria Geral*, 13.ª ed., Coimbra, 2005, p. 126.

segue uma consequência no plano da sanção aplicável, por duas razões fundamentais:

- a LPP tem um quadro sancionatório penal para os casos mais graves de violação dos seus preceitos, mas nesse quadro não encontramos contemplada a violação do art. 19.° se supervenientemente aplicada após a entrada em vigor da Constituição de 2010, *ex vi* o art. 43.° da mesma LPP, tal hipótese não configurando qualquer dos tipos penais aí previstos, como a desobediência, o incitamento à violência e a coação[89];
- a LPP considera determinante a não confundibilidade dos símbolos partidários em relação ao símbolos nacionais, mas esse é um controlo que se faz *a priori* no momento da inscrição dos partidos políticos, sendo a sua verificação até motivo para despacho de aperfeiçoamento por parte do Tribunal Constitucional, através do seu Presidente, o qual deve depois indeferir a inscrição do novo partido político[90].

V. *A segunda situação é a mais fácil de todas porque os partidos políticos carecem de inscrição no Tribunal Constitucional, sendo um dos requisitos essenciais da validade de tal ato o respeito pela norma da não confundibilidade com os símbolos nacionais.*

Quer isso dizer que se o partido político pretende nascer logo com essa confundibilidade proibida pela norma que entrou em vigor em fevereiro de 2010, para o caso de um partido que venha a surgir depois dessa data, esse será um

---

[89] Cfr. os arts. 36.°, 37.° e 38.° da LPP.
[90] Cfr. o art. 14.° da LPP.

resultado impossível em face da decisão de indeferimento da sua inscrição que o Tribunal Constitucional certamente proferirá.

VI. *A terceira situação sugere que se aplique a sanção efetiva de o partido político não poder utilizar tal símbolo confundível, na medida em que se tenha operado uma sua mudança já com esta norma em vigor*, e que antes de fevereiro de 2010 não estava vigente.

Mas se o partido não se vai inscrever, como é que se operacionaliza tal controlo perante a ausência de uma resposta direta a essa eventualidade?

Estamos em crer que há um conjunto de alterações estruturais que carecem de um novo pedido de inscrição no Tribunal Constitucional, ainda que sejam produzidos, validamente, pelos órgãos com poder de alteração estatutária dos partidos políticas legitimamente inscritos.

Mesmo que a LLP não o diga formal e explicitamente, a magnitude dessas alterações sempre exigirá um novo crivo jurídico-processual equivalente ao do processo de inscrição *ex novo* de uma formação partidária.

É esse nitidamente o caso da mudança de um símbolo partidário depois de outro símbolo ter sido originalmente aceite com a inscrição do partido político pela primeira vez. Julga-se que a essas alterações se deve aplicar exatamente o mesmo regime processual que conduz a inscrição *ex novo* de um partido político.

VII. Em contrapartida, não parece que a resposta neste terceiro caso se pudesse dar em sede de regime de extinção dos partidos políticos que violassem essa regra essencial aplicável aos seus símbolos, sendo um hipotético motivo para tal uma mudança superveniente dos seus símbolos, através de uma alteração estatutária correspondente (devendo os símbolos ser definidos nos estatutos partidários) e assim mudando os símbolos existentes no sentido de eles serem iguais ou confundíveis com os símbolos nacionais, tendo o partido conseguido inscrever-se porque na versão inicial dos seus estatutos os símbolos partidários não tinham essa relação de confundibilidade.

É que a mudança superveniente de símbolos partidários em contradição com esta regra do art. 19.º, n.º 1, não se afigura ser uma causa de extinção do partido político em causa, até porque as causas apresentadas no art. 33.º, n.º 4, da LPP devem ser de cunho taxativo, em nome do caráter restritivo dos direitos fundamentais, estando em crise uma limitação severa do exercício do direito fundamental de associação partidária.

VIII. Não se esconde que neste particular a LPP não é perfeita, mas também é bom de ver que o intérprete-aplicador – e, sobretudo, o julgador – não deve chegar ao absurdo resultado de não poder efetivamente impedir a validade de símbolos partidários confundíveis com símbolos nacionais no caso em que aqueles, tendo sido não confundíveis numa fase inicial, tenham sido alterados com essa intenção, não sendo esta operação explicitamente considerada como uma das causas de extinção dos partidos políticos em Angola.

A não ser assim, todos os partidos políticos, uma vez criados, poderiam ter uma bandeira igual à bandeira nacional, alterando depois internamente os seus estatutos nesse sentido, sem que por isso pudessem ser extintos….! Não pode ser.

17. A proibição da confundibilidade superveniente dos símbolos partidários previamente definidos aos símbolos nacionais como *lex imperfecta*

I. *O caso vertente conduz-se à primeira situação enunciada porque nunca houve da parte do MPLA qualquer mudança de bandeira e simplesmente se vê agora confrontado com uma norma que antes de fevereiro de 2010 não existia, na sua já longa existência de 1956, ausência que permitiu que se inscrevesse de um modo absolutamente válido.*

Ao contrário do que sucede com a outra situação, *julga-se que nesta hipótese não há qualquer sanção jurídica aplicável, até porque não se reúnem as condições para o efeito, sendo este um caso de lex imperfecta.*

II. Cumpre aqui recapitular as razões que foram descritas: não só por via da ausência de uma norma sancionatória como por não haver qualquer alteração estatutária que suscite a intervenção jurídico-processual do Tribunal Constitucional.

Podemos até dizer que este é um caso, desta perspetiva, em que concorrem razões substantivas e processuais para a validade de um símbolo partidário previamente definido aos símbolos nacionais com os quais se apresenta no risco de confusão.

III. Todavia, a situação em análise na petição apresentada pode convocar outro tipo de argumentação frisando a tal anterioridade existencial do símbolo partidário que a partir de certa altura passou a ser confundível, de um modo proibido, com os símbolos nacionais.

Trata-se da aplicação do princípio do Estado do Direito – que dentro em breve referiremos mais da ótica da defesa da legalidade constitucional – do prisma da boa-fé que o Estado deve desenvolver com os cidadãos, não colocando em crise a estabilidade dos regimes jurídicos aplicáveis e não os mudando inesperadamente, sem justificação material.

Por outra parte, a titularidade da bandeira do MPLA, com as características que tem, tem de se revestir de uma indeclinável proteção ao nível dos direitos fundamentais mais elementares de liberdade de criação de partidos políticos e da própria identidade associativa de tais partidos.

O facto de um novo regime dos partidos políticos pretender, ao fim de tantos anos, impedir a utilização de uma bandeira que é um símbolo de um partido e que é mesmo parte da sua história não pode deixar de configurar uma violação dos seus direitos fundamentais de pessoa coletiva que no caso é ainda anterior ao próprio Estado.

Mais: não só essa violação é injustificada como nem sequer surge no contexto de um qualquer procedimento de "expropriação" ou de "nacionalização" de uma "identidade corporativa", o qual no mínimo sempre pressuporia, para ser lícito, uma indemnização compensatória do dano causado à identidade da pessoa coletiva afetada por essa apropriação.

IV – A JURIDICIDADE DA BANDEIRA DO MPLA À LUZ DO DIREITO DOS PARTIDOS POLÍTICOS DE ANGOLA: ASPETOS PROCESSUAIS

18. O princípio do Estado de Direito em geral

I. Na ótica do tipo histórico de Estado, *o princípio do Estado de Direito* surge como um dos principais resultados do Constitucionalismo e do Liberalismo, sendo a expressão firme da oposição ao sistema político precedente, com a preocupação essencial pela limitação do poder político, por isso também fundando o Estado Contemporâneo.

O Estado Absoluto, quer na sua fase primeira de fundamentação divina do poder, quer na sua fase última de poder inspirado na doutrina do Despotismo Esclarecido, de todo em todo atendia ao problema da limitação jurídica do poder estadual.

O poder público era criado e executado livremente pelo monarca, que em qualquer momento não só o transformava como inclusivamente em si concentrava os seus diversos momentos de criação, execução e controlo.

II. Este foi o ambiente propício para o aparecimento do *princípio do Estado de Direito*, mas numa primeira veste de uma simples *construção doutrinária*, no fito de reprimir a arbitrariedade do poder monárquico absoluto.

Tal mérito caberia ao autor germânico Robert Von Mohl[91], que na década de trinta do século XIX inovatoriamente o formularia, usando esse nome.

---

[91] Cfr. Eduardo L. Gregorini Clusellas, *Estado de sitio y la armonía en la*

O conceito doutrinário de Estado de Direito *compreendia a limitação jurídica do poder público segundo um conjunto de regras que se impunham externamente ao próprio Estado*. Foi contra aquele conjunto de situações – em que reinava o puro arbítrio, ainda que se pudessem admitir algumas, mas muito ténues, garantias – que o princípio do Estado de Direito se iria formar, através da sua progressiva densificação, até à respetiva ramificação, extensiva e intensiva, rapidamente saindo do meio germânico e atingindo as latitudes de outras experiências constitucionais[92].

III. Só que não é fácil, nos dias de hoje, e depois de dois séculos de luta pelo Estado de Direito[93], em que este

---

relación individuo-Estado, Buenos Aires, 1987, p. 6, nt. n.º 8; Rui Chancerelle de Machete, *Contencioso administrativo*, in *Dicionário Jurídico da Administração Pública*, II, 2.ª ed., Lisboa, 1990, p. 699.

[92] A ideia ordenadora protagonizada pelo Estado de Direito não era de todo desconhecida de outras paragens jurídico-constitucionais, refrangendo-se também no *rule of law* britânico e no Estado representativo francês.

O certo, porém, é que o futuro ditaria a definitiva prevalência do conceito do Estado de Direito sobre as outras designações, acolhendo-as no seu seio.

[93] Sobre o princípio do Estado de Direito em geral, numa perspetiva simultaneamente teorética e histórica, v., de entre muitos outros, Friedrich A. Hayek, *The Constitution of Liberty*, Chicago, 1978, pp. 193 e ss.; Jorge Miranda, *A Constituição de 1976*, Lisboa, 1979, pp. 473 e ss., *Ciência Política...*, pp. 189 e ss., e *Manual de Direito Constitucional*, IV, 3.ª ed., Coimbra, 2000, pp. 195 e ss.; Gustav Radbruch, *Filosofia do Direito*, 6.ª ed., Coimbra, 1979, pp. 347 e ss.; Marcelo Rebelo de Sousa, *Direito Constitucional...*, pp. 297 e ss.; John Rawls, *Uma Teoria da Justiça*, Brasília, 1981, pp. 180 e ss.; Miguel Galvão Teles, *Estado de Direito*, in *Pólis*, II, Lisboa,

passou de *Kriegsbegriff* a *Verteidigungsbegriff*, definir o seu significado jurídico-constitucional, tomando em consideração a complexificação que o mesmo foi absorvendo à medida que os sistemas constitucionais foram amadurecendo.

Havia, porém, uma lógica de fundo que já permitia intuir bastante do sentido íntimo do princípio do Estado de Direito e que se mantém plenamente atual: *a ideia de que a atuação do Estado, ou do poder político em geral, longe de se desenvolver fora do Direito, se lhe devia submeter.*

Com isso se proscreveu, perentoriamente, *o arbítrio como critério de atuação do Estado, o mesmo se substituindo pela ideia de racionalidade decisória*, de acordo com a vertente organizatória que este princípio jurídico-constitucional obviamente comporta.

1984, pp. 1185 e ss.; Ulrich Battis e Christoph Gusy, *Einführung in das Staatsrecht*, 3.ª ed., Heidelberg, 1991, pp. 191 e ss.; J. J. Gomes Canotilho e Vital Moreira, *Fundamentos da Constituição*, Coimbra, 1991, pp. 82 e ss.; Ingo Von Münch, *Staatsrecht*, 5.ª ed., 1, Stuttgart/Berlin/Köln, 1993, pp. 133 e ss.; Maria Lúcia Amaral e Jörg Polakiewicz, *Rechtsstaatlichkeit in Portugal*, in AAVV, *Rechtsstaatlichkeit in Europa* (org. de Hofmann, Marko, Merli e Wiederin), Heidelberg, 1995, pp. 141 e ss.; Reinhold Zippelius, *Teoria...*, pp. 383 e ss.; Jorge Bacelar Gouveia, *O estado de exceção no Direito Constitucional*, I, Coimbra, 1998, pp. 96 e ss., e II, pp. 1463 e ss., *Rule of Law in Constitutional State: main features and the experience of Portugal*, in AAVV, *Proceedings of International Academic Conference Commemorating the 61st Anniversary of the Korean Constitution*, Seoul, 2009, pp. 391 e ss., e *Manual...*, II, pp. 791 e ss.; Marcelo Rebelo de Sousa e José de Melo Alexandrino, *Constituição da República Portuguesa comentada*, Lisboa, 1999, pp. 72 e 73; J. J. Gomes Canotilho, *Direito Constitucional e Teoria...*, pp. 93 e ss., e pp. 243 e ss.

IV. Esta dimensão da limitação formal do Estado pelo Direito, embora já de si importante, mostrava-se, contudo, bastante insuficiente e sobretudo muito empobrecedora se vistas as potencialidades materiais que depois se extrairiam deste mesmo princípio.

Daí que rapidamente se tivesse caminhado rumo à consagração de uma *dimensão material do princípio do Estado de Direito*, pela qual se coloca igualmente em relevo um conjunto de limitações que internamente contêm o poder do Estado.

Assim se abriria o princípio do Estado de Direito ao Estado-Sociedade, para além da sua aplicação óbvia no domínio do Estado-Poder: a proteção dos direitos fundamentais, como as diversas limitações no modo de atuação do poder na sua relação com os cidadãos.

À dimensão material do princípio do Estado de Direito ainda se juntaria uma *dimensão normativa*, transparecendo o objetivo de enquadrar o poder público no seio das novas exigências impostas pelo Constitucionalismo na construção do sistema jurídico em geral.

V. O estádio atual da evolução do princípio do Estado de Direito, para a qual têm contribuído, concorrentemente, a Doutrina e a Teoria do Direito Constitucional, assenta, pois, num *pluralismo de elementos* que concretizam a ideia geral de que o poder público está submetido a regras que disciplinam a sua atuação, não atrabiliária, mas limitada por padrões que não podem ser voluntariamente manipulados pelo próprio poder público.

Deste modo, se cristalizariam três indesmentíveis facetas deste princípio, a beneficiar, segundo as aceções específicas de cada Direito Constitucional Positivo, de diversos graus de desenvolvimento[94]:

- uma dimensão *material*, transcendente ao poder público, que se lhe impõe segundo uma axiologia que o próprio poder público não controla e não elabora, antes lhe devendo obediência;
- uma dimensão *normativa*, que se revela num particular arranjo do Ordenamento Jurídico Estadual ao nível das fontes normativas, com uma função específica a atribuir à Constituição;
- uma dimensão *organizatória*, que exprime a necessidade de a limitação desse poder público agir através de uma sua específica distribuição pelos órgãos públicos, sobretudo realçando-se o papel da vertente do controlo da constitucionalidade do mesmo[95].

É assim que os textos constitucionais, um pouco por todo o Mundo, mais ou menos generosamente, mais ou menos tecnicamente, vão consagrando não apenas as nomenclaturas do "Estado de Direito", nas respetivas partes introdutórias, como positivando, nos lugares próprios, diversos índices que assinalam o acolhimento do correspondente princípio.

No século XX, é justo ver na Lei Fundamental Alemã um excelso contributo no reconhecimento deste princípio,

---

[94] Cfr., servindo-nos de guia fundamental, José Joaquim Gomes Canotilho, *Direito, direitos, Tribunal, tribunais*, in AAVV, *Portugal – Sistema Político-Constitucional*, Lisboa, 1989, p. 903.

[95] Cfr. Jorge Bacelar Gouveia, *O estado de exceção*..., I, p. 98.

não apenas previsto na sua primeira parte, sendo também possível deparar com o mesmo princípio em vários outros pontos do respetivo texto.

Foi, na verdade, a partir deste texto constitucional, seguido de um inestimável desenvolvimento doutrinário e jurisprudencial, que irradiaria uma nova conceção do princípio do Estado de Direito, posteriormente acolhida noutras Constituições.

Essa importância é expressivamente indiciada logo no preâmbulo do texto constitucional angolano, para ser depois confirmada na introdução e, a seguir, concretizada nas suas múltiplas disposições[96].

VI. A consideração conjunta das diversas dimensões que o princípio do Estado de Direito foi integrando, no seu percurso ao longo de dois séculos de Constitucionalismo, e na passagem do Estado Liberal ao Estado Social, permite sintetizar os seguintes sub-princípios que melhor o densificam[97]:

– o *princípio da dignidade da pessoa humana*;
– o *princípio da juridicidade e da constitucionalidade*;
– o *princípio da separação de poderes*;
– o *princípio da segurança jurídica e da proteção da confiança*;
– o *princípio da igualdade*;
– o *princípio da proporcionalidade*.

---

[96] Cfr., por todos, a exaustiva e bem sistematizada análise de Jorge Miranda, *Manual...*, IV, pp. 201 e ss.

[97] Com diferentes densificações do princípio do Estado de Direito, v. Jorge Bacelar Gouveia, *O estado de exceção...*, II, pp. 1463 e ss.; J. J. Gomes Canotilho, *Direito Constitucional e Teoria...*, pp. 243 e ss.

19. Angola como um Estado de Direito

I. O princípio do Estado de Direito constitucionalmente relevante na CA apresenta-se com *múltiplas facetas*, em grande parte mercê do desenvolvimento que o conceito foi beneficiando desde que surgiu, pela primeira vez, no século XIX, sendo hoje praticamente total a sua positivação.

A ideia básica da subordinação do Estado ao Direito, com exclusão do arbítrio, encontra-se expressa no preâmbulo e em vários outros preceitos constitucionais.

Para o leitor atento do texto constitucional, *não podem restar quaisquer dúvidas a respeito da qualificação do Estado de Angola como um verdadeiro Estado de Direito.*

II. Essa é uma qualificação que logo o preâmbulo da nova Constituição de 2010 não deixa de mencionar explicitamente, e em duas ocasiões:

– "Destacando que a Constituição da República de Angola se filia e enquadra diretamente na já longa e persistente luta do povo angolano, primeiro, para resistir à ocupação colonizadora, depois para conquistar a independência e a dignidade de um Estado soberano e, mais tarde, para edificar, em Angola, um Estado Democrático de Direito e uma sociedade justa"[98];
– "Reafirmando o nosso comprometimento com os valores e princípios fundamentais da Independência,

---

[98] § 5.º do preâmbulo da CA.

Soberania e Unidade do Estado Democrático de Direito..."[99].

III. Por seu turno, o articulado do texto constitucional identicamente reflete a preocupação pela consagração de um regime de Estado de Direito, formalmente assumido como tal.

O Título I do texto constitucional, reservado aos *Princípios Fundamentais*, inclui essa qualificação *num dos preceitos iniciais*, com a precisa epígrafe de "Estado democrático de Direito", ao estipular-se que "A República de Angola é um Estado Democrático de Direito..."[100].

No Título VII, sobre *Garantias da Constituição e Controlo da Constitucionalidade*, considera-se como limite material da revisão constitucional "o Estado de Direito..."[101].

IV. Observando a realidade angolana do ponto de vista do funcionamento das instituições, não obstante algumas dificuldades próprias de um país em vias de desenvolvimento a um bom ritmo, do mesmo modo se conclui que a caracterização constitucional do Estado de Direito tem plena adesão à realidade, nos seus múltiplos enfoques.

É isso o que se pode ver no âmbito do poder judicial, que se tem revelado independente, cumprindo os órgãos constitucionais o princípio da separação e equilíbrio dos poderes.

---

[99] § 12.º da CA.
[100] Art. 2.º, n.º 1, parte inicial, da CA.
[101] Art. 236.º, al. f), da CA.

É isso o que se pode ver no tocante à proteção dos direitos fundamentais, com um consenso geral a respeito do exercício das liberdades fundamentais, *maxime* no plano político e da comunicação social.

20. O princípio do Estado de Direito na dimensão da constitucionalidade e da garantia da Constituição

I. A preocupação com a defesa da Constituição é uma das diversas facetas que o princípio do Estado de Direito estabelece, simultaneamente numa ótica normativo-sistemática própria do princípio da constitucionalidade, e numa ótica de proteção adjetiva da Ordem Constitucional estabelecida.

No que respeita à proclamação do *princípio da constitucionalidade*, que integra o princípio do Estado de Direito, ela surge normalmente associada à supremacia da Constituição enquanto vértice de legitimidade da Ordem Jurídica Estadual, em relação à qual todos os demais princípios e normas, mesmo se de fontes externas, devem obediência.

Isso é até particularmente solenizado no texto da CA de 2010, ao dizer-se, a este respeito, que "A Constituição é a Lei Suprema da República de Angola"[102].

E para não restar dúvidas, o dever de obediência à Constituição por parte de todas as outras fontes expressa-

---

[102] Art. 6.º, n.º 1, da CA.

mente abrange também as fontes normativas externas[103]: "As leis, os tratados e os demais atos do Estado, dos órgãos do poder local e dos entes públicos em geral só são válidos se forem conformes à Constituição"[104].

II. Exatamente por força da importância da defesa da Constituição, os mecanismos que se alinham nesse desiderato são múltiplos, podendo apresentar-se como[105]:

— *garantias internas e garantias externas*: as primeiras integrando-se dentro da própria Ordem Constitucional, enquanto que as outras funcionando a partir do exterior da Ordem Constitucional;
— *garantias gerais e garantias especiais*: as primeiras tendo uma vocação irradiante para toda a Constituição, ao passo que as outras se limitando a segmentos mais específicos da Ordem Constitucional;
— *garantias políticas, legislativas, administrativas ou judiciais*: cada uma delas dependendo da natureza do órgão que a protagoniza;
— *garantias informais e garantias institucionais*: as primeiras acontecendo pela proteção de certos valores consti-

---

[103] O que não sucede com o homólogo preceito da CRP, que manifestamente lhe serviu de modelo inspirador:

[104] Art. 6.º, n.º 3, da CA.

[105] Sobre a problemática das garantias constitucionais em geral, v. Hans Kelsen, *La garantie juridictionnelle de la Constitution*, in *Révue de Droit Public*, 1928, pp. 221 e ss.; Jorge Miranda, *Contributo para uma teoria da inconstitucionalidade*, Lisboa, 1968, pp. 227 e ss., e *Manual de Direito Constitucional*, VI, Coimbra, 2001, pp. 45 e ss.; J. J. Gomes Canotilho, *Direito Constitucional e Teoria...*, pp. 885 e ss.

tucionais no comportamento dos governados e dos governantes, ao passo que as outras sendo específicas incumbências dos órgãos do poder público;
- *garantias ordinárias e garantias extraordinárias*: as primeiras ocorrendo na normalidade da vida do Estado, diversamente das outras, surgindo apenas em momentos de crise constitucional.

III. Com um muito maior raio de ação, possuindo por isso uma ampla eficácia, estão os mecanismos que funcionam como *garantias gerais da Constituição*, ao serem capazes de proteger todas as suas dimensões materiais e organizatórias, não se confinando a parcelas mais estreitas da Ordem Constitucional.

A doutrina tem pacificamente aceitado a existência de três institutos que correspondem bem a esta proteção global da Constituição, a primeira uma *garantia acessória*, não principal, a segunda uma *garantia extraordinária*, não ordinária, e a terceira uma *garantia exclusiva*, não mista:

- a *revisão constitucional*: a possibilidade de rever a Constituição, por ela diretamente aceite, inscreve-se, em último termo, no desejo da sua perpetuação, desenhando-se os limites que não podem ser galgados, sob pena de subversão da Ordem Constitucional e de já não haver revisão, mas uma qualquer outra coisa, como a revolução ou a rutura constitucionais[106];

---

[106] No plano funcional, a revisão constitucional também se particulariza em nome de três funções que lhe são assinaladas: (i) uma função de *adequação* do texto constitucional à realidade constitucional; (ii) uma

- o *estado de exceção constitucional*: a ocorrência de situações dramáticas de perturbação da Ordem Constitucional, obrigando a tomar medidas muito drásticas que interrompem largas parcelas dessa mesma Ordem Constitucional, alinham-se numa preocupação pela sua proteção última, não obstante o aparente paradoxo de que para defender a Constituição é preciso suspendê-la e modificá-la substancialmente;
- a *fiscalização da constitucionalidade*: a adoção de instrumentos funcionalmente aptos à verificação das situações de violação da Constituição, levados a cabo no âmbito de competências específicas que apenas têm esse fito, é o sinal mais forte da confirmação do objetivo de defesa da Ordem Constitucional, o que vem a acontecer com a fiscalização da constitucionalidade.

Ainda que este também seja o seu lugar, pela ligação com o problema subjacente ao presente parecer, dedicaremos atenção mais desenvolvida à fiscalização da constitucionalidade.

21. A fiscalização da constitucionalidade em geral

I. A defesa da Constituição – ou, mais genericamente, do Direito Constitucional – igualmente assenta numa *ver-*

---

função de *aperfeiçoamento* do texto constitucional, num sentido já técnico e não tanto político; e (iii) uma *função de garantia* da própria continuidade da ordem constitucional.

tente de normalidade, que possa desenrolar-se na regularidade do quotidiano das instituições jurídico-públicas.

Trata-se da *fiscalização da constitucionalidade dos atos do poder público*, que consiste na adoção de mecanismos destinados a averiguar da conformidade desses atos com a Constituição, aplicando as devidas consequências no caso de virem a ser descobertas situações de conflito constitucional[107].

II. O quadro teorético global da fiscalização da constitucionalidade permite vislumbrar as diversas possibilidades que se colocam na arrumação das intervenções possíveis, com base noutros tantos critérios[108]:

- *a natureza do órgão fiscalizador: fiscalização política e fiscalização jurisdicional*, conforme o órgão autor do controlo tenha uma ou outra natureza, sendo ainda de sub-diferenciar entre a fiscalização política comum e a fiscalização política especializada e entre a fiscalização jurisdicional comum e a fiscalização jurisdicional especializada[109];

---

[107] Quanto à fiscalização da constitucionalidade em geral, v. Hans Kelsen, *Teoria Pura...*, pp. 367 e ss.; Jorge Miranda, *Manual...*, VI, pp. 48 e ss.; Rodolfo Viana Pereira, *Direito Constitucional Democrático – Controle e Participação como Elementos Fundantes e Garantidores da Constitucionalidade*, Rio de Janeiro, 2008, pp. 5 e ss.; Jorge Bacelar Gouveia, *Manual...*, II, pp. 1340 e ss.

[108] Relativamente a estes critérios gerais de classificação da fiscalização da constitucionalidade, v. Marcelo Rebelo de Sousa, *Direito Constitucional...*, pp. 373 e ss.; Marcello Caetano, *Manual de Ciência Política...*, I, pp. 346 e 347; Jorge Miranda, *Manual...*, VI, pp. 50 e ss.; J. J. Gomes Canotilho, *Direito Constitucional...*, pp. 895 e ss.

[109] Cfr. Marcelo Rebelo de Sousa, *Direito Constitucional...*, pp. 373 e 374.

- *o número de órgãos intervenientes: fiscalização singular e fiscalização plural*, conforme o número singular ou plural dos órgãos encarregados de desenvolver a fiscalização da constitucionalidade;
- *o tipo e a extensão dos atos sindicáveis: fiscalização por ação e fiscalização por omissão*, de todos ou de parte dos atos jurídico-públicos, conforme a fiscalização tenha por objeto atos praticados ou omissões juridicamente relevantes, naquele caso a abrangência da fiscalização podendo incluir todos os atos possíveis ou apenas uma sua parte, maior ou menor;
- *o momento do controlo: fiscalização preventiva e fiscalização sucessiva*, conforme o seu momento aconteça ainda durante o procedimento de elaboração da fonte fiscalizanda ou posteriormente, já quando a mesma tenha sido publicada;
- *a via processual seguida: fiscalização principal e fiscalização incidental*, conforme o processo de fiscalização o seja a título próprio ou surja enxertado num outro processo, aparecendo como um seu incidente, de entre outros incidentes processuais possíveis;
- *a forma processual escolhida: fiscalização por via de ação e fiscalização por via de exceção*, conforme a atividade de fiscalização seja o objetivo do processo iniciado ou apareça como pressuposto ou condição prévia de intervenção final do tribunal, na sua qualidade de exceção processual previamente solucionada, devendo neste caso ser resolvido antes da resolução da questão material;
- *os interesses processuais prevalecentes: fiscalização subjetiva e fiscalização objetiva*, conforme se pretenda, através do

processo de fiscalização, defender a Constituição chegando à proteção da coletividade ou chegando a posições individuais;
- *as circunstâncias envolventes do controlo: fiscalização abstrata e fiscalização concreta*, conforme a fiscalização surja a propósito da aplicação do Direito a uma situação da vida num tribunal ou a fiscalização se situe num exame da constitucionalidade desligado da sua eventual aplicação a situações da vida, fiscalização da constitucionalidade que assume os contornos gerais ou em tese, sem interessar saber se está o ato sob análise a ser aplicado a alguém ou a alguma coisa;
- *o tipo de decisões a proferir: fiscalização declarativa e fiscalização constitutiva*, conforme as decisões apenas certifiquem o que já existia ou as decisões reelaborem a realidade constitucional pré-existente à intervenção fiscalizadora.

III. A positivação do controlo da constitucionalidade dos atos jurídico-públicos nem sempre se mostra unívoca, pois que a apreciação de outras tantas experiências, históricas ou comparadas, possibilita a cristalização de alguns dos sistemas mais importantes, que assim acabaram por erigir-se em *modelos de fiscalização da constitucionalidade*[110]:

- a fiscalização judicial difusa ou modelo norte-americano;

---

[110] Quanto aos diversos modelos de fiscalização da constitucionalidade em geral, v. Marcelo Rebelo de Sousa, *Direito Constitucional...*, pp. 373 e ss.; J. J. Gomes Canotilho, *Direito Constitucional e Teoria...*, pp. 895 e ss.; Jorge Miranda, *Manual...*, VI, pp. 100 e ss.

- a fiscalização judicial concentrada ou modelo austríaco;
- a fiscalização política ou modelo francês.

IV. A *fiscalização judicial difusa da constitucionalidade* teve a sua origem no Direito Constitucional Norte-americano, com o nome de "judicial review", apresentando-se como um esquema pelo qual se procede à averiguação da conformidade dos atos jurídico-públicos com a Constituição nos seguintes termos:

- o poder de fiscalização atribuído a todos os órgãos judiciais;
- a possibilidade de recurso para o mais alto tribunal com jurisdição no caso em apreço;
- a desaplicação no caso concreto da norma considerada inconstitucional.

V. A *fiscalização judicial concentrada da constitucionalidade* é proveniente do Direito Constitucional Austríaco, tendo sido consagrada na Constituição da Áustria de 1 de outubro de 1920, em cuja elaboração teve um papel decisivo o grande juspublicista austríaco HANS KELSEN, doutrinariamente defendendo este modelo, em 1931, no célebre opúsculo *Wer soll der Hüter des Verfassung sein?*, veementemente contestando o pensamento de CARL SCHMITT e propugnando a entrega da fiscalização da constitucionalidade àquele órgão judicial[111].

---

[111] Cfr. Hans Kelsen, *Quién debe ser el defensor de la Constitución?*, Madrid, 1995, pp. 3 e ss. Cfr. também Hans Kelsen, *Jurisdição Constitucional*, São Paulo, 2003, pp. 5 e ss.

Tal como o modelo americano, o modelo austríaco assenta na intervenção do poder judicial, operando-se assim um controlo que é efetivado segundo os ditames próprios da jurisdição como entidade dotada de um modo próprio de agir, com as características inerentes à atuação do poder jurisdicional.

Diferentemente do modelo americano, este modelo austríaco singulariza-se por atribuir o poder de averiguar da conformidade dos atos em relação à Constituição a uma só instância jurisdicional, um Tribunal Constitucional, jurisdição especializada e de nível único.

O acesso à intervenção de controlo da constitucionalidade levado a cabo pelo Tribunal Constitucional, dentro deste modelo, ocorre através dos processos judiciais em qualquer tribunal, devendo estes suspender-se até que o Tribunal Constitucional decida cada dúvida suscitada, não podendo cada tribunal *a quo* pronunciar-se sobre a existência de inconstitucionalidades, antes devendo esperar por aquele veredicto.

VI. A *fiscalização política da constitucionalidade*, contrariamente a qualquer um dos modelos anteriores, é protagonizada por órgãos de feição político-legislativa, com características diversas daquelas que singularizam o poder jurisdicional, desenvolvidas em ambiente desfavorável à sua afirmação, em grande medida por reação à experiência liberal de conotação do poder jurisdicional com o *Ancien Régime*, em parte por causa de uma conceção mecanicista de separação orgânico-funcional de poderes reinante no Continente Europeu do século XIX.

A concretização deste modelo de fiscalização política pode apresentar-se sob duas perspetivas:

- *a fiscalização política por um órgão comum*: é o caso de a fiscalização ser desempenhada por um órgão constitucional já existente, que exerce outras competências constitucionais, tendo sido essa a experiência liberal na Europa e tendo sido também essa, noutros pressupostos, a experiência dos Estados socialistas;
- *a fiscalização política por órgão específico*: é o caso do Direito Constitucional Francês, tanto na IV República com o Comité Constitucional como na atual V República com o Conselho Constitucional, aí se registando que o poder de controlo da constitucionalidade se defere a um órgão especialmente competente para o efeito, mas que não tem as características inerentes à judicatura.

Este foi também um tema essencial na Teoria do Direito Constitucional que alimentou a polémica entre CARL SCHMITT e HANS KELSEN, que aquele iniciou defendendo, em 1931, ao contrário deste, um modelo de fiscalização política por órgão comum[112], absolutamente descrendo da possibilidade de essa atividade poder ser jurisdicional, devendo antes caber, no contexto da Constituição de

---

[112] Quanto a esta polémica fundadora da fiscalização da constitucionalidade na Europa, v. José Manuel Cardoso da Costa, *Algumas reflexões em torno da justiça constitucional*, in AAVV, *Perspetivas do Direito no início do século XXI*, Coimbra, 1999, pp. 114 e ss.

Weimar em que se pronunciou, ao Chefe de Estado, ideias expressas no seu livro *Der Hüter der Verfassung*[113].

Neste seu trabalho, CARL SCHMITT contrapunha vários importantes argumentos: só a fiscalização política podia agir preventivamente, tendo a fiscalização judicial a desvantagem da intervenção apenas *ex post factum*; só a fiscalização política podia apresentar-se genericamente aplicável, e não ficar sujeita a uma indagação concreta, no âmbito de um processo judicial necessariamente circunstancial.

Daí que tivesse chegado à conclusão de que a figura fundamental de defesa da Constituição, de entre as opções de ser o Presidente ou o Chanceler, só podia ser o Presidente porque com legitimidade plebiscitária, popularmente reconhecida, ao passo que o Chanceler apenas radicaria numa legitimidade parlamentar-partidária.

VII. Eis uma polémica que hoje, com o aprofundamento do Estado de Direito na efetividade da tutela jurisdicional do Direito Constitucional, deixou de fazer sentido.

Ninguém pode defender que seja viável um modelo político de fiscalização da constitucionalidade, sendo certo que os países que tradicionalmente o desenvolveram – como tem sido, *v. g.*, a França – o têm corrigido no sentido de o aproximar, o mais possível, como já sucede, do modelo judicial.

Já a opção entre a fiscalização judicial difusa e a fiscalização judicial concentrada se afigura livre, dentro das exi-

---

[113] Cfr. Carl Schmitt, *La defensa de la Constitución*, Madrid, 1983, pp. 1 e ss.

gências do princípio do Estado de Direito, embora a escolha não se possa dissociar de outros elementos, como o sistema jurídico e a força do poder judicial.

Não deixa ainda de ser verdade, como se tem assinalado na doutrina constitucional, a progressiva aproximação entre os modelos americano e austríaco de fiscalização judicial da constitucionalidade dos atos jurídico-públicos[114], em grande medida por força da resposta a dar a também comuns exigências do princípio do Estado de Direito no tocante à intervenção do poder judicial.

22. A fiscalização da constitucionalidade em Angola: traços gerais

I. *A refração do princípio do Estado de Direito na matéria da defesa da Constituição implica o resultado óbvio da necessidade de existir um modelo judicial de fiscalização da constitucionalidade em Angola, sob pena de aquele princípio não passar de uma palavra vã.*

Na verdade, *a observação do texto constitucional de 2010, à semelhança do que já sucedia, ainda que imperfeitamente, com o texto da LCA de 1992, permite concluir pela sua efetivação, com a*

---

[114] Assim, Francisco Fernández Segado, *La justicia constitucional ante el siglo XXI: la progresiva convergencia de los sistemas americano y europeo-kelseniano*, in AAVV, *The Spanish Constitution in the European Constitutional Context* (ed. Francisco Fernández Segado), Madrid, 2003, pp. 855 e ss.

Cfr. também, na mesma linha de pensamento, Maria Lúcia Amaral, *Queixas constitucionais e recursos de constitucionalidade*, in AAVV, *Estudos Comemorativos dos 10 Anos da Faculdade de Direito da Universidade Nova de Lisboa*, I, Coimbra, 2008, pp. 473 e ss.

proeminência de um Tribunal Constitucional, em boa medida sob inspiração do sistema português de fiscalização da constitucionalidade.

De resto, na sistemática constitucional, este assunto da fiscalização da constitucionalidade ganhou um relevo singular, por agora figurar com autonomia como Capítulo I do Título VII, este com a epígrafe "Garantias da Constituição e Controlo da Constitucionalidade".

II. A *fiscalização da constitucionalidade que atualmente vigora no sistema constitucional angolano corresponde a um sistema misto*, nele se incorporando elementos oriundos dos principais modelos que tivemos ocasião de sumariamente descrever.

Em contrapartida, *importa desde já arredar do sistema vigente a presença de quaisquer elementos próprios da fiscalização política da constitucionalidade*, em qualquer das suas modalidades, porque as entidades que levam a cabo esse controlo são sempre pertença do poder jurisdicional.

III. O *sistema de fiscalização da constitucionalidade em Angola, de acordo com a CA, é um sistema jurisdicional, com intervenção de uma pluralidade instâncias judiciais, cobrindo grande parte dos atos jurídico-públicos*:

- *é um sistema jurisdicional*, e não político, porque esta tarefa está cometida a órgãos de soberania que se inserem nos tribunais;
- *é um sistema difuso e concentrado* porque a intervenção de fiscalização é atribuída tanto aos tribunais em geral como especificamente ao Tribunal Constitucional, ainda que este tendo a última palavra;

- *é um sistema preventivo e sucessivo* porque a fiscalização incide tanto no procedimento de elaboração de certos atos jurídico-públicos como fundamentalmente depois de os atos jurídico-públicos estarem concluídos;
- *é um sistema de fiscalização da inconstitucionalidade por ação e por omissão* porque fiscaliza a inconstitucionalidade que se traduz na violação da Constituição tanto por ação como por omissão.

23. O contencioso da juridicidade dos partidos políticos de Angola em especial

I. Mas em Angola o Tribunal Constitucional tem igualmente muitas outras funções que transcendem aquelas que são especificamente protagonizadas no eixo central da fiscalização da constitucionalidade.

Estas traduzem-se nos casos em que o Tribunal Constitucional surge na sua qualidade de órgão judicial, mas direcionado a juridicidades avulsas – constitucionais e não só – em que faz sentido a sua intervenção em razão de uma especialização funcional que pode granjear pela sua óbvia proximidade aos temas jurídico-constitucionais.

É isso o que expressamente se estatui na CA: "Compete ao Tribunal Constitucional: (...) exercer jurisdição sobre outras questões de natureza jurídico-constitucional, eleitoral e político-partidária, nos termos da Constituição e da lei"[115].

---

[115] Art. 180.º, n.º 2, al. c), da CA.

II. A legislação ordinária sobre o Tribunal Constitucional completa estas indicações constitucionais em matéria de partidos políticos, sendo de mencionar os dois diplomas específicos fundamentais:

- a **Lei Orgânica do Tribunal Constitucional**, a Lei n.º 2/08, de 17 de junho (LOTC); e
- a Lei **Orgânica do Processo Constitucional**, a Lei n.º 3/08, de 17 de junho (LOPC).

III. A LOTC, no Capítulo III, alusivo à "Competência do Tribunal Constitucional", apresenta um enunciado geral de competências do Tribunal Constitucional, em cujo elenco se encontram competências específicas de contencioso de partidos políticos:

- "verificar a legalidade na formação de partidos políticos e coligações de partidos, bem como declarar a sua extinção nos termos da Lei dos Partidos Políticos"[116];
- "julgar as ações de impugnação de eleições e deliberações de órgãos de partidos políticos que nos termos da lei sejam recorríveis"[117].

Estas duas competências são depois pormenorizadas na Secção V do Capítulo III, atinente à "Competência em matéria de partidos políticos e coligações", nos seguintes termos:

- "Compete ao Tribunal Constitucional, através do seu Presidente e do Plenário por via de recurso, ordenar

---

[116] Art. 16.º, al. h), da LOTC.
[117] Art. 16.º, al. i), da LOTC.

ou recusar a inscrição e o registo dos Partidos Políticos nos termos dos artigos 12.°, 14.° e 15.° da Lei n.° 2/05, de 1 de julho, Lei dos Partidos Políticos"[118];
– "Compete ao Tribunal Constitucional conhecer e julgar os conflitos internos dos Partidos Políticos e Coligações de Partidos Políticos desde que os mesmos resultem da aplicação dos seus estatutos ou convenções, nos termos do n.° 2 do artigo 28.° da Lei n.° 2/05, de 1 de julho, e na alínea i) do artigo 15.° da mesma lei"[119];
– "Compete ao Tribunal Constitucional determinar a extinção dos Partidos Políticos e de Coligações de Partidos Políticos nas situações previstas nas alíneas a) a i) do n.° 4 do artigo 33.° da Lei n.° 2/05, de 1 de julho"[120].

IV. A LOPC, ainda que referindo o Código de Processo Civil como diploma subsidiário[121], elenca as diferentes espécies de processos submetidos à jurisdição do Tribunal Constitucional, nesse conjunto se deparando com "processos relativos a partidos políticos e coligações"[122].

Estes específicos processos judiciais relativos a partidos políticos e coligações da competência do Tribunal Constitucional são depois objeto de uma mais desenvolvida regulamentação processual no Capítulo V da LOPC, reservada

---
[118] Art. 28.° da LOTC.
[119] Art. 30.° da LOTC.
[120] Art. 31.° da LOTC.
[121] Cfr. o art. 2.° da LOPC.
[122] Art. 3.°, al. j), da LOPC.

aos "Processos relativos a partidos políticos e coligações", mas na qual pouco se acrescenta ao que já tinha sido enunciado nas competências do Tribunal Constitucional segundo a LOTC, com exceção de algumas regras de teor meramente processual quanto à sua tramitação[123].

24. As deficiências processuais da impugnação apresentada pelo Partido Popular no Tribunal Constitucional

I. A breve apresentação do regime angolano relativo ao contencioso dos partidos políticos permite agora proceder à apreciação jurídico-processual – feita já a sua análise jurídico-substantiva – da impugnação apresentada pelo Partido Popular no Tribunal Constitucional acusando a bandeira do MPLA de ser confundível com a bandeira de Angola.

Não restam dúvidas de que tal processo judicial enferma de várias deficiências e cuja verificação determinará a fatalidade da sua inviabilidade processual, não possibilitando ao Tribunal Constitucional conhecer o pedido e absolvendo a instância, deficiências que importa ver separadamente:

– *a incompetência material do Tribunal Constitucional;*
– *a intempestividade do processo apresentado;*
– *ineptidão da petição inicial de impugnação.*

---

[123] Arts. 63.º e ss. da LOPC.

II. *A primeira anomalia que se verifica neste processo reside no facto de o Tribunal Constitucional ser incompetente na matéria que é recortada na petição de impugnação apresentada.*

Com efeito, o Tribunal Constitucional, tendo jurisdição nas questões político-partidárias, está depois taxativamente delimitado ao conjunto das competências processuais específicas que lhe permitem intervir nesse tipo de contencioso. Simplesmente, em vão se descortina nessas diferentes hipóteses alguma possibilidade para considerar a natureza da pretensão formulada pelo Partido Popular:

– *não se trata da constituição de um partido político*, nem mesmo de uma alteração superveniente dos seus símbolos que requeiram um idêntico processo judicial, uma vez que o MPLA já foi constituído há muito, sendo até anterior ao próprio Estado de Angola e nunca alterou a sua bandeira;
– *não se trata da impugnação de eleições e deliberações de órgãos de partidos políticos ou de resoluções de quaisquer conflitos internos que resultem da aplicação de estatutos e convenções partidárias*, uma vez que não é individualizada qualquer deliberação impugnada, nem sequer houve qualquer alteração estatutária relevante dada a manutenção das características da bandeira do MPLA desde que esta formação partidária se fundou na luta colonial;
– *não se trata de extinção de partido político*, na medida em que não é isso o que é pedido, mas apenas algo relacionado com a bandeira do MPLA.

Em resumo: não sendo possível encontrar uma porta de entrada para a jurisdição constitucional intervir nesta impugnação, só se pode concluir pela incompetência absoluta do Tribunal Constitucional no seu conhecimento.

III. Naturalmente que se pode sempre recordar o princípio geral de que a todo o direito deve corresponder uma ação, na base do princípio da tutela jurisdicional efetiva: *ubi ius, ibi remedium.*

Eis um princípio constitucional da maior importância, mas a sua invocação não resolve o problema, já que a jurisdição de Angola tem outros tribunais e não é o Tribunal Constitucional a jurisdição residual.

Acresce ainda uma objeção de fundo, de cunho substantivo e não já processual: é que a esta pretensão falece por completo um poder de jurisdição do Estado porque estamos em face de uma norma sem sanção, cujo dever-ser se apresenta muito mais fragilizado, isto para já não falar da ausência de qualquer confusão entre a bandeira do MPLA e a bandeira de Angola.

De resto, isso acaba por ser evidente logo na primeira frase escrita pelo impugnante, ao tentar situar, no plano jurídico, o fundamento da sua petição na invocação do art. 73.º da CA.

Ora, este preceito da CA nada tem que ver com o exercício de um poder jurisdicional e está extramuros da atividade dos tribunais: é o direito de petição, o qual se destina a obter uma resposta não jurisdicional de um órgão público, não sendo certamente um mecanismo adequado à produção de atos da função judicial, como são as decisões do Tribunal Constitucional: "As decisões do Tribunal Constitucional são de natureza obrigatória para todas as entidades públicas e privadas e prevalecem sobre as dos restantes tribunais e de quaisquer autoridades, incluindo do Tribunal Supremo"[124].

IV. *A segunda anomalia que se deteta diz respeito à intempestividade da petição de impugnação que foi apresentada em 11 de agosto de 2010.*

Obviamente que este pressuposto processual só faz sentido no caso de haver um direito de recorrer aos tribunais submetido a uma cláusula de caducidade pelo decurso do tempo, o que é manifestamente o caso.

Sendo a situação *sub iudice* uma suposta confusão da bandeira do MPLA com a bandeira nacional apenas proibida supervenientemente com a aplicação da regra do art. 19.º, n.º 2, findo o período transitório previsto no art. 43.º, ambos da LPP, a eventual ilicitude de tal confusão teria de ter sido arguida pelo requerente no prazo de 15 dias, o que já foi largamente ultrapassado.

A explicação é simples porque a existência de tal prazo fundamenta-se na ligação umbilical que esta situação tem com a criação inicial dos partidos políticos, em que precisamente os mesmos se submetem a um teste de não confundibilidade da sua bandeira com a bandeira nacional.

V. Como aquela suspensão vigorou até fevereiro de 2010 e os partidos foram todos constituídos como se essa norma não existisse, a sua entrada em vigor naquele mês determinou que esse teste só se pudesse fazer a partir

---

[124] Art. 6.º da LOTC.

daquele momento: *o momento em que passou a haver, por parte do Tribunal Constitucional, um controlo de legalidade em matéria de não confundibilidade dos símbolos partidários com os símbolos nacionais.*

E, nos termos da LPP, qualquer partido político, em relação à inscrição de um partido ou em relação a algum aspeto particular dessa constituição, pode efetuar a sua impugnação no Tribunal Constitucional, mas sujeita-se à necessidade de ser feita no prazo de 15 dias: "Do ato do Presidente do Tribunal Constitucional, que ordene ou rejeite a inscrição de um partido, cabe recurso para o Plenário do Tribunal Constitucional, o qual deve ser interposto pelo partido ou partidos interessados ou pelo Procurador-Geral da República, no prazo de 15 dias a contar da data de publicação da decisão"[125].

Isso não sucedeu dentro desse tempo, devendo este prazo ser considerado ajustado porque de outra forma se geraria a máxima instabilidade por em qualquer momento – 10, 20 ou 30 anos depois, imagine-se – qualquer partido político adversário poder impugnar um elemento essencial de outro partido, com isso criando incerteza e turbulência na vida política angolana.

VI. *A terceira anomalia relaciona-se com aspetos formais da petição inicial que foi apresentada e que deveria ter merecido logo o indeferimento liminar em função das suas deficiências.*

Desde logo, em vão nesse texto encontramos a alusão ao tipo de processo judicial a que o mesmo corres-

---

[125] Art. 18.º, n.º 1, da LPP.

ponde, em violação do que consta da LOPC, pois que num dos seus preceitos se diz que "No requerimento com que propõe a ação deve-se (...) indicar a espécie de processo"[126].

Por outro lado, não existe qualquer pedido formulado, antes uma final e obscura frase que é de todo ininteligível, assim se desrespeitando outro requisito formal do articulado inicial, que é o de na ação se dever "formular o pedido"[127].

Finalmente, a causa de pedir não está devidamente apresentada porque em nenhum dos artigos da petição de impugnação se consegue adivinhar qual a razão de direito que a justifica.

Tudo isto são motivos para a absolvição de instância na sequência de nulidades insanáveis que ferem de morte esta peça processual, deficiências que não tendo sido detetadas antes da citação da contraparte podem em qualquer momento processual posterior ser do conhecimento do Tribunal Constitucional[128].

---

[126] Art. 6.º, n.º 1, al. c), da LOPC.
[127] Art. 6.º, n.º 1, al. f), da LOPC.
[128] Cfr. o art. 5.º, n.º 2, da LOPC.

V – CONCLUSÕES

25. Enunciação das conclusões

Do exposto, é possível obter as seguintes conclusões:

I. Quanto à Parte III:

a) A nova Constituição de Angola de 2010 veio confirmar a transição constitucional iniciada em 1991, definitivamente encerrando esse processo político-constitucional, ao mesmo tempo evidenciando a importância do princípio democrático;

b) Uma das dimensões do princípio democrático tem que ver com o relevo normativo e prático que os partidos políticos têm assumido em Angola, aí havendo uma efetiva liberdade partidária, devidamente comprovada pelo número de partidos existentes e pela sua ação política livre no espaço público de Angola;

c) A norma do novo Direito dos Partidos Políticos de Angola que importa especificamente estudar diz respeito à proibição de confundibilidade dos símbolos partidários com os símbolos nacionais, norma que, existindo desde 2005, só logrou aplicar-se após o início da vigência da nova Constituição Angolana de 2010;

d) Do ponto de vista da sua previsão normativa, tal norma impede que os símbolos partidários tenham parecenças com os símbolos nacionais a ponto de gerarem confusão com os mesmos, o que se pode avaliar não apenas pelos elementos deles constantes como pelo cidadão angolano a quem os mesmos se dirigem;

e) No caso vertente, julga-se que a bandeira do MPLA, não obstante alguns elementos comuns com a bandeira da República de Angola, dela se distingue não apenas porque há elementos diversos – a secção da roda dentada e a catana – como também por ser expectável que qualquer cidadão angolano – pela história de vida e pela educação cívica – perceba que são dois símbolos diferenciados, ainda que com um caminho próximo pelo papel do MPLA na luta pela descolonização, depois na construção do Estado de Angola na I República, e mais tarde no desenvolvimento na II República pluripartidária;

f) Do ponto de vista da sua estatuição normativa, o alcance da proibição de confusão dos símbolos partidários com os símbolos nacionais determina a impossibilidade da sua inscrição, através de um controlo exercido pelo Tribunal Constitucional, o qual também pode ser efetivado sempre que os partidos, devidamente inscritos e ao abrigo desta norma, modifiquem os seus símbolos no sentido de os mesmos virem a confundir-se com os símbolos nacionais, aplicando-se um processo equivalente ao da inscrição inicial dos partidos políticos;

g) No caso vertente, estando em causa uma suposta confundibilidade superveniente a partir da aplicação da norma que proíbe essa confundibilidade desde fevereiro de 2010, crê-se que o alcance dessa mesma proibição é nulo na medida em que não se vislumbra a operatividade de uma norma sancionatória para o caso do preenchimento da previsão normativa, deparando-se assim com uma *lex imperfecta*, além de ser possível argumentar com a conexão da bandeira do MPLA com a sua identidade histórico-corporativa, devidamente justificada pelos direitos fundamentais de liberdade partidária e de identidade pessoal.

II. Quanto à Parte IV:

a) Outro eixo estruturante do novo Direito Constitucional de Angola é o princípio do Estado de Direito, o qual se deve aqui sublinhar da perspetiva da garantia da Constituição, o que se verifica não apenas no texto da Constituição angolana como na prática política, de que se evidencia a recente criação do Tribunal Constitucional, já com importantes decisões prolatadas;

b) A aplicação da norma da proibição de os símbolos partidários se confundirem com os símbolos nacionais ao caso em estudo igualmente assume uma vertente processual em vista da impugnação que foi apresentada no Tribunal Constitucional, a qual apresenta deficiências profundas e que determinam a sua inviabilidade;

c) Essa é uma conclusão que se obtém percorrendo vários caminhos: o Tribunal Constitucional não tem competência processual para este tipo de impugnações; o prazo em que a mesma foi apresentada, no caso de aquele raciocínio não se aplicar, já foi largamente ultrapassado; vários erros formais da petição inicial entregue, sendo essenciais, levam à sua nulidade como peça processual.

Este é, salvo melhor, o parecer de

> JORGE BACELAR GOUVEIA
> *Professor Catedrático da Faculdade*
> *de Direito da Universidade Nova de Lisboa*
> *e da Universidade Autónoma de Lisboa*
> *Agregado, Doutor e Mestre em Direito*
> *Jurisconsulto e Advogado*

Lisboa, 2 de novembro de 2010.

PORTUGAL E CABO VERDE: FÓRMULAS PARA UMA APROXIMAÇÃO POLÍTICO-INSTITUCIONAL[1]

1. Introdução

Num tempo em que a globalização se apresenta num ritmo crescentemente acelerado, a defesa dos valores e dos interesses de cada Estado e de cada Nação é dificilmente praticável apenas de acordo com o figurino do Estado independente, tal como ele se foi desenhando desde a Idade Moderna.

São hoje cada vez mais numerosos os esquemas de aproximação entre os Estados, com base na lógica de que há interesses que são melhor protegidos articuladamente, assim se fazendo gerar sinergias e potenciando mais perfeitos resultados.

Se isto é verdade em praticamente todos os planos da vida internacional, igualmente o é no plano da estrita relação entre Estados soberanos, no seio das diversas relações de que são suscetíveis: desde as atividades económicas até às iniciativas sociais e culturais, passando pelas estratégias políticas e militares.

---

[1] Parecer de Direito inédito.

2. Portugal e Cabo Verde: razões para uma aproximação

Portugal e Cabo Verde, no contexto da aproximação que hodiernamente percorre todos os vetores das relações internacionais, são dois Estados soberanos que só têm razões para cimentar esquemas de aproximação recíproca.

Há um passado comum, gerado no âmbito dos Descobrimentos Portugueses, que perdurou desde o século XV até ao terceiro quartel do século XX. Esse foi um período de intenso contacto, com troca de experiências, de ideias e de valores.

Mas também há, desde que Cabo Verde ascendeu à independência política em 1975, um conjunto de razões que dão vida a essa nova situação política, a qual se relaciona com:

- uma língua oficial comum, que é o Português, embora em Cabo Verde o crioulo também seja uma língua oficial;
- um sistema jurídico de matriz portuguesa, sobretudo visível no plano do Direito Privado;
- uma cultura em múltiplos aspetos coincidente com os da cultura portuguesa;
- uma tradição religiosa com profundas raízes comuns, no contexto mais geral do catolicismo romano.

Tudo são razões para justificar a existência de mecanismos mais fortes de ligação entre Portugal e Cabo Verde.

3. Os pressupostos de uma aproximação bilateral

A aproximação bilateral que se pode levar a efeito entre Portugal e Cabo Verde não se apresenta, no entanto, desprovida de algumas importantes condicionantes, que interessa neste momento devidamente equacionar, as quais necessariamente influenciam o resultado final do processo. São estes, em síntese, os aspetos que importa referir:

1) a bilateralidade da aproximação;
2) a manutenção da soberania estadual, incluindo a externa;
3) a durabilidade do vínculo a criar;
4) a organicidade das relações a estabelecer.

O aspeto mais óbvio que deve ser neste momento frisado é relativo ao facto de essa aproximação ser vista unicamente em termos bilaterais, na medida em que se trata de intensificar a relação existente entre dois Estados. Isso mantém-se válido sabendo-se que as razões dessa aproximação se verificam igualmente em relação a outros Estados.

Mas também se deve salientar o facto de essa aproximação não poder ser feita à custa de uma qualquer perda de soberania externa por parte de qualquer dos dois Estados, ao mesmo tempo se respeitando a inserção que cada um deles tem nos espaços geográficos a que pertencem.

Acresce ainda a circunstância de se equacionar uma aproximação que se assuma numa veste orgânica, através da qual se possa gerar uma estrutura própria, com caráter de permanência, indo-se neste caso muito além de uma qualquer relação bilateral sem caráter regular ou sequer sem uma estruturação jurídica, ainda que mínima.

4. A inserção de Portugal na União Europeia

Um peculiar pressuposto na análise das diversas fórmulas de aproximação entre Portugal e Cabo Verde é ainda o facto de Portugal estar integrado, desde 1 de janeiro de 1986, naquilo que hoje se chama União Europeia.

Esta estrutura internacional suscita, porém, múltiplas interrogações a respeito da sua natureza, debate que não é despiciendo na medida em que a sua qualificação inevitavelmente se projeta nalguns aspetos de regime, tanto na sua organização como no respetivo funcionamento.

A dimensão económica é o "pilar" que requer uma colaboração mais forte entre os Estados, precisamente impregnado do espírito da integração ou da subordinação das ordens jurídicas estaduais às orientações normativamente estabelecidas pelos órgãos comunitários.

Desde o Tratado de Maastricht, todavia, a União Europeia foi aditada pela inclusão de dois novos "pilares", o da política externa e segurança comum e da justiça e assuntos internos. Mas aqui, contudo, vigora já essencialmente um espírito de coordenação entre a atuação individual dos Estados, sendo consequentemente a capacidade de intervenção da União Europeia muito mais limitada.

A questão que se coloca, do lado de Portugal, é a de saber até que ponto a sua pertença à União Europeia limita ou até impede a sua participação em acordos de colaboração interestadual, neste caso perspetivando-se a hipótese de Cabo Verde.

De um modo geral, a integração dos Estados europeus na União Europeia apenas força à existência de algumas limitações no seu *ius tractuum*, nos domínios em que vigora o regime da supranacionalidade, ou seja, o da integração económica.

Nos restantes (novos) domínios, a existência de cooperação com terceiros Estados apenas se deve enquadrar numa lógica de boa fé e de lealdade em relação às ações comuns que sejam levadas a cabo pelos órgãos comunitários. Mas afigura-se difícil responder, neste ponto, com maior precisão dada a fluidez da formulação dos tratados comunitários, dizendo-se, no art. 11.º, n.º 2, do Tratado da União Europeia (revisto pelo Tratado de Amesterdão), que "Os Estados membros apoiarão ativamente e sem reservas a política externa e de segurança da União, num espírito de lealdade e de solidariedade mútua".

Ou seja: não é possível responder com total conhecimento de causa porque há duas variáveis que ainda são neste momento desconhecidas, embora em princípio não seja inviável o estabelecimento de um laço de coordenação geral:

- a evolução dos assuntos que venham a ser progressivamente objeto de "comunitarização" no âmbito da política externa e segurança comum, na medida em que isso depende – e em muito – da dinamização dos órgãos comunitários;
- o quadro de atribuições e de competências que venha a ser escolhido no seio do esquema de aproximação entre Portugal e Cabo Verde.

A resposta do Direito Comunitário aceita ainda relações de associações entre os Estados membros e territórios e países exteriores ao espaço geográfico da União Europeia, nestes se aplicando o regime que vigora no território daqueles. Essa é uma possibilidade, no entanto, fixada nos próprios tratados, como se pode perceber da leitura do Anexo II, para que remete o art. 182.º do Tratado de Roma. Como quer que seja, esta é uma solução que pressupõe uma alteração aos tratados comunitários.

5. As variáveis a definir e opções a excluir

Se, como vimos, estas são as condições em torno das quais se considera viável o desejo de aproximação entre os dois países, do mesmo modo deve acentuar-se uma preocupação com os aspetos que ainda estão definidos em relação a essa vinculação.

Essas variáveis assentam no seguinte:

a) a amplitude das atribuições;
b) o tipo de estrutura governativa;
c) a legitimidade dos membros dos órgãos da associação;
d) a relação entre as decisões da instituição e a ordem jurídica de cada um dos Estados membros.

Mas também cumpre dizer que, no contexto dessa vinculação que se deve estabelecer, evidentemente que há certas formas já conhecidas de aproximação entre Estados soberanos que necessariamente terão de ser excluídas desta apreciação.

As hipóteses mais drásticas nessas formas de vinculação são aquelas que consistem na perda da soberania estadual por qualquer dos Estados que fique a integrar a nova entidade associativa. Na Teoria Geral do Estado, são conhecidas associações de Estados que nascem com o desaparecimento da estatalidade das entidades que passam a integrá-las: a criação de um Estado unitário, passando os anteriores Estados a meras regiões autónomas ou a regiões com um estatuto especial.

Numa solução menos intensa, importa mencionar as situações em que, com a criação da nova realidade associativa, as anteriores estruturas estaduais se mantêm, só que amplamente desvitalizadas dos respetivos poderes, sobretudo dos poderes de intensidade soberana:

- a criação de um Estado Federal, passando os atuais Estados soberanos a Estados sem soberania internacional, e apenas com soberania interna; ou, numa outra solução, apenas com alguns específicos poderes de atuação internacional, nalgumas matérias e para alguns efeitos;
- a criação de uma União Real, passando os atuais Estados a Estados sem soberania internacional, com a possibilidade de haver órgãos ao mesmo tempo da União Real e de algum dos Estados que passaram a ser seus membros.

Outro conjunto de possibilidades que também deve estar fora destas cogitações é concernente às modalidades de aproximação entre Estados que não assumam uma posição paritária, na medida em que através delas um dos Estados envolvidos se deva colocar numa posição de subordinação ou de inferioridade em relação a outro Estado. A história das relações políticas entre Estados, em esquemas devidamente observados no plano da Teoria do Direito Internacional, regista casos em que isso pode ocorrer:

- Estado protegido em relação ao Estado protetor;
- Estado vassalo em relação ao Estado suserano;
- Estado exíguo em relação ao Estado vizinho.

Excluídas as várias hipóteses antes referidas, vejamos agora quais as soluções que, diferentemente, se afiguram à primeira vista como viáveis, dentro dos pressupostos e limites acima traçados.

6. 1.ª opção: uma organização internacional bilateral

A primeira opção que se coloca na concretização da hipótese de uma maior aproximação entre Portugal e Cabo Verde, tal como ela foi formulada nos mencionados pressupostos, repousa na criação de uma organização internacional bilateral, que possa unir os dois Estados.

A sua criação, de acordo com tal natureza, acontece a partir de um tratado internacional, que passa a ser o respetivo texto institutivo, no qual se esclarecerá a respetiva organização e funcionamento, organização internacional que não terá um substrato territorial.

A estruturação dessa organização necessariamente incluirá dois tipos de órgãos, que entre si darão conta da atividade que se pretende levar a cabo no seu seio:

(i) um conselho executivo;
(ii) uma assembleia de representantes.

Aspeto que necessariamente será levado em conta é ainda o do âmbito das atribuições que se pretenda reconhecer a essa organização, havendo evidentemente diversas opções fundamentais a fazer, de estas possíveis:

– cooperação política;
– cooperação militar;
– cooperação económica;
– cooperação social, cultural e científica.

7. 2.ª opção: uma confederação

Outra solução a considerar assenta na possibilidade de a vinculação a concretizar entre o Estado Português e o Estado de Cabo Verde consistir na formação de uma confederação, entidade nova e ditada de personalidade jurídica internacional.

A sua criação é formalmente determinada através da celebração de um tratado internacional – o *pactum confoederationis* – e que disciplina as atribuições dessa nova entidade, bem como os órgãos que a compõem e o modo como se relaciona com os Estados que a integram.

A diferença que se deve frisar com a organização internacional é relativa à circunstância de, no caso da confederação, haver a perda, por parte dos Estados membros, da parcela da soberania internacional correspondente aos domínios que sejam transferidos para a estrutura confederativa, ainda que se possam conceber esquemas de uma limitação muito ténue nessas parcelas de soberania.

8. 3.ª opção: uma associação atípica

As opções descritas acerca da possibilidade de associação entre Estados soberanos não esgotam a realidade, potencial ou atual, das combinações possíveis da respetiva ligação duradoura e institucionalizada.

A História das Relações Internacionais, bem como a Teoria Geral do Estado, têm permitido deparar com outras possibilidades de união entre Estados que vão para além das duas hipóteses mais praticadas de organização internacional e de confederação, sendo de referir, por exemplo, a Commonwealth of Independent States (britânica), a ex-Comunidade Francesa e a Comunidade de Estados Independentes (ex-soviéticos).

A criação de uma associação deste terceiro tipo entre Portugal e Cabo Verde, ainda que juridicamente formalizada em órgãos, assentaria mais numa vinculação prática e fáctica do que propriamente numa dimensão jurídica que pudesse formalmente vincular os Estados.

Os aspetos atípicos que aqui poderíamos referir são alusivos à inserção de dois aspetos cruciais no plano em que hoje se colocam as relações internacionais, muito mais ligadas ao poder fáctico do que ao poder formal:

- a legitimidade civil e de grupos internos nalguns dos possíveis órgãos dessa nova entidade;
- a afirmação de atribuições culturais e linguísticas, lado a lado com as atribuições clássicas de natureza política, económica, etc.

9. Conclusão

Estas são as respostas que a Teoria do Direito Internacional e a Teoria do Direito Constitucional, com base num manancial grande de experiência, sobretudo dos séculos XIX e XX, permitiram forjar, sendo certo que a realidade da vida internacional vai muito para além disso.

Nunca é demais recordar o caso da União Europeia, que continua a suscitar as maiores dúvidas qualificativas – embora formalmente tudo se passando como se de uma organização internacional se tratasse, o que ainda corresponderá à essência dos poderes que essa instituição exerce.

Seja como for, não sendo este esforço de aproximação entre Portugal e Cabo Verde um esforço académico, mas mais político e cívico, cremos que tal tarefa, em si altamente meritória, deve ser tudo menos conceptual: começar por registar os pontos de aproximação e, depois de os mesmos serem definidos, construir a armadura conceptual e jurídica que permita acomodar os desejos práticos e vivenciais de aproximação entre os Estados.

Daí que nos pareça possível seguir o seguinte esquema intelectual na concretização desse objetivo, com base evidentemente nos pressupostos que ficaram definidos:

- saber em que domínios se pretende a aproximação, se apenas numa vertente política e internacional, ou se também numa vertente mais económica, social e cultural;
- indagar o tipo de legitimidade que deve estar presente, se só ao nível do Estado ou se também com a inclusão de grupos sociais, como sindicatos e associações patronais, e outras instâncias culturais;
- determinar a natureza do financiamento da instituição a criar, somente com recursos de nível estatal, ou também aberto à captação de outros recursos, privados internos ou de outras organizações internacionais.

A prévia definição destas opções, mais do que encalhar o raciocínio em esquemas já eventualmente experimentados e nalguns casos até fossilizados, não será só uma manifestação de criatividade como poderá facilitar a aproximação entre os dois Estados.

Lisboa, 3 de setembro de 2002.

O ATO POLÍTICO DE DEMISSÃO GOVERNAMENTAL À LUZ DA CONSTITUIÇÃO DA GUINÉ-BISSAU[1]

1. Ao abrigo do art. 15 do Regimento da Assembleia Nacional Popular da Guiné-Bissau, o PAIGC – Partido Africano da Independência da Guiné e Cabo Verde requereu ao Supremo Tribunal de Justiça a declaração da inconstitucionalidade do Decreto Presidencial n.º 55/2005, de 1 de novembro, com o fundamento de que o mesmo teria violado a Constituição da República da Guiné-Bissau (CRGB).

A argumentação dos impugnantes, tomando por referência o art. 98.º, n.º 1, al. g), da CRGB, assenta em dois pressupostos:

- por um lado, no pressuposto de que o conceito de "resultados eleitorais" deveria traduzir-se na proeminência, para a formação do Governo, por parte do partido político mais votado para as eleições à Assembleia Nacional Popular, o que deveria surgir no contexto da intervenção de uma formação política com estas características;
- por outro lado, no pressuposto de que o conceito de resultados eleitorais se deveria reflectir no direito à indicação do Primeiro-Ministro, para formar Governo, por parte do partido político mais votado na eleição para a Assembleia Nacional Popular.

---

[1] Parecer de Direito inédito.

Não cuidando dos aspetos processuais que esta ação de inconstitucionalidade suscita, serão estas breves linhas reservadas apenas à questão do enquadramento constitucional do conceito de "resultados eleitorais" como fator de condicionamento na formação de um novo Governo Constitucional.

2. A verdade, porém, é que a presente ação judicial enferma de uma errada conceção acerca do modo como a CRGB concebe a importância dos "resultados eleitorais" para a formação do Governo.

É que desde logo cumpre dizer que os "resultados eleitorais" têm de ser vistos numa perspetiva funcional, em razão da utilidade prática que deles se extrai: a formação de um novo Governo.

A alusão aos "resultados eleitorais" no texto constitucional guineense não significa, portanto, que a formação do Governo seja feita numa lógica de premiar quem tivesse ganho as eleições, nem se apresentando com uma qualquer lógica de condecoração.

Os "resultados eleitorais" têm sempre de ser vistos no sentido de os mesmos autorizarem a nomeação de um Governo por parte do Chefe de Estado, com uma escolha do Primeiro-Ministro, bem como dos Ministros e de outros membros do Governo que este entenda por bem propor, possibilitando a sua aprovação na apreciação do programa de Governo na Assembleia Nacional Popular e, de preferência, durante toda a legislatura, defendendo-se de qualquer moção de censura que seja apresentada.

3. Essa vem a ser uma das principais dimensões do sistema de governo tal como ele se encontra plasmado na CRGB, que se mostra ser semipresidencial, posicionando-se o Governo na dependência de duas relações de confiança:

- do Presidente da República;
- da Assembleia Nacional Popular.

É por isso que o Chefe de Estado, na formação do Governo, não é apenas uma "agente notarial", que deva limitar-se, automaticamente, a nomear um Governo na estrita lógica dos resultados eleitorais.

Uma vez que o sistema de governo é semipresidencial, com aquela consequência da responsabilidade política do Governo perante o Presidente da República, cabe ao Chefe de Estado um papel ativo de interpretação do melhor interesse nacional na nomeação de um novo Governo, ainda que balizado pelos "resultados das eleições legislativas".

4. A errónea perceção acerca da importância dos "resultados eleitorais", para além de se refletir numa imprópria desvalorização do papel do Chefe de Estado em regime semipresidencial, nem sequer corresponde à sua melhor interpretação constitucional.

É verdade que em cenário de uma maioria absoluta de um só partido político tudo se facilita na formação de um novo Governo, pois que nessa situação estão normalmente asseguradas condições de estabilidade política, no sentido de permitirem prever uma vida normal na governação do Estado.

Mas essa nem sempre é a situação existente, dado que pode não haver maioria absoluta de um só partido, hipótese em que tudo se complica e em que se amplifica o papel do Presidente da República, ganhando aqui todo o sentido o dever procedimental que sobre este órgão de soberania impende de ouvir os partidos políticos representados na Assembleia Nacional Popular, sendo de apresentar os seguintes cenários, em relação aos quais o Chefe de Estado cumpre o texto constitucional:

– a nomeação de um Governo com base no partido mais votado, mas em maioria relativa e não absoluta, desde que esteja assegurada a viabilização parlamentar do Governo, ao passar no exame da apreciação do programa de Governo e podendo razoavelmente prever-se que não soçobre rapidamente através da aprovação de uma moção de censura;
– a nomeação de um Governo com base em dois ou mais partidos políticos, neles se incluindo os votos da maioria absoluta dos Deputados, desde que a coligação apresentada se afigure sólida e dê garantias de estabilidade governativa;
– a nomeação de um Governo com base em partidos políticos e deputados individualmente considerados, em caso de rutura político-partidária, desde que a coligação tenha apoio na maioria absoluta dos Deputados, tanto integrados em partidos como considerados fora dos partidos, uma vez que as eleições legislativas se expressam na escolha de Deputados, ainda que enquadrados – mas não absorvidos – pelos partidos políticos.

Da legitimidade de uma escolha presidencial parece que se deve afastar a formação de um Governo com base num apoio parlamentar minoritário, dentro ou fora dos partidos políticos, que não permita a aprovação do programa de Governo ou, permitindo, não assegure as normais condições de estabilidade governativa.

5. Por aqui também se percebe que o conceito constitucional de "resultados eleitorais" não tem de estar associado a qualquer direito de indicação do candidato a Primeiro-Ministro por parte do partido político mais votado.

Basta pensar no facto de os resultados eleitorais poderem originar a composição de Governos em que não esteja presente o partido mais votado, no caso de apenas ter conseguido uma maioria relativa.

Noutra perspetiva, o que interessa, do ponto de vista constitucional, é a formação global do Governo, e não tanto o Primeiro-Ministro, que em todo o caso será o seu chefe: a formação do Governo é global e o texto constitucional guineense refere que os "resultados eleitorais" condicionam a formação do Governo, e não tanto do Primeiro-Ministro.

A não ser assim, poder-se-ia enfrentar uma situação de total bloqueio, sempre constitucionalmente inadmissível: a possibilidade da formação de um Governo com uma base parlamentar de maioria absoluta, mas que na prática não seria possível operacionalizar se o Primeiro-Ministro tivesse de ser indicado pelo partido político mais votado, mas que se situaria fora dessa formação governamental.

6. Olhando para a atual composição da Assembleia Nacional Popular, sendo verdade que há uma maioria parlamentar de um partido político, não é menos certo que essa formação partidária não tem a maioria absoluta, tendo entretanto sido feita uma coligação de todos os outros partidos, que por junto tem maioria absoluta.

Por isso mesmo, parece que a formação de um novo Governo, com esse apoio, garantindo-se uma base parlamentar maioritária absoluta, ainda que exterior ao partido político mais votado, mas em maioria relativa, cumpriu o sentido constitucional da CRGB.

Tal é, salvo melhor opinião, o parecer de

JORGE BACELAR GOUVEIA
Professor da Faculdade de Direito
da Universidade Nova de Lisboa

Lisboa, 20 de dezembro de 2005.

A MARCAÇÃO DAS ELEIÇÕES LEGISLATIVAS NO DIREITO CONSTITUCIONAL DA GUINÉ-BISSAU[1]

1. Introdução

Em 3 de dezembro de 2007, o Diretor do Gabinete do Presidente da República da Guiné-Bissau, o Eng. João Gomes Cardoso, solicitou-nos a elaboração de urgente parecer jurídico a respeito da marcação das próximas eleições legislativas.

A dúvida jurídica relacionava-se com o facto de haver uma discrepância entre o preceituado no texto constitucional – falando apenas num mandato de quatro anos da Assembleia Nacional Popular, sem precisar meses do calendário para a marcação de eleições – e o texto da lei eleitoral para o Presidente da República e para a Assembleia Nacional Popular – este diploma indicando como único tempo possível para a realização das eleições para este órgão, sem ser na sequência de dissolução, os meses de outubro e de novembro.

É esse parecer solicitado que vamos elaborar.

---

[1] Parecer de Direito inédito.

2. O estatuto eletivo da Assembleia Nacional Popular

A Assembleia Nacional Popular tem um lugar singular no sistema jurídico-político da Guiné-Bissau e a respetiva legitimidade é diretamente democrática, uma vez que os seus membros – os Deputados – são escolhidos com base no sufrágio direto, secreto e periódico.

Uma das necessárias dimensões do princípio democrático que se mostra aplicável diz respeito ao facto de a atividade da Assembleia Nacional Popular não ser vitalícia, mas antes repousar na ideia da renovação dos respetivos titulares, Deputados que são assim escolhidos periodicamente e que, por isso mesmo, desenvolvem tais cargos por um certo período de tempo, que é o período da legislatura.

Assim se assegura o princípio democrático, dado que a legitimidade democrática não se pode resumir a apenas uma escolha inicial e, pelo contrário, deve certificar-se por escolhas sucessivas, não prolongando muito no tempo cada designação, cuja duração é sempre limitada.

3. A marcação de eleições legislativas em geral

Sendo o princípio eletivo aplicável na designação dos titulares da Assembleia Nacional Popular, coloca-se a questão de saber em que condições se deve realizar a marcação de cada ato eleitoral, tal ato pressupondo o termo da legislatura anterior.

Em termos gerais, a legislatura pode terminar por dois motivos:

- ou por caducidade, quando o período de designação dos Deputados chega ao fim, que é de quatro anos no caso da Assembleia Nacional Popular da Guiné--Bissau, nos termos do art. 79.º da Constituição da Guiné-Bissau;
- ou por dissolução, quando a legislatura termina antecipadamente por aquele ato.

4. A marcação das eleições legislativas de 2008

A marcação das eleições legislativas de 2008, na Guiné--Bissau, deve ter lugar porque este é o ano em que se completam 4 anos da legislatura, a qual se iniciou em abril de 2004, com o sufrágio popular que escolheu os atuais Deputados da Assembleia Nacional Popular.

Nos termos constitucionais, no caso de caducidade dos mandatos parlamentares por decurso do tempo, as novas eleições devem ser realizadas imediatamente, a fim de não permitir introduzir hiatos de legitimidade na atividade dos titulares daquele órgão parlamentar.

Quer isto dizer que a marcação de eleições deve ser feita no sentido de elas acontecerem ainda antes do termo da legislatura, com tal precaução se possibilitando que os novos Deputados iniciem funções por altura em que chega ao fim a legislatura anterior.

5. A inconstitucionalidade do art. 3.º, n.º 2, da Lei n.º 3/98, de 23 de abril

Tudo estaria bem se não existisse o art. 3.º, n.º 2, da Lei n.º 3/98, de 23 de abril, preceito que estabelece o seguinte: "No caso de eleições legislativas e presidenciais que não decorrem da dissolução da ANP e da vacatura do cargo do Presidente da República, as eleições realizam-se entre os dias 23 de outubro e 25 de novembro do ano correspondente ao termo da legislatura e do mandato presidencial".

É que este preceito legal vem limitar o tempo de marcação das eleições legislativas, quando não motivadas por dissolução presidencial, àquele período, à semelhança do que faz a lei eleitoral portuguesa, com o propósito de evitar a sucessiva mudança dos períodos eleitorais ou que estes coincidam com momentos menos adequados, como seria o caso dos momentos de férias.

Acontece, porém, que esse preceito só poderia fazer sentido, tal como está redigido, na situação de a Constituição da Guiné-Bissau permitir acrescentar ao tempo da legislatura que termina por caducidade os meses necessários para que o ato eleitoral seguinte pudesse encaixar-se nesse período de tempo.

Não é isso o que se passa porque o texto constitucional guineense, ao contrário do que sucede no texto da Constituição Portuguesa, através do seu art. 171.º, n.º 2, não contempla qualquer norma que permita alongar o período da legislatura para além dos 4 anos.

Assim sendo, esta limitação na marcação das eleições legislativas afigura-se inconstitucional porque violadora do tempo máximo do mandato parlamentar, que é 4 anos e só 4 anos. Não pode a lei ordinária alterar o que se encontra definido pela Constituição!

Jamais seria concebível que por um atraso na marcação de eleições – a não ser por uma qualquer situação de necessidade – se acrescentasse tempo de mandato parlamentar a um mandato que já tivesse sido esgotado, ainda que os Deputados possam e devam continuar em funções até à posse dos novos Deputados eleitos, mas apenas num contexto de prolongamento de funções.

Este é, salvo melhor, o parecer de

> JORGE BACELAR GOUVEIA
> *Professor da Faculdade de Direito*
> *da Universidade Nova de Lisboa*
> *Agregado e Doutor em Direito*
> *Jurisconsulto*

Lisboa, 19 de fevereiro de 2008.

A CONSTITUCIONALIDADE DA LEI CONSTITUCIONAL N.º 1/2008 DA GUINÉ-BISSAU[1]

1. A Assembleia Nacional Popular da Guiné-Bissau aprovou a Lei Constitucional n.º 1/2008, de 18 de abril, em cujo art. 1.º definiu que a "A legislatura de 2004/2008 terminará aquando da proclamação dos resultados eleitorais das próximas eleições legislativas".

É-me pedida uma opinião jurídica, com caráter de urgência, sobre a constitucionalidade deste diploma legislativo, o qual foi submetido a fiscalização da constitucionalidade pelo Supremo Tribunal de Justiça.

2. Nos termos do art. 79.º da Constituição da Guiné-Bissau, a legislatura (o mandato coletivo dos Deputados) da Assembleia Nacional Popular, de quatro anos, inicia-se com a proclamação dos resultados eleitorais e termina com a proclamação dos resultados eleitorais da eleição seguinte.

Esta Lei Constitucional n.º 1/2008 foi elaborada num contexto particular, precisamente o de ter havido dias antes a dissolução da Assembleia Nacional Popular, com aquele diploma se visando evitar a interrupção do funcionamento deste órgão de soberania.

---

[1] Parecer de Direito inédito.

3. Em rigor, esse foi um esforço inglório porque a dissolução presidencial da Assembleia Nacional Popular não faz cessar abruptamente a legislatura, apenas a antecipando em relação ao período normal de 4 anos de caducidade da legislatura por esgotamento do tempo por que foi eleita.

Ora, é exatamente isso o que já se dispõe no art. 94.º, n.º 2, da Constituição da Guiné-Bissau: "A dissolução da Assembleia Nacional Popular não impede a subsistência do mandato dos deputados até abertura da legislatura subsequente às novas eleições".

Quer isto dizer que o funcionamento do órgão se mantém até que da dissolução resulte uma nova recomposição parlamentar através das eleições legislativas entretanto marcadas e ocorridas.

4. A inutilidade desta Lei Constitucional n.º 1/2008 afere-se pelo facto de a dissolução parlamentar não fazer extinguir imediatamente a legislatura, mas apenas ter o efeito de antecipar o seu termo em relação ao calendário normal.

Simplesmente, nem mesmo a dissolução da Assembleia Nacional Popular veio perturbar tal normal calendário porque aquele ato presidencial foi decretado já na reta final da legislatura, fazendo com que as eleições legislativas ocorressem *grosso modo* em época sensivelmente coincidente com a da realização de eleições legislativas derivadas da caducidade da legislatura por termo do período de quatros anos.

5. Num aspeto, porém, a Lei Constitucional n.° 1/
/2008 poderia ter sido útil, mas não foi esse o conteúdo
que incorporaria: o de garantir mais elevados padrões de
funcionamento e de organização da Assembleia Nacional
Popular perante um ato presidencial de dissolução, o qual
genericamente determina a antecipação do termo da legislatura parlamentar, mas também determina, no período
intermédio, a redução ao mínimo da estrutura e da atividade parlamentares[2].

Só que a leitura da Lei Constitucional n.° 1/2008 não
permite vislumbrar um qualquer cuidado em manter funcionais estruturas mínimas e específicas da Assembleia
Nacional Parlamentar, desse modo revigorando o princípio
parlamentar no sistema político-constitucional guineense
nessa situação de crise político-institucional.

6. Bem pelo contrário: a preocupação da Lei Constitucional n.° 1/2008 com a manutenção da legislatura nada
diz em relação à qualidade da legislatura que se exerce até
à proclamação dos novos resultados eleitorais, ou sequer
se ocupa das estruturas e das competências parlamentares
mínimas que a Assembleia Nacional Popular deve ter o
direito de assegurar durante a situação de dissolução parlamentar.

Teria sido útil, sim, como um importante contributo
para o fortalecimento da dimensão parlamentar do sistema

---

[2] Cfr. JORGE BACELAR GOUVEIA, *A dissolução da Assembleia da República
– uma nova perspetiva da Dogmática do Direito Constitucional*, Almedina, Coimbra, 2007 pp. 41 e ss.

de governo guineense, que a Lei Constitucional n.º 1/2008 tivesse aproveitado a oportunidade para referir quais as estruturas parlamentares e quais as competências parlamentares que se manteriam eficazes na pendência de uma situação de dissolução parlamentar, mas não o fez.

Lisboa, 25 de julho de 2008.

O REFERENDO SOBRE OS PODERES PRESIDENCIAIS E A CONSTITUIÇÃO DE SÃO TOMÉ E PRÍNCIPE DE 1990[1]

1. Introdução

Foi-nos colocada a questão de saber se é possível, à face do atual ordenamento jurídico-constitucional de São Tomé e Príncipe, a realização de um referendo político sobre os poderes presidenciais, com o objetivo de se perguntar aos são-tomenses se concordam ou não com o aumento dos poderes do Presidente da República.

Este tem sido um problema recorrente desde que, por altura da aprovação e da promulgação da Lei n.º 1/2003, de 29 de janeiro (que adotou a primeira revisão à Constituição são-tomense de 1990), se acordou num Memorando de Entendimento, assinado em 24 de janeiro de 2003, em cujo texto a Assembleia Nacional assentiu na proposta da convocação de um referendo, para fevereiro/março de 2006, sobre o sistema de governo[2].

Eis uma resposta que importa dar através da análise do Direito Constitucional vigente em São Tomé e Príncipe e sem cuidar – porque metodologicamente inadequada – de qualquer envolvente política que essa mesma questão possa eventualmente conter.

---

[1] Parecer de Direito, publicado na revista *Direito e Cidadania*, ano VII, n.º 23, Praia, 2005, pp. 95 e ss.

[2] Cfr. o art. 2.º do Memorando de Entendimento de 24 de janeiro de 2003.

2. O regime do referendo na Constituição de São Tomé e Príncipe

I. Tal como sucede com muitos dos textos congéneres do espaço de língua portuguesa, também a Constituição de São Tomé e Príncipe (CSTP) consagra[3] um regime de referendo político-legislativo nacional, assim se permitindo consultar o povo são-tomense a respeito das questões mais relevantes para os seus destinos coletivos[4].

Os traços fundamentais de regime constitucionalmente desenhado de referendo podem ser melhor compreendidos pela indicação dos seguintes tópicos de análise:

- as matérias abrangidas;
- o momento e a facultatividade da convocação;
- a força jurídica da resposta.

II. No tocante às matérias abrangidas, o texto constitucional parte de uma delimitação positiva bastante abrangente, dizendo que o "...referendo só pode ter por objeto questões de relevante interesse nacional que devam ser decididas pela Assembleia Nacional ou pelo Governo através da aprovação de convenção internacional ou de ato legislativo"[5].

---

[3] Cfr. o art. 71.º da CSTP.

[4] Sobre o referendo em geral, v. JORGE MIRANDA, *Referendo*, in *Polis*, V, Lisboa, 1987, pp. 99, e *Ciência Política – formas de governo*, Lisboa, 1992, pp. 235 e ss.; JORGE BACELAR GOUVEIA, *Manual de Direito Constitucional*, II, Coimbra, 2005, pp. 886 e ss.

[5] Art. 71.º, n.º 2, da CSTP.

Mas logo de seguida há a preocupação de excluir deste demasiado amplo leque de matérias referendárias aquelas que, pelo seu melindre político ou financeiro, se entendeu por bem não sujeitar à possibilidade do referendo, como as questões constitucionais, orçamentais, financeiras e tributárias[6].

III. Do ponto de vista do momento da realização do referendo, a CSTP adota um esquema de referendo prévio, o qual vai ter lugar antes da decisão final que deve ser tomada pelos órgãos político-legislativos.

Quer isso dizer que se rejeita a ideia de um referendo abrogativo, que pudesse ter a virtualidade de ser, por si só, uma fonte de Direito.

Por outro lado, igualmente se enveredou pelo caminho da facultatividade do referendo, não sendo o mesmo de convocação obrigatória, antes sendo convocado sob a iniciativa da Assembleia Nacional ou do Governo, com a decisão final do Presidente da República.

IV. Relativamente à força jurídica da resposta dada no referendo, cumpre dizer que a CSTP escolheu o perfil de um referendo vinculativo, pelo que os órgãos competentes, uma vez produzida a vontade referendária, têm de dar seguimento ao sentido obtido, conformando-se com o resultado da vontade expressa em referendo.

Ainda que o resultado do referendo não seja, por si, uma fonte do Direito, há uma obrigatoriedade de respeitar

---

[6] Cfr. o art. 71.º, n.º 3, da CSTP.

a vontade do referendo, que vigora, assim, a "…título vinculativo"[7].

3. A exclusão das alterações à Constituição do âmbito do referendo

I. Nos termos em que o problema da convocação do referendo sobre o sistema de governo é colocado, percebe-se que se trataria da realização futura de um referendo constitucional.

Essa seria a conclusão certeira porque uma das respostas – pensando, por exemplo, na hipótese da resposta do "sim" – inexoravelmente implicaria, para ser cumprida, a alteração posterior da CSTP na parte respetiva, com a finalidade de se afeiçoar o articulado constitucional àquela orientação popular expressa na votação do referendo, uma vez que seria necessário agir dessa forma, sob pena de se desrespeitar o sentido do referendo, que tem uma natureza vinculativa.

Contudo, como tivemos ocasião de explicitar, as alterações à Constituição estão afastadas do objeto possível da consulta referendária, pelo que a feitura de um referendo, nesses termos, só se pode considerar inconstitucional.

II. Alguns poderão admirar-se de ter sido introduzida uma solução tão frontalmente contrária ao regime que vigorava na versão inicial da CSTP, aprovada em 1990 e assim inaugurando a II República Democrática.

---

[7] Cfr. o art. 71.º, n.º 1, da CSTP.

Como se dizia nessa primeira versão do texto constitucional, o referendo era concebido como instrumento eventual de revisão constitucional[8]: "A Assembleia Nacional pode propor ao Presidente da República a sujeição de qualquer modificação a referendo popular".

Mais: o próprio referendo foi utilizado para popularmente legitimar o novo texto constitucional de 1990, sendo nas Constituições da II República dos Estados Africanos de Língua Portuguesa que apareceriam depois de 1990 a única alcançar tão forte apoio através de voto popular[9].

Com esse propósito, foi ainda elaborada a Lei n.º 3/90, de 1 de junho, em cujo preceito inicial se estabelecia que "A presente lei rege os casos e os termos da realização do referendo popular previsto na Constituição"[10], logo na disposição seguinte se dizendo também que "O referendo tem por objeto ratificar a revisão da Constituição"[11].

III. Só que este panorama – o da possibilidade de se fazer, a pedido da Assembleia Nacional, um referendo constitucional para aprovar alterações à Constituição – mudou totalmente com a aprovação da revisão constitucional de 2003.

O novo regime de revisão constitucional então instituído – para além da operacionalização da aprovação parlamentar da lei de revisão constitucional, que assentava na con-

---

[8] Cfr. o art. 123.º, n.º 2, da CSTP, na redação primitiva de 1990.
[9] Cfr. JORGE BACELAR GOUVEIA, *Manual de Direito Constitucional*, I, Coimbra, 2005, pp. 356 e ss.
[10] Art. 1.º da Lei n.º 3/90, de 1 de junho.
[11] Art. 2.º da Lei n.º 3/90.

tradição evidente de ser mais difícil começar (por maioria de 3/4) do que aprovar (por maioria de 2/3) as modificações constitucionais – trouxe também como novidade a simplificação das respetivas regras, desta feita por se ter abandonado a faculdade da convocação de um referendo para a aprovação de alterações constitucionais.

É a essa conclusão que se chega ao não se encontrar estabelecida, nos preceitos que especificamente fixam neste momento o regime da revisão constitucional, a possibilidade de se lançar mão do referendo popular.

IV. No entanto, o legislador da revisão constitucional de 2003, não desaproveitando a experiência passada do referendo, entendeu por bem conservá-lo, mas degradando-o a um mero referendo político-legislativo, retirando-lhe qualquer função de aprovação da revisão constitucional e, por maioria de razão, muito menos de aprovação de um novo texto constitucional.

Ora, foi exatamente isso o que ficou em novo preceito da CSTP[12], em que se fixou um diferente equilíbrio, que pareceu mais sensato ao legislador da revisão constitucional de 2003: não permitir mais o recurso ao referendo constitucional para aprovar alterações ao texto constitucional, mas em contrapartida estabelecer a possibilidade de se convocar um referendo político-legislativo, sobre questões a ser resolvidas por ato legislativo ordinário ou por convenção internacional – não já por lei de revisão constitucional.

---

[12] Cfr. o art. 71.º da CSTP.

V. Cumpre ainda dizer que o referendo constitucional, para além de tudo o mais, vem a ser claramente rejeitado pelo texto da CSTP, pois que um dos seus incisos prescreve que "São excluídas do âmbito do referendo, designadamente, as alterações à Constituição, as matérias previstas no artigo 86.° da Constituição e as questões e os atos de conteúdo orçamental, tributário ou financeiro"[13].

De entre as várias matérias que não podem ser objeto de referendo, encontra-se exatamente a matéria das "alterações à Constituição", não se podendo, por isso, fazer qualquer pergunta referendária sobre assunto que tenha o resultado prático, em todas, em parte ou em alguma das respostas, a necessidade de uma alteração da Constituição.

VI. Pode porventura contrariar-se este entendimento através da ideia de que, em rigor, não vai ser a resposta dada no referendo o fator determinante da alteração da Constituição, porquanto, no atual sistema de revisão constitucional, tal alteração só acontece por intermédio da intervenção da Assembleia Nacional, e não automaticamente com a emissão de uma determinada resposta referendária.

É verdade que o referendo previsto na CSTP não tem a virtualidade de ser um referendo diretamente normativo: a resposta dada não tem a aptidão de se impor, por si só, como ato normativo, que assim pudesse radicar-se na Ordem Jurídica e aí plenamente produzisse efeitos como se de uma qualquer fonte de Direito se tratasse.

---

[13] Art. 71.°, n.° 2, da CSTP.

Mas também não é menos verdade que, em vista da característica da vinculatividade do referendo quanto aos seus efeitos, sempre a Assembleia Nacional, no caso de o aludido referendo ser convocado, se colocaria na posição de ser forçada a alterar o texto constitucional no caso de uma das possíveis respostas, o que indiretamente configuraria do mesmo modo um referendo constitucional.

Daí que, neste caso, se violaria o limite material, que a própria CSTP estabelece, de os referendos não poderem respeitar às matérias constitucionais ou, para usar a letra do texto constitucional, consentir-se-ia num referendo que traria como forçada consequência as "…alterações à Constituição".

4. O valor meramente político do Memorando de Entendimento de janeiro de 2003

I. A assinatura, em 24 de janeiro de 2003, de um Memorando de Entendimento, que permitiu pôr fim a uma crise política, deve também ser equacionado na resposta jurídico-constitucional a dar ao problema colocado na introdução deste parecer.

Um dos pontos determinantes no texto desse Memorando de Entendimento era o seguinte[14]: "A Assembleia Nacional adota uma Resolução propondo a convocação em fevereiro/março de 2006 do referendo sobre o sistema de governo antes do término do mandato do Presidente

---

[14] Art. 2.º do Memorando de Entendimento de 24 de janeiro de 2003.

da República a ser realizado em simultâneo com as eleições legislativas".

Com base nesta disposição, poder-se-ia invocar a possibilidade constitucional de um referendo constitucional, tendo inclusivamente chegado a ser elaborada e aprovada uma resolução parlamentar pedindo a sua convocação[15].

II. O obstáculo intransponível reside na improdutividade jurídica daquele Memorando de Entendimento, se bem que útil na superação da crise política gerada.

Simplesmente, o seu efeito esgotou-se nele próprio e nunca podia ter a pretensão de alterar o texto constitucional, que precisamente naquele momento estava para ser promulgado.

Do ponto de vista da legitimidade político-constitucional, a CSTP jamais aceitaria ser revista por procedimentos que não fossem aqueles que nela tivessem sido estabelecidos – e recorde-se que o memorando de entendimento, assinado como foi por muitas forças políticas e institucionais, se fosse aceite como texto de valor constitucional, desmantelaria as regras procedimentais, previstas na CSTP, para se fazer a respetiva revisão, com perda da segurança e da certeza jurídica que às mesmas inerem.

Acresce ainda que logo se descobriria uma direta incompatibilidade entre o Memorando de Entendimento

---

[15] Que foi a Resolução n.º 5/VII/03, em cujo artigo único se dispunha o seguinte: "A Assembleia Nacional, no âmbito dos compromissos assumidos no quadro do Memorando de Entendimento estabelecido com o Presidente da República em 24 de janeiro de 2003, adota a presente Resolução, propondo a convocação em fevereiro/março de 2006 de um referendo sobre o sistema de governo."

e a CSTP acabada de aprovar e promulgar na sua primeira revisão, inviabilizando a convocação do referendo constitucional nos termos pretendidos[16]: é que a simultaneidade do referendo pretendido com as eleições legislativas é expressamente proibida pelo novo texto da CSTP, na nova formulação, ao estipular que "São excluídas a convocação e a efetivação de referendos entre a data da convocação e a da realização de eleições gerais para os órgãos de soberania, de membros da Assembleia Regional do Príncipe e dos órgãos do poder local"[17].

III. Mesmo assim, seria teoricamente concebível que, após o Memorando de Entendimento, se tivesse gerado um consenso político-constitucional alargado sobre a bondade e a efetividade jurídica das respetivas soluções, desse modo se admitindo um costume *contralegem*, revogando a norma da CSTP que impedia a realização de um referendo sobre matérias constitucionais[18].

Contudo, não foi isso o que sucedeu. Resolvida a crise política, a normalidade institucional foi retomada apenas considerando a Ordem Constitucional estabelecida na CSTP e não se atribuindo qualquer valor normativo àquele documento.

---

[16] Incompatibilidade entre o art. 2.º do Memorando de Entendimento e o art. 71.º da CSTP.

[17] Art. 71.º, n.º 5, da CSTP.

[18] Quanto à possibilidade do costume constitucional, mesmo neste caso de costume contrário a norma constitucional legal, v. JORGE BACELAR GOUVEIA, *Manual...*, I, pp. 611 e ss.

5. A eficácia diferida do poder presidencial de convocação do referendo

I. Mesmo não considerando a pertinência da razão de fundo que deixámos exposta, e que pertence à lógica geral da consagração constitucional, a partir de 2003, do instituto do referendo, agora político-legislativo, há ainda outra forte razão para considerar que tal mecanismo não pode ser posto em prática.

Já não se trata, neste momento, de especialmente considerar o problema mais restrito do referendo sobre os poderes presidenciais, mas de ver a matéria em termos amplos, independentemente de cada objeto que para o mesmo se venha a escolher.

Está agora em causa ver a efetividade do instituto do referendo político-legislativo, positivado no art. 71.º da CSTP, dentro do contexto geral de aprovação das alterações ao texto constitucional incluídas na Lei n.º 1/ /2003.

II. Devido ao melindre de certas opções de revisão constitucional, o respetivo legislador, avisadamente, entendeu adiar a vigência de algumas delas para um momento em que pudesse atingir o exercício dos cargos públicos em novo mandato.

Com esse adiamento dos efeitos, mantendo-se transitoriamente as competências anteriormente atribuídas pela versão inicial da CSTP, conservou-se a essência do equilíbrio de poderes entre os órgãos de soberania politicamente ativos, não se podendo dizer que certas alterações visassem, *ad hominem*, certo titular de cargo político.

Foi com essa preocupação que, nas disposições finais e transitórias do novo texto constitucional, se redigiu a seguinte norma[19]: "As disposições constantes dos artigos 80.º, 81.º e 82.º entrarão em vigor à data do início do próximo mandato do Presidente da República", depois o preceito seguinte reproduzindo o aludido artigo na redação primitiva da CSTP, portanto, antes da revisão então aprovada.

III. Qual é a relevância desta disposição transitória para o problema da convocação do referendo sobre os poderes presidenciais, ou para a convocação do referendo em geral?

É que a competência para convocar o referendo, pertencendo exclusivamente, no seu ato final, ao Presidente da República, está precisamente no leque das competências que, abrangidas por aqueles três artigos (é o art. 80.º, al. d), da CSTP), o atual Chefe de Estado não pode exercer, só estando habilitado a fazê-lo o Chefe de Estado que estiver em funções no decurso do próximo mandato presidencial.

Quer isto dizer que esta competência de convocação do referendo se encontra abrangida por aquela disposição transitória, pertencendo a um dos mencionados artigos 80.º, 81.º e 82.º, na nova versão da CSTP, os quais só entrarão em vigor depois da posse do novo Presidente da República.

---

[19] Art. 160.º, n.º 2, da CSTP.

IV. Um eventual contra-argumento a este fundamento invocado poderia ser retirado do facto de o referendo político-legislativo, tal como ele está gizado, ser um instituto que congraça uma nova correlação de forças entre os três principais órgãos intervenientes: o Presidente da República, a Assembleia Nacional e o Governo.

Por este argumento, chegar-se-ia à conclusão de que não seria apropriado impedir a efetivação de um referendo só porque um dos órgãos participantes – o Presidente da República – estaria impedido de agir por a norma que lhe atribui a competência não vigorar ainda.

Nesta hipótese, prevaleceria um juízo harmonizador, pelo qual se aceitaria, excecionalmente, a possibilidade da intervenção presidencial, não privando os outros órgãos de exercerem as suas competências e, sobretudo, não privando os cidadãos da faculdade de serem consultados no âmbito do referendo político-legislativo constitucionalmente consagrado.

V. Só que há um manifesto desnível entre a intervenção do Presidente da República – que convoca o referendo, decidindo-o portanto – e a intervenção da Assembleia Nacional e do Governo – que apenas o propõem.

Daí que não seja tão premente aquela interpretação harmonizadora, sendo certo que a competência presidencial foi diretamente atingida pela suspensão da sua eficácia até à eleição do próximo Presidente da República.

Noutra perspetiva, importa considerar que a atuação presidencial futura em matéria de referendo assumirá uma importância acrescida porque consistirá numa prática sem qualquer precedente, dado que só com esta revisão constitucional de 2003 o mesmo viria a ser consagrado neste figurino político-legislativo.

Assim sendo, o novo referendo acaba por ser um contrapeso à redução dos poderes presidenciais que outras alterações protagonizaram, não podendo ser desligado de um entendimento mais vasto, em que sempre importa considerar simultaneamente – e assim esperar pelo mandato do próximo Presidente da República para que se efetivem – todas essas novas competências, de acordo com o equilíbrio que em 2003 se consagrou no sistema de governo são-tomense.

6. A ausência de lei ordinária reguladora do referendo

I. Outra razão para impedir, do ponto de vista técnico-jurídico, a realização do referendo previsto na CSTP diz respeito ao facto de, neste momento, não existir qualquer lei reguladora da respetiva decretação.

De acordo com um dos preceitos reguladores da matéria do referendo, no texto constitucional, expressamente se remete para a função reguladora da lei ordinária: "...nos casos e nos termos previstos na Constituição e na lei"[20].

II. Poderia pensar-se na sua dispensabilidade, até porque todo o art. 71.º da CSTP se assume como bastante denso no plano normativo, dando múltiplas indicações quanto às opções de regime que foram feitas.

---

[20] Art. 71.º, n.º 1, *in fine*, da CSTP.

O certo, porém, é que ainda assim ficam a faltar algumas definições que, não sendo feitas por lei ordinária, não permitem a respetiva operacionalização.

Estão nessas condições os seguintes casos:

i) o número de perguntas a fixar por lei[21];
ii) as condições em que o Tribunal Constitucional fiscaliza preventivamente a constitucionalidade e a legalidade dos referendos[22];
iii) a necessidade geral de regular o procedimento de votação a partir das regras do Direito Eleitoral[23].

É de admitir que a falta dessa lei, nalguns aspetos, possa ser suprida pela simples interpretação ou pela aplicação analógica de outras disposições.

Mas resta sempre um conjunto relevante de questões que, não sendo versadas no plano da legislação ordinária, inviabilizam a convocação e a realização do referendo.

III. Num outro plano, se atentarmos ao Direito Legal que ao longo dos tempos foi sendo construído para executar a Ordem Constitucional, chegamos à conclusão de que há uma lei reguladora do referendo constitucional – a referida Lei n.º 3/90, de 1 de junho.

Não sendo um diploma sobre um referendo de alteração à Constituição, e muito menos de matérias político-legislativas, haveria a tentação de dele fazer uma aplicação

---

[21] Cfr. o art. 71.º, n.º 4, da CSTP.
[22] Cfr. o art. 71.º, n.º 6, da CSTP.
[23] Cfr. o art. 71.º, n.º 7, da CSTP.

analógica, na convicção de que muitas questões poderiam ser tratadas do mesmo modo, bastando remeter para as respetivas disposições, assim se suprindo esta situação de omissão legislativa que impede a aplicação daquele mecanismo constitucional de referendo.

E assim se superaria um dos maiores óbices que se têm colocado à efetividade das Constituições em Estado de Direito: o da sua crónica dependência de legislação ordinária complementar para que consigam obter a desejável exequibilidade.

IV. O grande obstáculo que esta linha argumentativa enfrenta relaciona-se com a circunstância de a mencionada Lei n.º 3/90 não estar sequer, rigorosamente pensando, em vigor neste momento: tendo dado execução à antiga norma constitucional que fixava a aprovação referendária do texto constitucional, imediatamente ela caducou com a extinção desse procedimento de aprovação da Constituição[24].

E essa caducidade, por falta posterior de norma constitucional que a justificasse, nem sequer aconteceu com a mudança, em 2003, do regime de revisão constitucional, não mais se permitindo o referendo para a aprovação de alterações constitucionais, como se permitia até essa data.

Tamanha consequência de extinção da Lei n.º 3/90 ocorreria logo a seguir à aprovação da CSTP, em 22 de

---

[24] Sendo o fenómeno da caducidade legislativa aplicável, de entre outras possibilidades, sempre que a lei que visava executar uma norma constitucional deixa de ter sentido com a revogação da norma constitucional que executa.

agosto de 1990, uma vez que nesse mesmo articulado, então aprovado, deixou de fazer sentido aplicar um referendo de aprovação de um texto constitucional, apenas aparecendo como uma faculdade, limitada aos artigos que, no recente texto constitucional, podiam ser revistos, sem violação dos limites materiais de revisão constitucional.

7. Conclusão

Pelo exposto, conclui-se que:

a) A Constituição de São Tomé e Príncipe, depois da revisão constitucional de 2003, deixou de consagrar o referendo constitucional, para no seu lugar adotar o referendo político-legislativo, de âmbito nacional;

b) A intenção de realizar um referendo sobre a configuração dos poderes presidenciais, no sentido da sua manutenção ou da sua expansão, inevitavelmente que atinge matérias do domínio constitucional, pelo que o mesmo não é permitido porque não são admitidos pela CSTP, em geral, os referendos constitucionais;

c) Nem se argumente com o sentido normativo contido no art. 2.º do Memorando de Entendimento, o qual não tem valor jurídico − muito menos jurídico-constitucional − e apenas se situou no plano da concertação política, sem qualquer virtualidade de se projetar, modificando-a, a Ordem Constitucional;

d) Mesmo que assim não se entendesse, como até à entrada em funções do Presidente da República a ser eleito para novo mandato alguns dos poderes presidenciais constitucionalmente atribuídos estão suspensos, nessa lista estando o poder de convocação do referendo político-legislativo, não é juridicamente viável a convocação de tal referendo, como, de resto, de qualquer outro que não tivesse aqueles acrescidos óbices de respeitar a matéria excluída do âmbito do referendo, que é a matéria constitucional;

e) Sempre ainda se poderia aditar como motivo para a inviabilidade jurídica, constitucional e legal, do referendo o facto de não haver lei ordinária reguladora do procedimento referendário, não se julgando aplicável, mesmo analogicamente, a Lei n.º 3/90, de 1 de junho, por a mesma ter por pressuposto um referendo constitucional global de aprovação de uma nova Constituição, não um referendo de alteração pontual da Constituição.

Este é, salvo melhor, o parecer de

JORGE BACELAR GOUVEIA
Professor da Faculdade de Direito
da Universidade Nova de Lisboa
Doutor em Direito
Jurisconsulto

São Tomé, 4 de outubro de 2005.

A FISCALIZAÇÃO DA CONSTITUCIONALIDADE NO DIREITO CONSTITUCIONAL DE SÃO TOMÉ E PRÍNCIPE[1]

1. Introdução

I. Imediatamente antes de observarmos o regime atual em matéria de fiscalização da constitucionalidade, importa assinalar o percurso que se fez, desde que São Tomé e Príncipe alcançou a independência em 12 de julho de 1975.

Pelas suas características distintas, cumpre recortar três períodos, descontando o momento atual:

– *o período da I República, de inspiração soviética*: abrange o texto constitucional de 1975, marcado pelo modelo da fiscalização política, de teor parlamentar, *fiscalização política* porque os tribunais, integrados no poder judicial, eram exteriores à atividade de fiscalização da constitucionalidade, e *fiscalização parlamentar* porque a indagação a respeito da conformidade das leis para com a Constituição incumbia ao Parlamento, em diversos matizes;

– *o período da II República, na vigência da Constituição de 1990 até à revisão de 2003*: trouxe a inovação da *fiscalização*

---

[1] Trecho do artigo *A fiscalização da constitucionalidade na Constituição da República Democrática de São Tomé e Príncipe de 1990*, publicado na revista *Direito e Cidadania*, ano VIII, n.º 25/26, 2006/2007, pp. 101-160.

judicial difusa da constitucionalidade, sob a influência do modelo americano, mas essencialmente manteve o sistema de fiscalização política final a cargo da Assembleia Nacional, pelo que o sistema misto adotado, político e judicial, pendia decisivamente para o lado parlamentar, dado este órgão ter a última palavra;

— *o período da II República, na vigência da Constituição de 1990, depois da revisão de 2003*: é o sistema atual que mais se enquadra nas exigências do Estado de Direito, em que só existe uma fiscalização jurisdicional, mas com a participação combinada de diversas instâncias judiciais.

II. A *fiscalização da constitucionalidade que atualmente vigora no sistema constitucional são-tomense corresponde a um sistema misto*, nele se incorporando elementos oriundos dos principais modelos que tivemos ocasião de sumariamente descrever, não parecendo forte qualquer lastro no plano histórico--constitucional.

Em contrapartida, *importa desde já arredar do sistema vigente a presença de quaisquer elementos próprios da fiscalização política da constitucionalidade*, em qualquer das suas modalidades, porque as entidades que levam a cabo esse controlo são sempre pertença do poder jurisdicional.

III. O *sistema de fiscalização da constitucionalidade em São Tomé e Príncipe, de acordo com a CSTP, é um sistema jurisdicional, com intervenção de uma pluralidade instâncias judiciais, cobrindo grande parte dos atos jurídico-públicos*:

- *é um sistema jurisdicional*, e não político, porque esta tarefa está cometida a órgãos de soberania que se inserem nos tribunais;
- *é um sistema difuso e concentrado* porque a intervenção de fiscalização é atribuída tanto aos tribunais em geral como especificamente ao Tribunal Constitucional, ainda que este tendo a última palavra;
- *é um sistema preventivo e sucessivo* porque a fiscalização incide tanto no procedimento de elaboração de certos atos jurídico-públicos como fundamentalmente depois de os atos jurídico-públicos estarem concluídos;
- *é um sistema de fiscalização da inconstitucionalidade por ação e por omissão* porque fiscaliza a inconstitucionalidade que se traduz na violação da Constituição tanto por ação como por omissão.

Nesta sede geral e introdutória, é de sublinhar as linhas essenciais do regime de fiscalização da constitucionalidade que a CSTP consagrou.

IV. Do ponto de vista da proteção da Ordem Constitucional, ou também designado, na esteira da respetiva expressão francesa, por "bloco da constitucionalidade", *a fiscalização da constitucionalidade assume-se como total*, pois que tudo o que ali se integra – os princípios e as normas constitucionais – serve de parâmetro aferidor do respetivo juízo jurisdicional.

Que assim é, confirma-o a presença de vários preceitos constitucionais, que unanimemente apontam no sentido da coincidência do parâmetro da constitucionalidade com o bloco da constitucionalidade:

- a formulação do princípio da constitucionalidade: "São inconstitucionais as normas que infrinjam o disposto na Constituição ou os princípios nela consignados"[2];
- a faculdade atribuída aos tribunais em geral de poderem proceder à fiscalização da constitucionalidade: "Nos feitos submetidos a julgamento não podem os tribunais aplicar normas que infrinjam o disposto na Constituição ou os princípios nela consignados"[3];
- a faculdade atribuída ao Tribunal Constitucional de efetivar uma especial fiscalização da constitucionalidade: "Compete ao Tribunal Constitucional apreciar a inconstitucionalidade e a ilegalidade, nos termos dos artigos 144.° e seguintes"[4].

Não se julgue que esta seria uma solução óbvia porque nem sempre se realiza, como é desejável, a exata sobreposição do parâmetro de constitucionalidade com o bloco da constitucionalidade.

V. Na perspetiva dos atos jurídico-públicos que se submetem à fiscalização da constitucionalidade, *a opção da CSTP alinha-se com a preocupação de fazer exercer esse exame sobre as fontes normativas em geral*[5], o que se depreende não apenas

---

[2] Art. 144.°, n.° 1, da CSTP.
[3] Art. 129.°, n.° 1, da CSTP.
[4] Art. 133.°, n.° 1, da CSTP.
[5] Quanto ao recorte do objeto de fiscalização da constitucionalidade, a partir do conceito de norma, v. Guilherme da Fonseca e Inês Domingos, *Breviário de Direito Processual Constitucional*, 2.ª ed., Coimbra, 2002,

do enunciado do princípio da constitucionalidade[6] como essencialmente da definição de inconstitucionalidade, a qual se prende com o facto de haver "normas que infrinjam o disposto na Constituição..."[7], ideia repetida na identificação dos tipos de fiscalização sucessiva[8].

Esta delimitação do objeto geral de fiscalização da constitucionalidade, não pensando agora nas singularidades que alguns dos seus tipos suscitam, não é ainda suficientemente cristalina a respeito das diversas fontes jurídico-normativas, obviamente infraconstitucionais, que são suscetíveis de um exame de constitucionalidade, sendo de referir a necessidade de não ser possível apenas trabalhar com o simples conceito de norma em sentido clássico, ao significar um critério geral e abstrato de decisão.

A preocupação tem sido a de alargar a possibilidade da fiscalização da constitucionalidade, procurando, como diz o Tribunal Constitucional de Portugal, "...um conceito funcionalmente adequado ao sistema de fiscalização da constitucionalidade (...) e consonante com a sua justificação e sentido"[9].

Em termos práticos, esse alargamento conceptual permite acolher critérios de decisão que não configurem normas jurídicas: "...onde, porém, um ato de poder público for mais do que isso, e contiver uma regra de conduta para

---

pp. 25 e ss.; J.J. Gomes Canotilho, *Direito Constitucional e Teoria...*, pp. 932 e ss.; Jorge Miranda, *Manual...*, VI, pp. 154 e ss.

[6] Cfr. o art. 3.º, n.º 3, da CRP.
[7] Art. 144.º, n.º 1, da CRP.
[8] Cfr. os arts. 147.º e ss. da CSTP.
[9] Cfr. o Ac. n.º 26/85 do Tribunal Constitucional Português.

os particulares ou para a Administração ou um critério de decisão para esta última ou para o juiz, aí estaremos perante um ato "normativo", cujas injunções ficam sujeitas ao controlo de constitucionalidade"[10].

VI. A lista de atos e fontes que podem submeter-se ao juízo da constitucionalidade apresenta-se bastante lata, incluindo fontes intencionais e fontes espontâneas de Direito, inserindo atos de Direito Público e atos de Direito Privado, englobando atos classicamente normativos e atos individuais e concretos na sua expressão de poder público, *numa dupla perspetiva de serem atos normativos, ora em sentido material, ora em sentido funcional*, que assim se exemplificam[11]:

- *os atos jurídico-públicos normativos*, sem qualquer exclusão, tanto internos como internacionais, e nos internos tanto estaduais como regionais e locais, neles se incluindo os atos políticos normativos, como as resoluções parlamentares de não ratificação dos decretos-leis ou de aprovação do Regimento da Assembleia Nacional, assim como os atos jurisdicionais, como as decisões de tribunais arbitrais que aprovam o regulamento do respetivo tribunal;
- *os atos jurídico-públicos não normativos*, mas na condição de serem expressão legislativa do poder público, neles se incluindo as leis-medida e as leis individuais e concretas;

---

[10] Cfr. Guilherme da Fonseca e Inês Domingos, *Breviário...*, p. 26.
[11] Cfr. a listagem de J. J. Gomes Canotilho, *Direito Constitucional e Teoria...*, pp. 935 e ss.; Guilherme da Fonseca e Inês Domingos, *Breviário...*, pp. 30 e 31.

- *as fontes normativas espontâneas*, como os costumes em geral, internacionais e internos, e nestes os gerais, os regionais e os locais;
- *as fontes normativas privadas*, como as convenções coletivas de trabalho ou as normas internas de entidades privadas.

VII. Ainda assim, a delimitação do objeto da fiscalização da constitucionalidade que define o sistema são-tomense permite ver que nem todos os atos que possam ser inconstitucionais se submetem àquele exame, concluindo-se que este sistema não é globalmente protetor da efetividade da Constituição, algumas dessas omissões, em todo o caso, podendo ser minoradas por outras vias, sendo de referir estes casos em que não é possível aplicar um qualquer tipo de fiscalização da constitucionalidade[12], todos eles explicáveis por não serem atos jurídico-públicos normativos:

- *os atos políticos*, sem caráter normativo, ainda que todos eles devam obediência à CSTP, por força do princípio da constitucionalidade;

---

[12] Não obstante os sucessivos alargamentos que o conceito de norma no sistema de fiscalização da constitucionalidade tem beneficiado, dos quais dá conta Rui Medeiros (*A força expansiva do conceito de norma no sistema português de fiscalização concentrada da constitucionalidade*, in AAVV, *Estudos de Homenagem ao Prof. Doutor Armando M. Marques Guedes*, Lisboa, 2004, pp. 183 e ss.), tanto no plano das normas implícitas e virtuais como em sede de inconstitucionalidade por omissão, concluindo que "O alargamento do objeto do controlo da constitucionalidade constitui, por fim, um argumento adicional no sentido da ausência de justificação para a introdução, no sistema português de justiça constitucional, do instituto do recurso de amparo ou da queixa constitucional contra decisões jurisdicionais" (p. 202).

— *os atos administrativos*, sem caráter normativo, igualmente submetidos ao império da CSTP, sem possibilidade de serem sindicados;
— *os atos jurisdicionais*, sem caráter normativo, ainda sujeitos à efetividade da CSTP, que também subordina os tribunais na sua atividade conformadora.

Caso particularmente mais complexo é o da demarcação dos atos jurisdicionais que se submetem à fiscalização da constitucionalidade, até porque no seio da fiscalização concreta para a CSTP esse resultado é aparentemente contraditório, ao expressamente admitir-se que "Cabe recurso para o Tribunal Constitucional das decisões dos tribunais..."[13].

A exclusão das decisões dos tribunais significa sempre que a intervenção do sistema de fiscalização da constitucionalidade pretende surpreender o parâmetro normativo utilizado[14], e não o entendimento que certo juiz formulou acerca da sua conformidade com a CSTP, ainda que nalguns casos as decisões jurisdicionais possam ser em si mesmo sindicadas pelo sistema judicial na medida em que se apresentem como autónomos critérios materiais de decisão[15]:

---

[13] Art. 149.º, n.º 1, proémio, da CSTP.

[14] Como referem Guilherme da Fonseca e Inês Domingos (*Breviário...*, p. 29), "...o contencioso da constitucionalidade é sempre de normas em que se fundam as decisões recorridas e não um contencioso de decisões...".

[15] Do Tribunal Constitucional Português, cfr. os seguintes arestos: Ac. n.º 605/94, de 9 de junho, Ac. n.º 282/95, de 7 de junho, Ac. n.º 521/ /95, de 28 de setembro, Ac. n.º 585/95, de 7 de novembro, Ac. n.º 20/

- *no caso da interpretação que tenha sido dada pelos tribunais a respeito de disposições constitucionais, distorcendo o seu sentido constitucional*, como tantas vezes sucede na fiscalização concreta;
- *no caso do preenchimento de lacunas feito pelos tribunais, na verificação da ausência de uma norma aplicável e previamente elaborada*, caso em que a decisão jurisdicional é circunstancialmente normativa, sendo logo de seguida aplicativa dessa mesma decisão;
- *no caso em que os tribunais assumem poderes normativos que não têm, indo para além da mera interpretação das normas existentes*, num problema que pode ser de constitucionalidade orgânica e material da decisão.

VIII. O resultado nefasto da ausência, nestes casos, de um mecanismo de fiscalização da constitucionalidade, contrariando a ideia de que a CSTP pretende detetar todas as situações em que a sua violação ocorra, pode ser bastante suavizado porque se erguem mecanismos que, a seu modo, contribuem, ainda que indiretamente, para a defesa da Constituição:

- *no caso dos atos administrativos não normativos*, o parâmetro de constitucionalidade deve encontrar-se presente, como parcela do princípio global da juridicidade, que

---

/96, de 16 de janeiro, Ac. n.º 179/96, de 8 de fevereiro, Ac. n.º 338/98, de 12 de maio, Ac. n.º 397/98, de 2 de junho, Ac. n.º 507/99, de 21 de setembro, Ac. n.º 561/99, de 20 de Otuburo, Ac. n.º 562/99, de 20 de outubro, Ac. n.º 593/99, de 27 de outubro, Ac. n.º 604/99, de 9 de novembro, e Ac. n.º 167/2000, de 22 de março, todos do Tribunal Constitucional.

insufla todo o contencioso administrativo, a quem está deferida a atividade de verificação da legalidade, em sentido amplo, da atuação administrativa pública, incluindo a que se expressa nos atos administrativos;
- *no caso dos atos jurisdicionais não normativos*, o parâmetro da constitucionalidade não pode também ser arredado da fiscalização que os tribunais superiores podem realizar sobre os atos dos tribunais inferiores, uma vez que os tribunais, como qualquer órgão de soberania, estão sujeitos ao dever de respeito pela Constituição, apenas não havendo aqui a peculiaridade da fiscalização da constitucionalidade, mas ao mesmo resultado se chegando se nos lembrarmos de que o parâmetro dos recursos jurisdicionais em geral integra a necessidade de as decisões dos tribunais não poderem violar a lei, "lei" em sentido amplo e obviamente incluindo nessa aceção a própria CSTP.

Já o caso dos atos políticos não normativos se afigura mais complexo porque não existe, a seu respeito, nenhum outro mecanismo cumulativo de aferição da sua juridicidade, como o contencioso administrativo ou os recursos jurisdicionais.

Embora verberando a lamentável existência de zonas de insindicabilidade constitucional, violadoras da efetividade da CSTP, perante o facto de tais atos não poderem ser objeto de processos de fiscalização da constitucionalidade com vista à respetiva eliminação da Ordem Jurídica, é sempre possível chegar a esse mesmo resultado pela construção de desvalores jurídicos que, com o objetivo da respetiva decretação, não careçam de uma intervenção necessária por parte dos órgãos jurisdicionais, como pode suceder com a inexistência.

IX. Os órgãos que intervêm na fiscalização da constitucionalidade, dentro da sua inserção geral na judicatura, são de variada índole, em razão de outros tantos critérios de classificação.

Todos eles têm de comum o facto de integrarem os tribunais como órgãos de soberania, nas suas diversas ramificações, sendo independentes e imparciais, de acordo com o estatuto de inamovibilidade e de irresponsabilidade dos respetivos titulares, os magistrados judiciais.

Tem sido discutido até que ponto o sistema são-tomense de fiscalização da constitucionalidade é apenas protagonizado pelos tribunais ou se pode, além disso, ser desenvolvido por outras estruturas que, à luz da CSTP, se aproximam do universo da função jurisdicional: os tribunais arbitrais e os julgados de paz.

Na medida em que estas estruturas exercem uma competência jurisdicional delegada pela CSTP, implicitamente lhes é conferida a competência de fiscalização da constitucionalidade, havendo ainda um outro argumento funcional, que reside na circunstância de, a não ser assim, a fiscalização jamais poderia ser exercida porque aqueles tribunais produzem decisões insuscetíveis de recurso, dessa forma se impossibilitando que os tribunais formais, a intervir depois, pudessem alguma vez efetuar um exame de constitucionalidade.

Com uma importância mais teórica do que prática, está a discussão a respeito de saber se a fiscalização da constitucionalidade, além dos tribunais, pode ainda ser posta em prática por outros órgãos de soberania ou, em geral, pelos órgãos que exercem uma função política de controlo, parcela da função política.

A resposta reside não tanto na possibilidade de a atuação dos diversos órgãos de controlo se fazer à luz de uma preocupação pela defesa da constitucionalidade, como da legalidade em geral, quanto na capacidade para se agir em conformidade, invalidando os atos inconstitucionais.

Ora, parece que o sistema constitucional são-tomense reserva a intervenção invalidatória para os órgãos jurisdicionais, o que não exclui que os órgãos de fiscalização política afetem a vigência dos atos por serem inconstitucionais que estejam submetidos ao respetivo raio de fiscalização, até com a possibilidade de decretarem a sua revogação por razões de inconstitucionalidade: mas tal facto não é suficiente para os integrar no sistema de fiscalização da constitucionalidade, que está gizado apenas com tribunais e com decisões de força de caso julgado.

Claro que os mecanismos de fiscalização política, sobretudo os parlamentares, também têm razão de ser, podendo até ser mais efetivos sob certos pontos de vista, mas não se confundem com o sistema de fiscalização da constitucionalidade, que é matricialmente jurisdicional.

X. A título transitório, todas as competências do Tribunal Constitucional, mormente as de fiscalização da constitucionalidade, são atribuídas ao Supremo Tribunal de Justiça, para o efeito a CSTP estabelecendo algumas disposições transitórias[16].

---

[16] Cfr. os arts. 156.º e 157.º da CSTP.

Enquanto durar essa situação – que fica dependente da instalação legal do Tribunal Constitucional, sendo missão do Anteprojeto de Lei do Tribunal Constitucional (ALTC) apenas a configuração organizatória e funcional deste órgão judicial, mas não decidindo a sua criação concreta – é o Supremo Tribunal de Justiça que exerce as respetivas competências, sendo alargado na sua composição a cinco membros: três juízes conselheiros do Supremo Tribunal de Justiça, um juiz eleito pela Assembleia Nacional e um juiz nomeado pelo Presidente da República.

2. Os traços principais do Direito Constitucional Processual de São Tomé e Príncipe

I. Definido o enquadramento geral do sistema são-tomense de fiscalização da constitucionalidade, cumpre observar os traços principais que informam essa parcela do Direito Constitucional de São Tomé e Príncipe, que também servirá de pórtico ao estudo específico dos tipos de fiscalização da constitucionalidade que o mesmo comporta.

Esta é, de resto, uma tarefa bastante facilitada por o ALTC, ora proposto, ter alinhado disposições que são comuns a tais tipos de fiscalização, disposições que se assumem, assim, com uma inequívoca vocação geral[17].

Neste momento de visão geral do Direito Constitucional Processual São-Tomense, cumpre dar atenção a três temas, que depois serão aplicados, mesmo com especialidades,

---

[17] Cfr. os arts. 54.º e ss. do ALTC.

a propósito de cada um dos tipos de fiscalização da constitucionalidade:

- *os princípios processuais*;
- *as fases processuais*; e
- *a natureza do processo constitucional*.

II. Tendo em consideração o caráter jurisdicional difuso e concentrado da fiscalização da constitucionalidade, as fontes aplicáveis na definição dos contornos do respetivo regime são, além de constitucionais, aquelas que traçam a organização e o funcionamento dos tribunais em geral e do Tribunal Constitucional, num conjunto de fontes que integram o Direito Constitucional Processual, com as seguintes componentes:

- as normas e os princípios constitucionais, essencialmente no tocante aos tribunais e à fiscalização da constitucionalidade;
- o ALTC, que é o diploma estruturante da organização, do funcionamento e do processo do Tribunal Constitucional;
- os diplomas legislativos genericamente reguladores da organização e do funcionamento dos diversos tribunais, deles se evidenciando o Código de Processo Civil e a Lei de Bases do Sistema Judiciário, de entre outros.

III. O conjunto de preceitos que integram o Direito Constitucional Processual permite do mesmo destilar um feixe de *princípios processuais* a respeito do processo constitucional em geral, os quais possibilitam alcançar uma visão global acerca de algumas das suas questões, como sucede com estes três[18]:

- *o princípio do pedido*: a fiscalização da constitucionalidade só acontece por as entidades exteriores ao órgão competente para fiscalizar tal solicitarem, princípio do pedido que também atua como definidor do objeto processual, que assim fica delimitado com o pedido de apreciação apresentado[19];
- *o princípio do contraditório*: a fiscalização da constitucionalidade que é exercida submete-se sempre à audição das partes em juízo, nos processos de fiscalização abstrata ou concreta, assim se defendendo a preocupação de ouvir os diversos pontos de vista presentes[20];
- *o princípio da fundamentação*: as decisões tomadas no âmbito do processo constitucional são necessariamente fundamentadas, como em geral qualquer decisão judicial, mas havendo uma preocupação específica com a fundamentação das decisões tomadas nesta sede, ainda que as decisões de inconstitucio-

---

[18] Sobre os princípios do processo constitucional em geral, v. Vitalino Canas, *Os processos de fiscalização da constitucionalidade e da legalidade*, Coimbra, 1986, pp. 87 e ss.; Jorge Miranda, *Manual...*, VI, pp. 183 e 184; J.J. Gomes Canotilho, *Direito Constitucional e Teoria...*, pp. 971 e ss.

[19] Cfr. o art. 55.º do ALTC, ao prescrever que "O Tribunal só pode declarar a inconstitucionalidade ou a ilegalidade de normas cuja apreciação tenha sido requerida, mas pode fazê-lo com fundamentação na violação de normas ou princípios constitucionais diversos daqueles cuja violação foi invocada".

[20] Cfr. o art. 58.º do ALTC.

nalidade possam invocar fundamentos diversos daqueles que foram referidos nos pedidos de fiscalização[21].

IV. A *marcha do processo constitucional* permite deslindar os diversos passos da sua tramitação, desde que se inicia até à decisão final, marcha processual que se afigura essencial na compreensão da produção do poder jurisdicional de fiscalização da constitucionalidade dos atos jurídico-públicos que lhe estão submetidos.

Em grande medida por aplicação subsidiária do Direito Processual Civil, que corresponde à matriz comum de qualquer processo judicial, não fugindo o processo constitucional a essa orientação geral[22], as respetivas *fases processuais* são as seguintes, tomando por referência o processo que se desenvolve no Tribunal Constitucional[23]:

1) *a fase dos articulados iniciais*: é neste momento que se define o objeto processual, através da identificação das normas a apreciar do ponto de vista da sua inconstitucionalidade, podendo o órgão autor da norma ou a parte contrária explicar, respetivamente, o porquê da sua correta produção ou o porquê de considerar existir a inconstitucionalidade;

2) *a fase da apreciação liminar*: apresentados os articulados, o Tribunal Constitucional intervém liminarmente, decidindo se o pedido deve prosseguir para decisão,

---

[21] Cfr. o art. 122.º, n.º 1, da CSTP.
[22] Aplicável por força do art. 111.º do ALTC.
[23] Cfr. os arts. 54.º e ss. do ALTC.

se deve ser aperfeiçoado, se deve ser rejeitado por ausência de pressupostos processuais necessários ou se pode ser logo julgado quanto ao fundo, havendo condições para que tal suceda;

3) *a fase da discussão e julgamento*: ultrapassada a fase da apreciação liminar, eventualmente se esperando pelos aperfeiçoamentos solicitados, e não tendo havido logo uma decisão sumária, o Tribunal Constitucional procede à discussão e julgamento do pedido de fiscalização da constitucionalidade, escolhendo-se um relator encarregado de redigir o acórdão e, no final, procedendo-se à votação do mesmo.

V. A *natureza* dos processos de fiscalização da constitucionalidade é ainda tema para alguma controvérsia, na preocupação de se saber quais os interesses prevalecentes, assim se descobrindo a chave identificadora de muitas das opções constitucionais e legais feitas nesta matéria, dando com isso valor a uma questão que seria meramente qualificativa, num verdadeiro esforço que deve ser dogmático.

Os interesses visados pelos processos judiciais em geral, assim como pelos processos constitucionais em especial, podem ser de duas índoles contrapostas:

– *interesses públicos*, ligados à defesa da constitucionalidade objetiva, na medida em que por seu intermédio se preserva um modo geral de ver a organização política do Estado e da Sociedade, plasmado na Ordem Constitucional, que é de todos;

– *interesses privados*, relacionados com a proteção de posições individuais, ainda que mediatizadas pela proteção constitucional geral, na certeza de que também ao nível do Direito Constitucional se protegem direitos individuais.

Os elementos que é possível colher dos diversos processos de fiscalização da constitucionalidade apontam para as duas perspetivas, que assim tornam o sistema português um *sistema misto*, público e privado de fiscalização:

– *prevalece um interesse público* no acesso essencialmente público, o qual também se percebe na proibição geral da desistência dos processos de fiscalização abstrata, considerando-se ainda, em certos casos, a obrigatoriedade de o Ministério Público apresentar recursos de inconstitucionalidade;
– *prevalece um interesse privado* quando a legitimidade processual se restringe às partes e quando os efeitos se limitam ao caso julgado produzido.

3. A fiscalização preventiva da constitucionalidade

I. *A fiscalização preventiva da constitucionalidade* consiste na possibilidade de este controlo se efetuar num momento intermédio em que o procedimento de produção do ato jurídico-público ainda não se completou[24].

---

[24] Quanto aos contornos da fiscalização preventiva da constitucionalidade em geral no Direito Constitucional Português, v. Isaltino Morais,

Esta modalidade de fiscalização da constitucionalidade não vem a ser habitual numa perspetiva histórico-comparatística, por isso mesmo lhe sendo assinaladas algumas desvantagens: as desvantagens do perigo da maior politicização da atividade de controlo, associada ao facto de ser feita num curto lapso de tempo, sem a devida maturação das decisões tomadas.

Contudo, são também inegáveis as vantagens que lhe podem ser reconhecidas: as vantagens de se evitar a entrada em vigor na Ordem Jurídica de grosseiras inconstitucionalidades, para além da maior importância que cer-

---

José Mário F. de Almeida e Ricardo L. Leite Pinto, *Constituição...*, pp. 531 e ss.; Marcelo Rebelo de Sousa, *O valor...*, I, pp. 235 e ss., e *Orgânica judicial, responsabilidade dos juízes e Tribunal Constitucional*, Lisboa, 1992, p. 37; Miguel Galvão Teles, *Liberdade de iniciativa do Presidente da República quanto ao processo de fiscalização preventiva da constitucionalidade*, in *O Direito*, ano 120.º, I-II, Janeiro-Junho de 1988, pp. 35 e ss.; Luís Nunes de Almeida, *O Tribunal Constitucional e o conteúdo, a vinculatividade e os efeitos das suas decisões*, in AAVV, *Portugal – o Sistema Político-Constitucional*, Lisboa, 1989, p. 944; Pierre Bon, *La justice constitutionnelle au Portugal – présentation génerale*, in AAVV, *La Justice Constitutionnelle au Portugal*, Paris, 1989, pp. 107 e ss.; Jorge Miranda, *Inconstitucionalidade*, in *Dicionário Jurídico da Administração Pública*, V, Lisboa, 1993, pp. 482 e ss., e *Manual...*, VI, pp. 227 e ss.; Miguel Lobo Antunes, *Tribunal Constitucional*, in *Dicionário Jurídico da Administração Pública*, VII, Lisboa, 1996, pp. 442 e 443; J. J. Gomes Canotilho e Vital Moreira, *Constituição...*, pp. 1002 e ss.; Vitalino Canas, *Introdução às decisões de provimento do Tribunal Constitucional*, 2.ª ed., Lisboa, 1994, pp. 39 e ss.; Jorge Bacelar Gouveia, *O estado de exceção no Direito Constitucional*, II, Coimbra, 1998, pp. 1204 e ss., *Autonomia regional, procedimento legislativo e confirmação parlamentar*, in *Revista da Faculdade de Direito da Universidade de Lisboa*, Lisboa, n.º 1 de 2000, pp. 150 e ss., e *Manual de Direito Constitucional*, II, pp. 1326 e ss.; J. J. Gomes Canotilho, *Direito Constitucional e Teoria...*, pp. 1025 e ss.

tas questões jurídico-constitucionais adquirem precisamente por estarem ligadas a um mais imediato debate político, tal sendo ainda penhor de uma decisão jurisdicional feita rapidamente, não ficando, pelo contrário, esquecida nos sempre muito preenchidos escaparates do poder judicial...

II. Foi, pois, avisada a decisão de o Direito Constitucional São-Tomense ter consagrado, em termos até bastante amplos, a fiscalização preventiva da constitucionalidade, de acordo com o seguinte regime:

- *quanto ao parâmetro*: *fiscalização só da constitucionalidade*, à exceção de um certo caso, para o qual também vigora a fiscalização da legalidade reforçada, em matéria de consultas referendárias[25];
- *quanto à sua verificação*: *fiscalização sempre facultativa*, sob requerimento das entidades competentes, com a exceção de um caso, de novo o das consultas referendárias, em que a fiscalização é obrigatória[26];
- *quanto ao seu objeto*: *fiscalização de atos com diversas naturezas e autorias*, desde atos político-internacionais a atos legislativos.

III. Não se pense que estas coordenadas permitem construir um regime único em matéria de fiscalização preventiva, sendo prudente equacionar *cinco diversos regimes, um geral e os outros especiais*:

---

[25] Cfr. o art. 71.º, n.º 6, da CSTP.
[26] Cfr. o art. 71.º, n.º 6, da CSTP.

— *a fiscalização preventiva da constitucionalidade dos atos legislativos em geral*;
— *a fiscalização preventiva da constitucionalidade das leis orgânicas*;
— *a fiscalização preventiva da constitucionalidade das convenções internacionais*;
— *a fiscalização preventiva da constitucionalidade e da legalidade dos referendos*.

IV. *A fiscalização preventiva da constitucionalidade dos atos legislativos em geral*, funcionando como regime subsidiário dos vários processos de fiscalização preventiva, tem por objeto processual as leis e os decretos-leis, ainda na sua fase intermédia de decretos legislativos, respetivamente da autoria da Assembleia da República e do Governo[27].

O momento azado para que este controlo se possa exercer é o da ponderação, por parte do Presidente da República, da sua promulgação, não o devendo fazer antes de pedir aquela fiscalização, no caso de considerar haver a suspeita da existência de inconstitucionalidades[28].

Esse pedido é realizado pelo Presidente da República, estabelecendo a CSTP um prazo substantivo de oito dias, tal sucedendo numa altura em que o diploma ainda não está perfeito, por lhe faltar a promulgação, que é um requisito de existência do mesmo[29].

No requerimento ao Tribunal Constitucional, o Presidente da República deve indicar as normas cuja apreciação

---

[27] Cfr. os arts. 145.º e 146 da CSTP.
[28] Cfr. o art. 145.º, n.º 1, *in fine*, da CSTP.
[29] Cfr. o art. 145.º, n.º 2, da CSTP.

requer – o que pode equivaler à totalidade do diploma, isso não o desobrigando, contudo, da especificação das mesmas – e, simultaneamente, apontar as normas e os princípios constitucionais que considera terem sido violados.

Os prazos para que o Tribunal Constitucional decida são bastante curtos, dada a urgência que lhe é inerente, assim se distribuindo[30]:

- 1 dia para a apreciação liminar do pedido por parte do Presidente do Tribunal Constitucional;
- 1 dia para a distribuição do pedido;
- 5 dias para que o relator, escolhido logo na distribuição, elabore um memorando "...contendo o enunciado das questões sobre que o Tribunal Constitucional deverá pronunciar-se e da solução que para elas propõe, com indicação sumária dos respetivos fundamentos..."[31];
- 10 dias para o agendamento do processo em sessão plenária do Tribunal;
- 7 dias para, depois da decisão tomada naquela sessão, o relator já escolhido ou a escolher, no caso de aquele ter ficado vencido, redigir o acórdão.

O Tribunal Constitucional emite o correspondente acórdão no prazo máximo de 25 dias depois de recebido o pedido de fiscalização, mas o Presidente da República pode determinar o seu encurtamento por razões de urgência[32].

---

[30] Cfr. os arts. 61.º, 62.º e 63.º do ALTC.
[31] Cfr. o art. 62.º, n.º 2, segunda parte, do ALTC.
[32] Cfr. o art. 145.º, n.º 7, da CSTP.

V. A intervenção do Tribunal Constitucional, na decisão que este órgão venha a tomar na base de critérios de constitucionalidade, oscila entre uma *decisão positiva* – aceitando a existência de normas inconstitucionais – e uma *decisão negativa* – não encontrando nas normas cuja apreciação foi requerida qualquer vício de inconstitucionalidade[33].

Essas consequências, no caso de decisão negativa, determinam a continuação do procedimento legislativo que estava suspenso e o Presidente da República ganha, de novo, o poder de decidir, livre e politicamente, entre a promulgação e o veto. Se essa vier a ser a decisão, o procedimento legislativo é retomado no momento em que se encontrava antes da intervenção deste alto órgão de soberania.

Mais densas vêm a ser as consequências inerentes ao facto de o Tribunal Constitucional ter concluído pela existência, no diploma legislativo, de normas inconstitucionais. Esta é uma decisão que abre as portas a várias subfases que se conexionam nessa sequência, devendo dissociar-se entre os *efeitos imediatos* e os *efeitos mediatos*.

VI. Os *efeitos imediatos* são da autoria do Presidente da República, que, na qualidade de veículo de articulação entre o Tribunal Constitucional e a Assembleia Nacional, vai ter de agir vinculadamente.

A decisão positiva do Tribunal Constitucional faz nascer na esfera jurídica do Presidente da República um dever de

---

[33] Quanto a estas diferentes possibilidades, v. Jorge Bacelar Gouveia, *Autonomia regional...*, pp. 153 e ss.

vetar o diploma — um caso, portanto, de veto obrigatório — e de não proceder, desse jeito, à sua promulgação.

Esse veto é, no entanto, bastante diferente do veto político que tivemos ocasião de observar, porquanto não tem essa motivação, mas corresponde antes a uma fundamentação de natureza jurídico-constitucional, centrada na violação da Constituição.

Aplicado o veto por inconstitucionalidade, o diploma legislativo, no segundo efeito imediato e vinculado que recai sobre o Presidente da República, é devolvido ao órgão que o promanou.

VII. Os *efeitos mediatos* da pronúncia do Tribunal Constitucional pela inconstitucionalidade de normas incluídas nos diplomas legislativos, ao invés dos efeitos imediatos, relacionam-se com o destino que se lhes dá já dentro da atividade que sobre os mesmos os órgãos promanantes entendam por bem desenvolver.

A ideia fundamental é a de que não se admitiria nunca que a decisão do Tribunal Constitucional pudesse ser desconsiderada ao ponto de tudo ficar na mesma e o diploma se transformar, efetivamente, em ato legislativo.

Pelo contrário: o conjunto dos efeitos mediatos gizados pela CSTP leva em mente a importância da decisão jurisdicional quanto à inconstitucionalidade, mas vendo-a no especial contexto, de tipo político, do procedimento legislativo, em que ocorre a elaboração de um ato jurídico-público.

VIII. Daí que seja possível esboçar, na sequência da decisão de inconstitucionalidade, três respostas possíveis, considerando o órgão Assembleia Nacional, quanto a um decreto legislativo considerado inconstitucional em sede de fiscalização preventiva:

i) o *expurgo das normas consideradas inconstitucionais*, isso equivalendo à reformulação do diploma, embora nem toda a reformulação seja um expurgo;

ii) a *omissão de qualquer conduta por parte da Assembleia Nacional*, com isso se colocando um ponto final no respetivo procedimento legislativo;

iii) a *confirmação do diploma por maioria qualificada*, maioria de dois terços dos Deputados presentes, desde que superior à maioria absoluta dos Deputados em efetividade de funções, deste modo se obtendo um reforço da vontade parlamentar no sentido de se pretender a perfeição do diploma, aumentando-se-lhe a legitimidade por comparação com a votação anterior.

IX. Se o órgão promanante for o Governo, os efeitos da pronúncia pela inconstitucionalidade, sendo idênticos nos imediatos, já se mostram diferentes nos mediatos.

Embora se aceite, como sucede com a Assembleia Nacional, o expurgo e a desistência, a confirmação já não parece ser possível: o Governo é um órgão colegial restrito e em que não faz sentido fazer votações por maiorias qualificadas, para além de não ser tecnicamente constituído por Deputados.

Daí que em sede de efeitos mediatos, ao Governo, perante uma decisão positiva de inconstitucionalidade, na fiscalização preventiva, não lhe reste outra alternativa senão a do expurgo das normas consideradas inconstitucionais, uma vez que não se lhe permite fazer a confirmação do mesmo.

X. *A fiscalização preventiva da constitucionalidade das leis orgânicas*, estando em grande medida sobreposta ao regime da fiscalização das leis em geral, apenas consagra algumas particularidades na definição da legitimidade processual ativa das entidades que têm acesso ao Tribunal Constitucional para este efeito.

Além do Presidente da República, nesta fiscalização outras entidades ficam com tal faculdade processual, o que é bem demonstrativo da importância que se lhes quis dar e não se deixando, assim, pairar quaisquer dúvidas de constitucionalidade acerca das mesmas, permitindo que a oposição política igualmente utilize este mecanismo, tal se traduzindo na faculdade de estas duas entidades requererem a abertura da fiscalização preventiva:

– o Primeiro-Ministro; e
– um quinto dos Deputados à Assembleia Nacional.

Para que esta possibilidade seja real, no momento em que o Presidente da Assembleia Nacional envia o decreto ao Chefe de Estado para que este o promulgue como lei orgânica, "...dará disso conhecimento ao Primeiro-Ministro e aos grupos parlamentares da Assembleia Nacional"[34].

Assinala-se aqui um caso de promulgação temporariamente proibida, essa proibição só terminando quando o

---

[34] Art. 145.º, n.º 4, *in fine*, da CSTP.

prazo para que a sua fiscalização preventiva seja solicitada – que é do mesmo modo de oito dias – se tenha esgotado, não se inutilizando, por esta via, a possibilidade de a fiscalização acontecer[35].

Em matéria de efeitos da pronúncia do Tribunal Constitucional pela inconstitucionalidade de norma constante de lei orgânica, subsiste ainda um problema, que é o da coincidência entre a maioria necessária para permitir que o Presidente da República, apesar da inconstitucionalidade, possa promulgar o diploma, e a maioria exigível para superar um veto político presidencial, em ambos os casos por maioria de dois terços dos Deputados presentes, desde que superior à maioria absoluta dos Deputados em efetividade de funções, o que, como se compreende, é absurdo.

XI. A *fiscalização preventiva da constitucionalidade das convenções internacionais* assenta num especial propósito de evitar a vinculação de São Tomé e Príncipe a textos internacionais que não sejam conformes à CSTP[36], para além de se considerar, por esse mesmo facto, a modalidade por excelência de fiscalização da constitucionalidade do Direito Internacional incorporado no Direito São-Tomense, assim

---

[35] Cfr. o art. 145.º, n.º 6, da CSTP.

[36] Sobre a fiscalização preventiva da constitucionalidade das convenções internacionais, v. Albino de Azevedo Soares, *Lições...*, pp. 181 e 182; J. J. Gomes Canotilho e Vital Moreira, *Constituição...*, pp. 1010 e ss.; Fausto de Quadros e Jorge Bacelar Gouveia, *As relações externas de Portugal – aspetos jurídico-políticos*, Lisboa, 2001, pp. 147 e 148; Francisco Ferreira de Almeida, *Direito Internacional Público*, 2.ª ed., Coimbra, 2003, pp. 157 e 158; Jorge Miranda, *Curso...*, pp. 112 e 113; Jorge Bacelar Gouveia, *Manual de Direito Internacional...*, pp. 330 e ss.

se prevenindo, por razões de inconstitucionalidade, a posterior impossibilidade do respetivo cumprimento por parte de São Tomé e Príncipe, num momento em que, externamente, esse compromisso já fora assumido.

Esta modalidade de fiscalização preventiva operacionaliza-se num único momento: quando o Chefe de Estado recebe os tratados e os acordos para ratificação[37].

A legitimidade processual ativa restringe-se ao Presidente da República, aproveitando a sua oportunidade para intervir nos respetivos procedimentos, aplicando-se as regras gerais quanto ao tempo de formulação do pedido e de produção da decisão do Tribunal Constitucional.

Mas é no plano dos efeitos possíveis que se registam singularidades que resultam não só dos órgãos que intervêm no procedimento de aprovação como sobretudo das características contratuais das convenções internacionais.

A CSTP apenas apresenta como solução peculiar, desviando-se dos efeitos gerais desta fiscalização, um especial regime de confirmação dos tratados e dos acordos internacionais: admite que os tratados e os acordos, mesmo padecendo de inconstitucionalidade, possam ser confirmados por uma maioria de dois terços dos Deputados presentes, desde que superior à maioria absoluta dos Deputados em efetividade de funções[38].

Mais problemática é a aplicabilidade prática de outro efeito possível da pronúncia pela inconstitucionalidade de norma constante de convenção internacional, que é o do

---

[37] Cfr. o art. 145.º, n.º 1, da CSTP.
[38] Cfr. o art. 146.º, n.º 4, da CSTP.

expurgo da mesma, dado o facto de se tratar de um texto já negociado e fechado.

Quer isso então dizer que não pode haver expurgo de convenções internacionais, não se admitindo para elas tal efeito, que assim somente se operacionaliza nos atos jurídico-públicos internos e unilaterais?

Parece que não, sendo essa solução sempre excessiva[39]: é que os meandros da contratação internacional podem facultar esquemas alternativos de flexibilização do articulado das convenções internacionais, como sucede com as reservas.

Indo mais longe, nem sequer é de excluir uma reabertura de negociações com vista a superar o problema, no caso de isso ser viável e no caso de o problema não poder ser resolvido pela simples aposição de reservas[40].

Qualquer uma destas hipóteses não contraria a CSTP porque se inscrevem na ideia geral de expurgo, que será circunstancialmente aceitável em razão das características da convenção internacional em presença[41].

XII. A *fiscalização preventiva da constitucionalidade e da legalidade dos referendos* é o único caso em que, em sede deste tipo de fiscalização, ela adquire duas distintas características[42]:

---

[39] Cfr. Jorge Bacelar Gouveia, *Manual de Direito Internacional...*, pp. 334 e 335.

[40] No caso da formulação de reservas neste contexto de efeitos secundários, expressamente se admite, no Direito Constitucional Português, a reapreciação por nova fiscalização preventiva da constitucionalidade. Cfr. o art. 214.º, n.º 2, do Regimento da Assembleia da República.

[41] Cfr. Jorge Bacelar Gouveia, *Manual de Direito Internacional...*, p. 335.

[42] Cfr. o art. 71.º, n.º 6, da CSTP.

– *é de exercício obrigatório*, não podendo haver a convocação de um referendo nacional sempre que o Tribunal Constitucional sobre o mesmo se pronuncie negativamente, preterição de formalidade que fulminaria de invalidade tal convocação;
– *é duplamente pertinente à constitucionalidade e à legalidade*, o que se explica pelo elevado número de normas e princípios que, a um nível infraconstitucional, igualmente efetivam o regime jurídico do referendo nacional.

Outras particularidades se assinalam, no contexto muito próprio de elaboração de um ato político presidencial: o da convocação do referendo nacional, só podendo ser conhecidos os respetivos pormenores quando for editada a lei orgânica do referendo político-legislativo nacional, que ainda não existe.

4. A fiscalização concreta da constitucionalidade

I. A *fiscalização concreta da constitucionalidade* relaciona-se com a aplicação jurisdicional do Direito[43], sendo a mesma

---

[43] Sobre a fiscalização sucessiva da inconstitucionalidade em geral, abstrata e concreta, em Portugal, v. Guilherme da Fonseca, *Fiscalização concreta da constitucionalidade e da legalidade*, in *Scientia Iuridica*, XXXIII, n.ºˢ 191-192, setembro-dezembro de 1984, pp. 455 e ss.; Armindo Ribeiro Mendes, *Recurso para o Tribunal Constitucional: pressupostos*, in *Revista Jurídica*, n.º 3, Janeiro-Fevereiro de 1984, *Recursos em processo civil*, Lisboa, 1992, pp. 317 e ss., e *A jurisdição constitucional, o processo constitucional e o pro-*

realizada no quotidiano da atividade desenvolvida pelos tribunais.

A fiscalização da constitucionalidade é concreta porque, incidindo sobre fontes normativas já formadas, surge a propósito da sua aplicação a uma situação da vida que o tribunal é chamado a resolver, estando impedido de aplicar fontes consideradas inconstitucionais.

Ainda que o juízo de constitucionalidade apareça com autonomia relativamente ao modo como a situação da vida se vai decidir, suscitando-se um incidente processual apenas com esse objetivo, a sua apreciação inevitavelmente que surge no contexto da respetiva aplicação às situações da vida em causa.

---

cesso civil em Portugal, in AAVV, *Estudos em Memória do Professor Doutor João de Castro Mendes*, Lisboa, s. d., pp. 93 e ss.; Marcelo Rebelo de Sousa, *O valor...*, I, pp. 258 e ss., e *Orgânica judicial...*, pp. 37 e ss.; Pierre Bon, *La Justice...*, pp. 66 e ss., e pp. 124 e ss.; Luís Nunes de Almeida, *O Tribunal...*, pp. 944 e ss.; J. J. Gomes Canotilho e Vital Moreira, *Fundamentos...*, pp. 241 e 242, e *Constituição...*, pp. 974 e 975, e pp. 1014 e ss.; Inês Domingos e Margarida Menéres Pimentel, *O recurso de constitucionalidade – espécies e respetivos pressupostos*, in AAVV, *Estudos sobre a jurisprudência do Tribunal Constitucional*, Lisboa, 1993, pp. 429 e ss.; Vitalino Canas, *Introdução às decisões...*, pp. 51 e ss.; António Rocha Marques, *O Tribunal Constitucional e os outros tribunais: a execução das decisões do Tribunal Constitucional*, in AAVV, *Estudos sobre a jurisprudência do Tribunal Constitucional*, Lisboa, 1993, pp. 457 e ss.; Jorge Miranda, *Inconstitucionalidade*, pp. 485 e ss., e *Manual...*, VI, pp. 188 e ss.; Miguel Lobo Antunes, *Tribunal...*, p. 444 e ss.; Fernando Alves Correia, *Justiça Constitucional*, Coimbra, 2002, pp. 93 e ss.; Guilherme da Fonseca e Inês Domingos, *Breviário...*, pp. 11 e ss.; J.J. Gomes Canotilho, *Direito Constitucional e Teoria...*, pp. 982 e ss.

II. Os tópicos fundamentais do regime da fiscalização concreta da constitucionalidade a assinalar, na parte em que corre os seus trâmites no Tribunal Constitucional e aplicando-se a CSTP e o ALTC, são os seguintes:

- *os sujeitos julgadores*: quem está incumbido de proceder ao juízo verificativo da constitucionalidade;
- *o objeto processual*: a norma e a interpretação da norma que se pretende submeter à luz do juízo de constitucionalidade;
- *a marcha processual*: a tramitação processual que a fiscalização concreta exige;
- *os recursos admissíveis*: os casos em que uma primeira decisão do Tribunal Constitucional pode ser objeto de recurso dentro dele próprio;
- *os efeitos das decisões*: as consequências que se abatem sobre a decisão que determinou um juízo positivo ou negativo de constitucionalidade a respeito de uma norma.

III. O processo de fiscalização concreta da constitucionalidade, como se depreende do seu caráter concreto, assenta no dualismo que inere à partilha da respetiva competência entre dois níveis da função jurisdicional:

- *os tribunais em geral*;
- *o Tribunal Constitucional em especial*.

Não é assim possível afirmar um único momento processual para se aquilatar da produção da competência para averiguar da constitucionalidade dos atos jurídico-públicos, havendo estes dois momentos, nem sequer o primeiro sendo absolutamente determinado:

- *num primeiro momento, a fiscalização concreta pode ser realizada pelos tribunais em geral, ex officio* ou a pedido das partes, em qualquer momento do percurso processual, incluindo a última instância de decisão jurisdicional, podendo ainda, dentro da jurisdição geral, haver recursos de decisões de constitucionalidade concreta;
- *num momento ulterior, a fiscalização concreta é exclusivamente efetuada pelo Tribunal Constitucional,* a título de recurso da decisão de outro tribunal, tomadas no primeiro momento processual, pois como refere a CSTP "Cabe recurso para o Tribunal Constitucional das decisões dos tribunais…"[44].

A combinação das intervenções dos tribunais em geral e do Tribunal Constitucional em especial redunda na existência do seguinte esquema: *da decisão de fiscalização, mesmo havendo outras categorias de tribunais superiores, cabe recurso direto – per saltum – para o Tribunal Constitucional,* caso em que a decisão do tribunal *a quo* julga inconstitucionais as fontes aplicáveis, daí derivando um recurso direto para o Tribunal Constitucional, por imposição constitucional[45].

A leitura singela do texto constitucional induz o intérprete-aplicador numa grave contradição, porquanto há

---

[44] Art. 149.º, n.º 1, proémio, da CSTP.
[45] Como se refere no art. 129.º, n.º 3, da CSTP, "Admitida a questão da inconstitucionalidade, o incidente sobe em separado para o Tribunal Constitucional, que decidirá".

duas disposições que apontam para sentidos divergentes: se a disposição inserta no capítulo dedicado ao Tribunal Constitucional refere que a fiscalização concreta funciona como um incidente processual que sobe em separado, dando a entender que sobre ele o tribunal *a quo* nada pode decidir, a não ser encaminhar o recurso, não é menos certo que outra disposição, incluída na parte atinente à garantia da Constituição, confere ao Tribunal Constitucional o poder para apreciar os recursos das decisões dos tribunais que apliquem ou que recusem a aplicação de normas com fundamento na respetiva inconstitucionalidade ou ilegalidade, assim lhes conferindo um poder autónomo, conquanto não definitivo, de decidir a questão da constitucionalidade ou da legalidade.

A boa interpretação da CSTP deve conferir prevalência a esta última norma, uma vez que não só é mais específica como é aquela que se harmoniza com o princípio geral segundo o qual todos os tribunais têm acesso à Constituição.

IV. Do ponto de vista do objeto do processo de fiscalização concreta da constitucionalidade, ao contrário do que literalmente se inculca, não se trata apenas do recurso das decisões de tribunais que aplicaram certa norma, constitucional ou inconstitucionalmente, mas também acolhe a aplicação como parâmetro decisório de certa decisão interpretativa que não seja adequada segundo um juízo de conformidade constitucional, o que implica a existência de dois distintos objetos processuais:

— *a norma aplicada ou não aplicada contra a CSTP*;

— *uma certa interpretação da norma considerada inconstitucional*[46].

Se a definição da primeira modalidade de objeto processual não suscita dúvidas, até porque vem a ser a definição geral do objeto dos processos de fiscalização da constitucionalidade, já a outra modalidade levanta algumas dificuldades.

É que cumpre desde logo não confundir esse objeto processual com a direta sindicação constitucional das decisões jurisdicionais que o Direito Constitucional São-Tomense não autonomiza como processo próprio de fiscalização da constitucionalidade, mas apenas e enquanto especificação do julgamento dos recursos do tribunal *a quo* em geral[47].

---

[46] Sobre este específico alargamento do objeto do processo de fiscalização concreta da constitucionalidade, v. José Manuel Sérvulo Correia e Jorge Bacelar Gouveia, *Princípios constitucionais do acesso à justiça, da legalidade processual e do contraditório; junção de pareceres em processo civil; interpretação conforme à Constituição do artigo 525.º do Código de Processo Civil — anotação ao Acórdão n.º 934/96 do Tribunal Constitucional*, in *Revista da Ordem dos Advogados*, ano 57, I, janeiro de 1997, pp. 295 e ss.; Guilherme da Fonseca e Inês Domingos, *Breviário...*, pp. 28 e ss.

[47] Como explicitam José Manuel Sérvulo Correia e Jorge Bacelar Gouveia (*Princípios...*, pp. 301 e 302), "Quer isto dizer que as decisões jurisprudenciais que, por si mesmas, ofendam princípios ou normas da Constituição só podem ser impugnadas através das vias ordinárias de recurso e não através da fiscalização da constitucionalidade a cargo do Tribunal Constitucional. É esta a resposta do Direito Constitucional Positivo Português, mas não deixa de se apresentar como algo insuficiente, uma vez que essas vias de recurso podem não representar a satisfação plena em ordem à reparação da inconstitucionalidade praticada, quer pelo poder atribuído ao tribunal *ad quem*, quer pela exigência da especialização de jurisdição requerida por estas questões".

A autonomização deste objeto processual resulta da aplicação primária do Direito que, no seio da fiscalização concreta, necessariamente os outros tribunais são forçados a fazer, sendo certo que o acesso à justiça é por eles que se inicia.

Se assim não fosse, criar-se-ia uma situação estranha – e sobretudo fraudulenta – em que bastaria ao tribunal *a quo* conferir um sentido inconstitucional a certa norma parametrizadora do caso a ser julgado, não a considerando em si mesmo inconstitucional, para que nunca fosse constitucionalmente possível sindicar essa aplicação errónea do Direito contra a Constituição, num grosseiro atropelo ao princípio da constitucionalidade[48].

V. A marcha dos processos de fiscalização concreta no Tribunal Constitucional assume a natureza, na linguagem processual geral, de *recurso de apelação*, nos seguintes termos:

- *a legitimidade processual ativa*: a legitimidade para interpor o recurso de constitucionalidade é tanto do Ministério Público como das partes com legitimidade processual, nos termos da lei processual do tribunal *a quo*, para efeitos de interposição de recurso[49];
- *o prazo da interposição do recurso*: a interposição do recurso de constitucionalidade não pode ser feita a todo o tempo, antes obedecendo ao prazo processual

---

[48] Cfr. José Manuel Sérvulo Correia e Jorge Bacelar Gouveia, *Princípios...*, pp. 302 e 303.
[49] Cfr. o art. 129.º, n.º 2, da CSTP.

de 10 dias[50], sendo o recurso apresentado junto do tribunal *a quo*[51].

A decisão do processo de fiscalização concreta da constitucionalidade – restrita à questão da constitucionalidade, e não havendo qualquer intervenção na questão de fundo que o tribunal *a quo* decidiu[52] – é tomada pelo plenário do Tribunal Constitucional.

VI. O efeito da decisão de fiscalização concreta da constitucionalidade, no caso de ser no sentido da inconstitucionalidade, determina a não aplicação da norma ou da respetiva interpretação à situação da vida que o tribunal *a quo* é chamado a resolver, fazendo "…caso julgado no processo quanto à questão da inconstitucionalidade ou ilegalidade suscitada"[53].

Nesta hipótese, os tribunais inferiores devem reformar ou mandar reformar a decisão no sentido do respeito pela decisão positiva da inconstitucionalidade: "Se o Tribunal Constitucional der provimento ao recurso, ainda que só parcialmente, a norma é desaplicada ao caso e os autos baixam ao tribunal de onde provieram, a fim de que este, consoante for o caso, reforme a decisão ou a mande reformar em conformidade com o julgamento sobre a questão da inconstitucionalidade ou da ilegalidade"[54].

---

[50] Cfr. o art. 79.º do ALTC.
[51] Cfr. o art. 81.º do ALTC.
[52] Cfr. o art. 76.º do ALTC.
[53] Art. 87.º, n.º 1, do ALTC.
[54] Art. 87.º, n.º 2, do ALTC.

Se a decisão for negativa quanto à verificação de inconstitucionalidade, dá-se o caso julgado da mesma, o que automaticamente implica o caso julgado da decisão recorrida.

A desaplicação dos atos jurídico-públicos considerados inconstitucionais, nos estreitos limites subjetivos e objetivos em que se move, equivale a uma consequência de desvalorização do mesmo, mas pontualmente limitada à situação concreta e pessoal de vida que se encontra em juízo.

Diferentemente, se a decisão do Tribunal Constitucional for no sentido da admissibilidade de uma certa interpretação da norma para não ser inconstitucional, "...esta deve ser aplicada com tal interpretação no processo em causa"[55].

As características processuais da fiscalização concreta da constitucionalidade implicam que as respetivas decisões apenas possam ser vistas nos estritos limites do caso *sub iudice*, sem qualquer possibilidade de dele extravasarem, embora não seja de rejeitar a importância das orientações da jurisprudência constante, em todo o caso jamais em termos de se transformarem em decisões normativas gerais.

Só que não deixa de ser problemático avaliar a projeção dessa solução quando a desaplicação da norma, com o provimento do recurso, acarreta maiores problemas de justiça no caso concreto ou de repristinação de normas revogadas, sendo de aceitar que o Tribunal Constitucional, em sede de fiscalização concreta, tenha os mesmos poderes de conformação das suas decisões que estão previstos para a

---

[55] Art. 87.º, n.º 3, do ALTC.

fiscalização abstrata, ainda que com algumas adaptações, no silêncio da CSTP.

Evidentemente que não faria sentido, a título de exemplo, reduzir os efeitos da aplicação da decisão de inconstitucionalidade, por razões financeiras, com o fundamento do interesse público de excecional relevo, numa aplicação meramente individual, quando esse interesse de imediata solvência do Estado nunca poderia existir, enquanto que essa decisão de redução certamente ganharia sentido ao nível das decisões com força obrigatória geral, dada a generalidade dos respetivos destinatários.

Em contrapartida, parece que o efeito de redução poderia ter o seu sentido óbvio na emergência de razões de equidade, num juízo que, sendo concreto, é comparativo em relação à situação que existiria na desaplicação da norma julgada inconstitucional.

5. A fiscalização abstrata da constitucionalidade

I. A *fiscalização abstrata da constitucionalidade* é o mais importante de todos os tipos de fiscalização, dado ser esta a fiscalização que concita o maior número de fontes aplicáveis, assim como absorve a primazia das mais sofisticadas soluções doutrinais tidas por aplicáveis, o que bem se compreende pela potência dos respetivos efeitos no quadro geral da Ordem Jurídica.

Ser fiscalização abstrata significa que, no leque das opções possíveis a tomar num momento em que a fonte normativa sob apreciação já é conhecida, e por maioria de razão se encontra produzida, o juízo de constitucionalidade se exerce com total independência da sua aplicação a situações ou litígios concretos, ainda que isso concomitantemente possa suceder, embora tal se apresente irrelevante para a evolução do respetivo processo judicial.

A fiscalização abstrata tem a nota singular de corresponder em exclusivo a uma atividade do Tribunal Constitucional, que não a partilha com nenhuma outra instância judicial, sendo ainda este tipo de fiscalização aquele que representa a faculdade de serem emanadas decisões com força obrigatória geral (*erga omnes*).

II. A fiscalização abstrata da constitucionalidade não tem qualquer distinção, sendo global a relevância do padrão de constitucionalidade que o justifica, pois que se fala singelamente em "...inconstitucionalidade...".

Contudo, o raciocínio já não é verdadeiro sob o ponto de vista do objeto da respetiva fiscalização, que é unicamente composto por normas jurídicas, ou como diz a CSTP "...quaisquer normas..."[56], em sentido material e em sentido formal, num alargamento conceptual que a jurisprudência constitucional se tem encarregado de fazer.

Nessa delimitação das normas objeto de fiscalização abstrata, ainda se incluem aquelas que já tenham cessado a sua vigência, por revogação ou por caducidade, cuja apreciação pode interessar na medida em que tenham sido produzidos efeitos inconstitucionais, numa interpretação extraliteral do preceito constitucional, que assim inteiramente se justifica, para contornar a parcial frustração do princípio da constitucionalidade.

---

[56] Art. 147.º, n.º 1, al. a), *in fine*, da CSTP.

III. A fiscalização abstrata da constitucionalidade, no plano da legitimidade processual ativa, assenta numa lógica de legitimidade pública, não privada ou popular: *só às entidades públicas, segundo o elenco taxativo estabelecido na CSTP, se permite esta fiscalização*[57].

As entidades com um poder geral de pedir a fiscalização abstrata são as seguintes[58]:

- o Presidente da República;
- o Presidente da Assembleia da República;
- o Primeiro-Ministro;
- o Procurador-Geral da República;
- um décimo dos Deputados à Assembleia Nacional;
- a Assembleia Legislativa Regional e o Presidente do Governo Regional do Príncipe[59].

Fica de fora tanto a fiscalização privada, a pedido de cada pessoa que se sentisse violentada nos seus direitos fundamentais constitucionalmente relevantes (o recurso de amparo), como a fiscalização popular, fundada em pedidos

---

[57] Cfr. o art. 147.º, n.º 2, da CSTP.

[58] Cfr. o art. 147.º, n.º 2, als. a) a f), da CSTP.

[59] A atribuição a um conjunto dos Deputados – no caso, um décimo – corresponde a uma preocupação de permitir o acesso ao Tribunal Constitucional por parte das minorias políticas.

Refletindo sobre os interesses objetivos e subjetivos subjacentes a este tipo de legitimidade processual, José A. Montilla Martos, *Minoria política y Tribunal Constitucional*, Madrid, 2002, afirmando que "Na justiça constitucional da democracia pluralista, a importância do Tribunal Constitucional como órgão constitucional não resulta apenas da sua função garantística da normatividade da Constituição como também da garantia que oferece à minoria frente ao legislador" (pp. 123 e 124).

feitos por associações representativas de interesses gerais não públicos (petição popular).

Eis uma opção, no mínimo, discutível e que gravemente oblitera a construção de uma justiça constitucional que se coloque ao serviço de todos os cidadãos e de toda a comunidade que é sua destinatária, e que se tem mantido, apesar das inúmeras tentativas de consagração de uma legitimidade processual privada e popular.

IV. Paralelamente à legitimidade processual pública que pudemos observar, a CSTP admite ainda um outro caso especial de legitimidade processual pública na fiscalização abstrata: "O Tribunal Constitucional aprecia e declara ainda, com força obrigatória geral, a inconstitucionalidade ou a ilegalidade de qualquer norma, desde que tenha sido por ele julgada inconstitucional ou ilegal em três casos concretos"[60].

A legitimidade processual ativa desta hipótese de fiscalização abstrata é atribuída ao Ministério Público, na sua posição de defensor da juridicidade, o mesmo estando obrigado, através do seu representante no Tribunal Constitucional, a fazer o pedido da respetiva fiscalização, assim como se estende aos próprios juízes do Tribunal Constitucional.

Como se deduz dos termos em que este subtipo de fiscalização abstrata ficou desenhado, o seu fundamento só se apresenta justificável perante a repetição de julgados de inconstitucionalidade em três casos concretos, obviamente tirados no âmbito da fiscalização concreta.

---

[60] Art. 147.º, n.º 3, da CSTP.

É no contexto da fiscalização concreta que o ALTC localiza este especial mecanismo de passagem à fiscalização abstrata: "Sempre que a mesma norma tiver sido julgada inconstitucional ou ilegal em 3 casos concretos, pode o Tribunal Constitucional, por iniciativa de qualquer dos seus juízes ou do Ministério Público, promover a organização de um processo com as cópias das correspondentes decisões, o qual é concluso ao Presidente, seguindo-se os termos do processo de fiscalização abstrata sucessiva da constitucionalidade ou da ilegalidade previstos na presente lei"[61].

V. Do ponto de vista processual, a interposição dos pedidos de fiscalização abstrata da constitucionalidade não se submete a nenhum pressuposto de tempestividade, podendo ser apresentados em qualquer altura: "Os pedidos de apreciação da inconstitucionalidade ou da ilegalidade a que se referem as alíneas a) a d) do n.º 1 do artigo 147.º da Constituição podem ser apresentados a todo o tempo"[62].

Mas a marcha processual, uma vez apresentado o pedido, tem diversos prazos, ainda que a prática mostre – como sucede, de resto, noutros tribunais são-tomenses – que raramente são cumpridos[63]:

- 5 dias para a secretaria autuar o pedido e 10 dias para o Tribunal Constitucional decidir da sua admissão, ou tomar outra decisão liminar;

---

[61] Art. 88.º do ALTC.
[62] Art. 66.º, n.º 1, do ALTC.
[63] Cfr. os arts. 66.º e ss. do ALTC.

- 30 dias para o órgão autor da norma se pronunciar, querendo;
- 15 dias para a fixação, por parte do Tribunal Constitucional, de uma orientação sobre a matéria, com base em memorando elaborado pelo Presidente do Tribunal Constitucional, depois de terminado o período para ouvir o órgão autor da norma em apreciação;
- 30 dias para que o relator, escolhido no fim daquele período de 15 dias, formule um projeto de acórdão, de harmonia com aquela orientação;
- 15 dias para a tomada de uma decisão final, com base no conhecimento daquele projeto de acórdão, em nova sessão plenária do Tribunal Constitucional.

VI. Domínio em que a fiscalização abstrata da constitucionalidade se mostra particularmente impressiva é o da panóplia de efeitos possíveis que podem derivar das decisões que o Tribunal Constitucional é capaz de produzir neste contexto, desde logo se separando entre as decisões de não provimento da constitucionalidade – as *decisões negativas* – e as decisões de provimento da constitucionalidade – as *decisões positivas*.

As decisões negativas não assumem o valor de caso julgado material e só vinculam os sujeitos processuais no âmbito do processo de fiscalização em causa, que assim termina sem que o respetivo requerimento tenha sido declarado procedente.

As decisões positivas, inversamente, contêm força de caso julgado material, a qual ainda adquire uma eficácia geral e abstrata, produzindo-se uma declaração de inconstitucionalidade com força obrigatória geral.

As decisões positivas no sentido da inconstitucionalidade
– *rectius*, no sentido da desvalorização do ato objeto processual de fiscalização por ser inconstitucional – apresentam-se, por seu turno, sob diversas modalidades, num leque variado e assaz complexo de efeitos possíveis, embora numa lógica de fundo que acaba por ser algo óbvia, lógica essa que se consubstancia na orientação geral da eliminação do ato inconstitucional, na sua fonte e nos efeitos que tenha produzido, num efeito que é bifronte[64]:

– *a retroação daquela eliminação dos efeitos até ao momento em que o ato inconstitucional iniciou a respetiva produção*, incluindo a eliminação do efeito revogatório que entretanto tenha sido emitido – *inconstitucionalidade originária*;
– *a retroação daquela eliminação dos efeitos só até ao momento em que o padrão de constitucionalidade começou a sua vigência*, sendo o ato inconstitucional já pré-existente ao surgimento deste – *inconstitucionalidade superveniente.*

VII. Este é o quadro geral da produção de efeitos no âmbito da declaração de inconstitucionalidade com força obrigatória geral.

Mas importa considerar que as decisões positivas do Tribunal Constitucional, no seio da fiscalização abstrata, oferecem tonalidades diversas, em atenção à presença de outros tantos princípios, valores e interesses que se compaginam com o princípio e o valor da constitucionalidade.

---

[64] Cfr. o art. 150.º, n.ºs 1 e 2, da CSTP.

É assim que as decisões positivas de inconstitucionalidade nem sempre são lineares nos termos descritos e podem apresentar *efeitos reduzidos* na desvalorização que provocam no ato inconstitucional que lhes deu causa, ainda que a eliminação da sua fonte normativa nunca possa ser posta em dúvida: "Ficam ressalvados os casos julgados, salvo decisão em contrário do Tribunal Constitucional quando a norma respeitar a matéria penal, disciplinar ou de ilícito de mera ordenação social e for de conteúdo menos favorável ao arguido"[65].

A restrição fundamental a assinalar é a de que os efeitos da desvalorização por decisão positiva de inconstitucionalidade não podem afetar a máxima consolidação que as situações da vida adquirem no âmbito da produção de um caso julgado, tal implicando que tenha havido a intervenção jurisdicional comum, o que não corresponde à maioria das situações[66].

---

[65] Art. 150.º, n.º 3, da CSTP.
[66] Sobre esta matéria, abrangida pelo art. 150.º, nºs 3 e 4, da CSTP, com o seu equivalente na CRP, v. Marcelo Rebelo de Sousa, *O valor...*, I, pp. 257 e ss.; Luís Nunes de Almeida, *O Tribunal...*, pp. 970 e ss.; José Manuel M. Cardoso da Costa, *A jurisdição constitucional em Portugal*, 2.ª ed., Coimbra, 1992, pp. 60 e 61; Maria Margarida Cordeiro Mesquita, *Direito de resistência e ordem fiscal*, pp. 169 e ss.; Rui Medeiros, *Ensaio sobre a responsabilidade civil do Estado por atos legislativos*, Coimbra, 1992, pp. 155 e ss.; J. J. Gomes Canotilho e Vital Moreira, *Constituição...*, pp. 1043 e 1044; Jorge Miranda, *Manual...*, VI, pp. 258 e ss.; Vitalino Canas, *Introdução às decisões...*, pp. 195 e ss., e *O Tribunal Constitucional: órgão de garantia da segurança jurídica, da equidade e do interesse público de excecional relevo*, in AAVV, *Estudos em Homenagem ao Prof. Doutor Armando M. Marques Guedes*, Coimbra, 2004, pp. 107 e ss.

Daí que pareça inteiramente legítimo – senão mesmo necessário, à luz do princípio da igualdade de tratamento, o contrário podendo beneficiar quem menos acreditou no sistema político de normalmente emitir normas constitucionais e assim se dever conformar com elas – considerar como abrangidos pela restrição apenas literalmente dirigida ao caso julgado todas aquelas situações de idêntica consolidação jurídica, mas que não tenham resultado da intervenção jurisdicional, nem sempre operacionalizável: estamos a pensar no caso decidido administrativo, do qual não tenha havido qualquer impugnação jurisdicional. Já mais complicados são os casos em que todos os efeitos jurídicos que já se tenham produzido completamente no passado e cuja subsistência se podendo do mesmo modo admitir.

VIII. Todavia, a afirmação da exceção do caso julgado – obviamente do caso julgado material – encontra alguns limites, tendo parecido à CSTP que o respetivo valor de consolidação jurídica não deve prevalecer nalguns casos particulares, mediante o preenchimento de duas condições, a decidir pelo próprio Tribunal Constitucional, com a aparência de ser um ato judicial discricionário:

(i) a norma considerada inconstitucional respeitar ao Direito Sancionatório em geral, nele se incluindo o Direito Penal (ilícito penal), o Direito Disciplinar (ilícito disciplinar) e o Direito Contraordenacional (ilícito de mera ordenação social), por aqui se pressupondo uma intervenção compressora dos direitos fundamentais individuais, de entre as razões possíveis, as mais for-

tes para justificarem um desvio à aplicação do princípio do caso julgado;

(ii) a norma considerada inconstitucional ser *"...de conteúdo menos favorável ao arguido..."*, num juízo comparativo em relação à situação hipotética que existiria no caso de não ser aplicada esta exceção, por desvalorização normal no âmbito da declaração de inconstitucionalidade, ideia de norma "menos favorável" que pressupõe um juízo concreto, incluindo uma situação menos desvantajosa, no caso de haver uma norma sancionatória menos dura, ou uma situação de todo em todo não desvantajosa, por nenhuma norma sancionatória se aplicar.

IX. A delimitação dos efeitos das decisões positivas de inconstitucionalidade que pudemos até agora observar têm em comum serem pré-fixadas ao nível do texto constitucional, estabelecendo-se os limites em que isso pode suceder, ainda que com alguma liberdade de decisão, conquanto não liberdade de estipulação, por parte do Tribunal Constitucional.

A verdade é que este alto tribunal pode produzir decisões positivas de inconstitucionalidade dispondo de uma muito maior liberdade conformativa da sua amplitude, dizendo a CSTP que "Quando a segurança jurídica, razões de equidade ou interesse público de excecional relevo, que deverá ser fundamentado, o exigirem, poderá o Tribunal Constitucional fixar os efeitos da inconstitucionalidade ou da ilegalidade com alcance mais restrito do que o previsto nos nos 1 e 2"[67].

---

[67] Art. 150.º, n.º 4, da CSTP.

A condição geral para que estas decisões sejam tomadas está longe de corresponder a uma mera cláusula vazia e assenta antes numa preocupação substantiva concernente à irrupção de valores que circunstancialmente possam competir com o princípio da constitucionalidade, numa listagem que só pode ser taxativa, dada a excecionalidade do preceito em causa:

- razões de "segurança jurídica": sempre que a decisão geral de invalidação da norma inconstitucional provocasse incerteza jurídica na legislação alternativamente aplicável, ou representasse uma inadmissível frustração de expectativas que se considerassem estabilizadas;
- razões de "equidade"[68]: sempre que a decisão geral de invalidação da norma inconstitucional criasse um desequilíbrio na solução jurídica dada a situações particulares, fazendo emergir um significativo desejo de tratar situações passadas de um modo diverso, como através de legislação a considerar inconstitucional só para o futuro;
- razões de "interesse público de excecional relevo": sempre que a decisão geral de invalidação da norma inconstitucional, numa óbvia cláusula geral residual, abarcando motivos não contemplados nas cláusulas anteriores, impusesse uma perturbação em qualquer outro interesse público, desde que de excecional relevo, numa avaliação sobretudo qualitativa, neles sobressaindo razões de cunho financeiro e fiscal.

---

[68] Quanto a esta aplicação prática da equidade, v. Diogo Freitas do Amaral, *Manual de Introdução ao Direito*, I, Coimbra, 2004, pp. 128 e ss.

A decisão que venha a ser tomada submete-se ainda, no plano formal, a uma especial fundamentação, diretamente relacionada com a exigibilidade da solução proposta à luz daquelas mesmas razões.

A modelação da decisão positiva de inconstitucionalidade, com a invocação destas razões, pode ser feita segundo o critério temporal: a redução da eficácia retroativa da declaração de inconstitucionalidade, no limite até ao momento em que o acórdão é publicado, tendo nesse caso a decisão, não efeitos *ex tunc*, como é normal, mas só efeitos *ex nunc*.

Não parece que outros critérios se possam apresentar relevantes, sob pena da subversão global da função do mecanismo da fiscalização abstrata da constitucionalidade:

- *a modelação em razão do território*: seria a decretação da inconstitucionalidade apenas nalgumas parcelas do território, o que não parece admissível à luz da unidade constitucional do território são-tomense;
- *a modelação em razão das pessoas*: seria a decretação da inconstitucionalidade apenas para certas categorias de pessoas, o que não parece aceitável à luz de um mínimo estatuto de igualdade jurídica, mesmo que essa teórica restrição respeitasse formalmente o princípio da generalidade.

6. A fiscalização da inconstitucionalidade por omissão

I. A *fiscalização da inconstitucionalidade por omissão* assenta num pressuposto radicalmente diverso daquele que substancia os tipos de fiscalização da constitucionalidade que pudemos apreciar, que é *a inconstitucionalidade, não por ação, mas por omissão*. Esta inconstitucionalidade por omissão significa a ausência de atos jurídico-públicos que a CSTP imponha e sem os quais ela não pode ser cumprida: a sua violação, na inconstitucionalidade por omissão, acontece pela não promanação dos atos jurídico-públicos constitucionalmente devidos[69].

II. O leque das inconstitucionalidades por omissão é muito variado, em função de outros tantos critérios, em parte coincidentes com os critérios da inconstitucionalidade por ação, sendo de assinalar estes mais relevantes:
– *em função da natureza do ato em falta*: inconstitucionalidade por omissão de atos legislativos, políticos, administrativos ou jurisprudenciais;
– *em função da natureza da norma ou princípio constitucional violado*: inconstitucionalidade por omissão de atos impostos pela Constituição, quer nas suas normas, quer nos seus princípios, para a tornarem diretamente exequível e imediatamente aplicável;
– *em função da extensão da omissão violadora da Constituição*: inconstitucionalidade por omissão total – sempre que

---

[69] Quanto ao conceito de inconstitucionalidade por omissão, v. Jorge Miranda, *Manual...*, VI, pp. 272 e ss.; J.J. Gomes Canotilho, *Direito Constitucional e Teoria...*, pp. 1033 e ss.; Jorge Pereira da Silva, *Dever de legislar e proteção constitucional contra omissões legislativas*, Lisboa, 2003, pp. 11 e ss.; Alan Bohnenberger, *O silêncio legislativo na Constituição da República Portuguesa, na Constituição da República Federativa do Brasil e na Constituição Europeia*, Coimbra, 2004, pp. 38 e ss.

a ausência de ato devido seja global – e inconstitucionalidade por omissão parcial – sempre que a ausência apenas atinja parte do dever de cumprir a Constituição;
- *em função da relação da omissão para com a Constituição violada*: *inconstitucionalidade por omissão antecedente* – sempre que a violação da Constituição se afira pela ausência de um ato devido e exigido pela Constituição – e *inconstitucionalidade por omissão consequente* – sempre que a violação da Constituição se concretize na falta de um ato jurídico-público que não permita executar a Constituição que apresenta um outro ato de mediação entre ela própria e a realidade constitucional.

III. Mas a inconstitucionalidade por omissão, que assim se pode delimitar, não está inteiramente coberta pela fiscalização da inconstitucionalidade por omissão prevista na CSTP[70], compaginando as dimensões substantiva e processual.

---

[70] Sobre a fiscalização da inconstitucionalidade por omissão prevista na Constituição Portuguesa, v. Jorge Miranda, *Inconstitucionalidade por omissão*, in AAVV, *Estudos sobre a Constituição*, I, Lisboa, 1977, pp. 339 e ss., *Inconstitucionalidade*, pp. 489 e ss., *A fiscalização da inconstitucionalidade por omissão no ordenamento constitucional português*, in AAVV, *Inconstitucionalidad por omisión* (coord. de Víctor Bazán), Santa Fé de Bogotá, 1997, pp. 160 e ss., e *Manual...*, VI, pp. 272 e ss.; Marcelo Rebelo de Sousa, *Direito Constitucional...*, pp. 369 e 370; J. J. Gomes Canotilho, *Constituição dirigente e vinculação do legislador*, Coimbra, 1982, pp. 351 e ss., e *Direito Constitucional e Teoria...*, pp. 1037 e ss.; Pierre Bon, *La Justice...*, pp. 148 e ss.; Luís Nunes de Almeida, *O Tribunal...*, pp. 946 e 947; Jorge Bacelar Gouveia, *Inconstitucionalidade por omissão; consultas diretas aos cidadãos a nível local – ano-*

Trata-se de um caso em que, no Direito Constitucional São--Tomense, não ocorre a total coincidência entre o esquema processual da fiscalização e os casos possíveis de inconstitucionalidade por omissão, o que se deve a duas razões primordiais:

- *por uma opção política*, de não conferir um excessivo peso à fiscalização da inconstitucionalidade por omissão;
- *por uma opção técnica*, de não ser possível tudo fiscalizar no caso da inconstitucionalidade por omissão, que mostra hipóteses insindicáveis deste ponto de vista.

É assim que, dentro do amplo conjunto de exemplos da inconstitucionalidade por omissão, a CSTP fez a opção de apenas fiscalizar *a omissão de atos legislativos destinados a executar as fontes constitucionais imediatamente aplicáveis*: "...o Tribunal Constitucional aprecia e verifica o não cumprimento da Constituição por omissão das medidas legislativas necessárias para tornar exequíveis as normas constitucionais"[71].

---

tação ao *Acórdão n.° 36/90 do Tribunal Constitucional*, in *O Direito*, ano 122.°, 1990, II, pp. 420 e ss.; J. J. Gomes Canotilho e Vital Moreira, *Constituição...*, pp. 1046 e ss.; J. J. Fernández Rodríguez, *La inconstitucionalidad por omisión en Portugal*, in *Revista de Direito e Estudos Sociais*, ano XXXVII, II série, 1995, n°s 1, 2 e 3, pp. 265 e ss., e *La inconstitucionalidad por omisión*, Madrid, 1998, pp. 247 e ss.; Miguel Lobo Antunes, *Tribunal...*, pp. 443 e 444; Francisco Fernández Segado, *La inconstitucionalidad por omisión: cauce de tutela de los derechos de naturaleza socioeconómica?*, in AAVV, *Inconstitucionalidad por omisión* (coord. de Víctor Bazán), Santa Fé de Bogotá, 1997, pp. 25 e ss.; Giovanni Vagli, *Prime riflessioni sul controllo di costituzionalità per omissione in Portogallo*, in AAVV, *Perspetivas Constitucionais*, III, Coimbra, 1998, pp. 1087 e ss.; Fernando Alves Correia, *Justiça Constitucional*, pp. 95 e ss.; Jorge Pereira da Silva, *Dever de legislar...*, pp. 139 e ss.

[71] Art. 148.°, n.° 1, *in fine*, da CSTP.

IV. A delimitação do conceito de "medida legislativa necessária" para tornar exequíveis as normas constitucionais suscita um primeiro problema a respeito da amplitude com que, nestes termos, funciona o padrão da constitucionalidade, sendo certo que alguns desvios, pelo menos, literais se apresentam:

- por um lado, não se faz qualquer alusão aos princípios constitucionais, mas não se pode esquecer que estes, tal como as normas, igualmente integram o bloco da constitucionalidade;
- por outro lado, o bloco da constitucionalidade que se afigura relevante reduz-se ao texto da CSTP, ainda que do mesmo modo a força normativa da CSTP se afira por outras disposições constitucionais, mesmo se documentalmente fora da CSTP.

São as soluções mais amplas que justificam os dois casos mencionados: não apenas os princípios devem ser considerados, ainda que a sua exequibilidade por normas infraconstitucionais possa ser mais discutível, como qualquer disposição constitucional deve servir de parâmetro para a fiscalização da inconstitucionalidade por omissão, a partir do alargamento formal do bloco da constitucionalidade, que aqui tem uma das suas mais importantes aplicações.

V. A delimitação do conceito de "medida legislativa necessária" carece de ser feita do ponto de vista do ato omissivo assim violador do texto constitucional.

Por mais redutora que pareça tal solução, resulta seguro que a fiscalização da inconstitucionalidade por omissão quer restringir-se aos atos de natureza legislativa, assim se excluindo quaisquer outros atos cuja omissão possa ser do mesmo modo relevante sob a lógica da violação da CSTP por omissão.

Contudo, não deixa de ser curioso verificar que o texto constitucional, na identificação da inconstitucionalidade por omissão relevante no âmbito deste tipo de fiscalização, não se preocupa com a identificação de tipos formais de atos legislativos, antes se refugia num conceito mais fugidio de "medida legislativa" que em mais algum lugar o texto constitucional conhece.

Portanto, parece plausível considerar que este tipo de fiscalização, na configuração do seu objeto, não se deixa agrilhoar por certas categorias formais de atos legislativos e os encara com grande amplitude, dentro de duas balizas extremas:

- por um lado, a lei em sentido material, devendo o ato jurídico-público em falta ter aquela contextura;
- por outro lado, ser infraconstitucional no sentido de com a sua existência se permitir a exequibilidade do texto constitucional.

A concretização dos atos legislativos incluídos vai desde a lei de revisão constitucional – no seu estrito lado de poder constituído – aos diversos atos de natureza legislativa.

Em contrapartida, não parece que tenha sentido a expansão do conceito de "medida legislativa", um pouco como o que sucedeu em relação ao conceito de norma na sua qualidade de objeto geral dos processos de fiscalização sucessiva da constitucionalidade, para outras funções jurídico-públicas apenas com base na sua normatividade, a não ser em alguns casos excecionais.

VI. A delimitação do conceito de "medida legislativa necessária" completa-se pela avaliação da situação existente, sob a ótica da aplicação da CSTP, no caso de um ato legislativo devido não ter sido produzido.

Uma das perspetivas a considerar é a da valoração da relação de necessidade de certo ato legislativo do prisma da exequibilidade da Constituição.

A inconstitucionalidade por omissão a ser analisada radica na função específica a atribuir ao ato legislativo em falta sob o prisma de o mesmo ser apto, na sua eficácia, a conseguir a aplicação da Constituição.

Não basta, assim, um qualquer ato legislativo, mas impõe-se a eficácia de um ato legislativo que se mostre ter uma aptidão de exequibilidade constitucional, sabendo-se que a efetividade da Constituição depende dele mesmo, ainda no caso de essa efetividade ser plural, por não depender apenas de um singelo ato legislativo.

Porém, essa efetividade constitucional pode ser prejudicada nalgumas situações, todas elas, apesar de diversas, originando um juízo de inconstitucionalidade por omissão[72]:

– *a omissão total da medida legislativa necessária,* caso em que, pura e simplesmente, o diploma de que se carece não se afigura eficaz;
– *a omissão quantitativamente parcial da medida legislativa*

---

[72] Cfr. Jorge Bacelar Gouveia, *Inconstitucionalidade por omissão...*, p. 421.

necessária, numa hipótese em que um ou até vários diplomas legislativos conferem alguma exequibilidade à Constituição, mas não na extensão máxima que ela pressupõe, executando-a somente em parte, numa apreciação de tipo quantitativo;
– *a omissão qualitativamente parcial da medida legislativa necessária*, cenário em que se considera a Constituição inexequível por os atos legislativos, não obstante vigentes, se mostrarem insuficientes ou inadequados à plenitude da exequibilidade da lei fundamental, tal como ela foi concebida, numa apreciação qualitativa.

VII. Outra perspetiva que cumpre do mesmo modo referir neste terceiro aspeto da relação entre a omissão legislativa e o bloco da constitucionalidade é percebida no âmbito do procedimento de elaboração dos atos legislativos.

A aplicação da CSTP por intermédio de atos legislativos só vem a suceder, em termos práticos, quando tais atos, além de existirem, são válidos e vigentes. Deste modo, deixa de haver omissão legislativa no caso de os atos legislativos considerados necessários terem alcançado o patamar da efetividade jurídico-legal, que é dada pelo conceito de eficácia normativa.

Do que se carece é de uma apreciação substancialmente orientada acerca dos casos em que a omissão legislativa, por razões procedimentais, não acarrete o resultado da inconstitucionalidade por omissão.

A consideração de diversas situações até permite tipificar exceções possíveis, de natureza procedimental, para se concluir pela não inconstitucionalidade por omissão, apesar da ausência de medida legislativa[73]:

- *quanto ao tempo necessário de elaboração*: por não ter transcorrido, desde a entrada em vigor da norma constitucional cuja fiscalização por omissão se analisa, o tempo considerado indispensável para permitir a edição da medida legislativa em falta, sendo certo que há um procedimento com a sua tramitação e que isso não se opera através de um ato instantâneo;
- *quanto ao funcionamento dos órgãos*: períodos há, mais longos ou mais curtos, em que os órgãos legiferantes não estão operacionais – no caso de recesso parlamentar – ou estão apenas parcialmente operacionais, não estando na plenitude das suas funções – os governos de gestão ou o Parlamento dissolvido;
- *quanto às relações interorgânicas*: o procedimento legislativo não inclui apenas a produção da vontade de um só órgão, mas antes considera a conjunção de diversas vontades, que se harmonizam em termos de produzir um ato final, outro fator a levar em consideração, no início e na conclusão do procedimento legislativo;
- *quanto à natureza das matérias objeto de legiferação*: nem todas as matérias a merecer um tratamento legislativo oferecem o mesmo grau de complexidade, podendo dar-se o caso de se enfrentar um domínio extremamente complexo, com normas técnicas, que dificulte

---

[73] Apresentando essas razões, Jorge Bacelar Gouveia, *Inconstitucionalidade por omissão...*, pp. 421 e 422.

a sedimentação de um projeto legislativo que possa satisfatoriamente prover efetividade à norma constitucional.

Nem sempre o juízo da inconstitucionalidade por omissão se basta com uma omissão legislativa naturalisticamente avaliada: antes muitas vezes se precisa de uma omissão legislativa constitucionalmente valorada, assim se percebendo bem as diferenças entre uma coisa e outra.

A regra geral é, pois, a de haver inconstitucionalidade por omissão caso faltem, total ou parcialmente, as medidas legislativas necessárias para executar as normas constitucionais ou, caso elas existam, elas sejam inadequadas ou insuficientes; mas em certas situações, porém, pode o Tribunal Constitucional assim não entender se se verificarem exceções procedimentais que justificam, pela natureza das coisas, essa omissão ou insuficiência[74].

VIII. O processo de fiscalização da inconstitucionalidade por omissão pode ser desencadeado em qualquer momento por duas entidades distintas, ainda que assente em dois fundamentos diversos[75]:

– *com base num fundamento geral*, assim acedendo a todas as partes da violação da CSTP por omissão, o pedido

---

[74] Jorge Bacelar Gouveia, *Inconstitucionalidade por omissão*..., p. 422, aqui se acrescentando que "...o poder de valorar essas situações não briga com a separação de poderes, dado que é a própria Lei Fundamental que o permite, nem com o caráter objetivista da fiscalização, visto que se procede, sempre, a apreciações baseadas em factos cognoscíveis, que não dependem da vontade dos órgãos legiferantes."
[75] Cfr. o art. 148.º, n.º 1, primeira parte, da CSTP.

de fiscalização pode ser desencadeado pelo Presidente da República;
— *com base num fundamento específico*, a "...violação de direitos da Região Autónoma do Príncipe...", o pedido de fiscalização pode ser requerido pelo Presidente da respetiva Assembleia Legislativa regional[76].

A posterior tramitação do processo no Tribunal Constitucional integra as mesmas fases que se encontram presentes no processo de fiscalização abstrata sucessiva da constitucionalidade, para cujo regime o ALTC diretamente remete: "Ao processo de apreciação do não cumprimento da Constituição por omissão das medidas legislativas necessárias para tornar exequíveis as normas constitucionais é aplicável o regime estabelecido na secção anterior, salvo quanto aos efeitos"[77].

IX. O *efeito* da fiscalização da inconstitucionalidade por omissão é meramente declarativo, consistindo no seguinte: "Quando o Tribunal Constitucional verificar a existência de inconstitucionalidade por omissão, dará disso conhecimento ao órgão legislativo competente"[78].

A decisão positiva na fiscalização da inconstitucionalidade por omissão é a mera verificação – o Tribunal Cons-

---

[76] Entendendo-se que neste caso de violação dos direitos das Regiões Autónomas, aqueles órgãos, com legitimidade processual ativa geral, igualmente podem requerer esta fiscalização da inconstitucionalidade por omissão.
[77] Art. 70.º do ALTC.
[78] Art. 148.º, n.º 2, da CSTP.

titucional "verifica" – de uma omissão legislativa que torna inexequível a CSTP, facto que, todavia, não espelha a atribuição, ainda que excecional e provisória, de competências legislativas àquele tribunal, nem mesmo a decisão consiste em qualquer recomendação no sentido de legislar para produzir a normação em falta.

A SUSPENSÃO DE FUNÇÕES DOS MEMBROS DO GOVERNO CRIMINALMENTE ACUSADOS NA CONSTITUIÇÃO DA REPÚBLICA DEMOCRÁTICA DE TIMOR-LESTE[1]

CONSULTA

Com caráter de urgência, o Excelentíssimo Senhor Presidente do Parlamento Nacional de Timor-Leste solicita-me a elaboração de um parecer jurídico sobre o regime da suspensão do exercício de funções governativas na situação de formulação, pelo Ministério Público, de uma acusação criminal não definitiva.

Com este pedido de parecer jurídico, pretende-se esclarecer os termos em que tal levantamento de imunidade está previsto na Constituição da República Democrática de Timor-Leste.

1. Introdução

1.1. *Tema do parecer*

O assunto sobre o qual é solicitado este parecer jurídico prende-se com uma matéria particular do regime das imunidades dos governantes, conforme o mesmo se encontra

---

[1] Parecer de Direito. Publicado na *Revista de Direito Público*, n.º 4, julho/dezembro de 2010, pp. 247-263.

estabelecido na Constituição da República Democrática de Timor-Leste, podendo resumir-se à seguinte pergunta: como se realiza a suspensão de funções dos membros do Governo que sejam criminalmente acusados pela prática de crimes por parte do Ministério Público?

1.2. *Questões a considerar*

Quer isto dizer que, após a breve descrição do sentido geral das imunidades dos governantes, importa versar dois pontos cruciais:

- primeiro, *saber quais os pressupostos que justificam o efeito da suspensão de funções dos membros do Governo*, particularmente definir a conceptualização da "acusação criminal definitiva" que lhe subjaz;
- depois, *saber em que condições se efetiva a decretação daquela suspensão de funções*, de acordo com algumas variáveis que se colocam a este propósito.

No final, *haverá a oportunidade para apresentar as conclusões de um modo sistemático, assim se sintetizando o nosso pensamento.*

2. As Imunidades dos Governantes e dos Membros do Governo

2.1. *As situações funcionais dos titulares de órgãos jurídico-públicos*

De um modo geral, os governantes são titulares de *situações funcionais*, as quais incluem um feixe de posições ativas e passivas reguladas pelo Direito Constitucional[2]:

- *poderes relacionados com o exercício da atividade jurídico--pública*, assim participando no funcionamento do órgão, para além de outras faculdades instrumentais que permitem o exercício daqueles poderes;
- *direitos relacionados com os benefícios de que são titulares*, incluindo as remunerações e outros benefícios materiais;
- *imunidades relacionadas com a garantia da liberdade do exercício das suas funções*, imunidades que se desdobram na irresponsabilidade pelas opiniões emitidas e na inviolabilidade das respetivas pessoas contra a aplicação de medidas penais;
- *deveres relacionados com o bom exercício da função parlamentar*, contribuindo para a sua máxima efetividade e que se traduzem na responsabilidade das competências parlamentares, para além de outros deveres que sobre eles impendem, como em matéria de transparência, assim como em matéria de incompatibilidades e impedimentos.

2.2. *As imunidades dos governantes em geral*

O tema geral que propicia a elaboração do presente parecer jurídico relaciona-se com as *imunidades dos governantes*, as quais correspondem a *situações funcionais dos titulares*

---

[2] Sobre as situações funcionais em geral, v. JORGE BACELAR GOUVEIA, *Manual de Direito Constitucional*, II, 3ª ed., Coimbra, 2009, p. 1184.

dos órgãos públicos que visam o melhor exercício dessas mesmas tarefas.

Não é um tema fácil na medida em que, no debate público, têm sido referidos problemas de abuso dessas mesmas garantias. Todavia, não é viável defender, dentro do enquadramento próprio do Estado de Direito Democrático[3], qualquer solução de simples extinção dessas mesmas imunidades, elas conseguindo desempenhar um inquestionável papel de defesa da liberdade decisória dos governantes.

É evidente que este debate favorece alterações pontuais no regime aplicável, o que, de resto, tem sido levado a cabo nalguns países no contexto de reformas constitucionais, embora sem nunca se perder o norte da sua essencialidade para a preservação da autonomia deliberativa dos órgãos constitucionais do Estado.

2.3. *O sentido específico das imunidades dos governantes*

Neste contexto, *as imunidades correspondem a uma relevante parcela das situações funcionais de que os titulares de órgãos jurídico-públicos são titulares*, as quais se apresentam sob duas dimensões distintas:

– *a irresponsabilidade*; e
– *a inviolabilidade*.

---

[3] Sobre o princípio do Estado de Direito Democrático, v. JORGE BACELAR GOUVEIA, *Manual...*, II, pp. 791 e ss.

A *irresponsabilidade* significa que, dentro de certos limites, pelo exercício das funções jurídico-públicas não nascem responsabilidades jurídicas, seja qual for a sua natureza.

A *inviolabilidade* implica que pelo exercício das funções jurídico-públicas, igualmente considerando certos limites, não pode a pessoa do titular do órgão de soberania ser incomodada na sua liberdade pessoal, proibindo-se a sua detenção ou prisão.

2.4. *Os limites das imunidades dos governantes*

Simplesmente, não se pode dizer que estas imunidades sejam totais, na medida em que estão previstas restrições no sentido de evitar que o exercício de tais situações funcionais venha a ser pervertido contra as finalidades que a sua existência precisamente visa proteger, devendo estar ao serviço do Estado e não podendo as mesmas ser utilizadas contra os superiores interesses do próprio Estado.

Daí que *nenhuma destas imunidades, nas dimensões que as acompanham, possa alguma vez mostrar-se absoluta* porque delas decorre a aposição de limites, jamais funcionando como refúgios ilegítimos para quem exerce indevidamente as competências públicas violando os seus deveres funcionais.

3. As imunidades dos membros do Governo de Timor-Leste perante a situação de suspensão de funções governativas

3.1. *As fontes constitucionais das imunidades dos membros do Governo*

Nos termos daquilo que se encontra estabelecido na Constituição da República Democrática de Timor-Leste, as imunidades dos membros do Governo são essencialmente construídas com base no regime das imunidades aplicáveis aos Deputados do Parlamento Nacional, sofrendo depois uma adaptação em atenção à natureza governamental dos poderes destes titulares de órgãos de soberania.

São dois os pertinentes preceitos constitucionais, os quais, pela sua relevância central na dilucidação da questão colocada neste parecer jurídico, merecem transcrição total:

Artigo 113.º
(Responsabilidade criminal dos membros do Governo)

"1. O membro do Governo acusado definitivamente por um crime punível com pena de prisão superior a dois anos é suspenso das suas funções, para efeitos de prosseguimento dos autos.

2. Em caso de acusação definitiva por crime punível com pena de prisão até dois anos, caberá ao Parlamento Nacional decidir se o membro do Governo deve ou não ser suspenso, para os mesmos efeitos."

Artigo 114.º
(Imunidades dos membros do Governo)

"Nenhum membro do Governo pode ser detido ou preso sem autorização do Parlamento Nacional, salvo por crime a que corresponda pena de prisão cujo limite máximo seja superior a dois anos e em flagrante delito."

3.2. *A dupla imunidade dos membros do Governo e a preponderância do Parlamento Nacional*

Tal como outros titulares de órgãos de soberania, os membros do Governo beneficiam da mencionada dupla perspetiva das imunidades constitucionais.

Contudo, há um ponto do regime da imunidade dos membros do Governo em que sobressai a posição cimeira do órgão parlamentar. Isso claramente se justifica pelo facto de, no sistema de governo timorense, ser o Governo politicamente responsável perante o Parlamento Nacional e ser com base nos resultados das eleições para esse órgão que o Governo se forma: ser o Parlamento Nacional a decidir assuntos da imunidade dos membros do Governo[4].

3.3. *O nó górdio da suspensão de funções após acusação criminal definitiva*

Mas não é todo o regime das imunidades dos membros do Governo que está em apreciação neste parecer jurídico,

---

[4] Sobre o sistema de governo timorense, v. JORGE BACELAR GOUVEIA, *Manual de Direito Constitucional*, I, 3ª ed., Coimbra, 2009, pp. 366 e ss.

antes apenas o ponto específico — sobre o qual foi pedida a nossa indagação — que *consiste em dilucidar o regime da suspensão dos membros do Governo na situação de acusação criminal contra eles formulada pelo Ministério Público.*

Cumpre discernir entre *duas hipóteses distintas*, tal como as correspondentes duas normas separadas se localizam em cada um dos dois preceitos insertos no art. 113.° da Constituição de Timor-Leste:

- *1ª hipótese*: *a acusação criminal definitiva corresponder a um crime punível com pena superior a dois anos* — o membro do Governo "...é suspenso das suas funções, para efeitos de prosseguimento dos autos";
- *2ª hipótese*: *a acusação criminal definitiva corresponder a um crime punível com pena inferior ou igual a dois anos* — "... caberá ao Parlamento Nacional decidir se o membro do Governo deve ou não ser suspenso, para os mesmos efeitos".

3.4. *A primeira questão: o sentido constitucional da acusação criminal definitiva*

A delimitação do tema do presente parecer jurídico reduz o interesse da explicitação do regime da quebra das imunidades à primeira hipótese equacionada, pelo que não se justifica referir a segunda hipótese que também foi mencionada.

Isto significa que o levantamento da imunidade dos membros do Governo, na sua incidência restrita do ponto de vista da continuação das suas funções governativas, fica dependente deste pressuposto fundamental e que cumpre agora averiguar: *haver uma acusação criminal definitiva em relação a um crime punível com pena de prisão superior a dois anos.*

Não parecendo difícil esclarecer em que consiste o conceito da pena de prisão superior a dois anos, o esforço deve dirigir-se à densificação do conceito constitucional de "acusação criminal definitiva" ou, simetricamente, de "acusação criminal não definitiva" ou "provisória".

3.5. *A segunda questão: os termos da operacionalização do efeito de suspensão dos membros do Governo*

Porém, essa não será uma explicação suficiente porque do mesmo modo se colocam dúvidas relacionadas com a decretação do efeito inerente ao levantamento da imunidade, que se resumem exatamente em saber como se operacionaliza a suspensão das funções governativas no caso de aquela previsão normativa se encontrar preenchida.

Este será, pois, um outro ponto de apreciação, até bem necessário perante o laconismo do texto constitucional timorense, ao apenas dizer que o membro do Governo é suspenso, nada mais acrescentando a esse respeito, sendo certo que um tal dramático efeito suspensivo carece de um cabal esclarecimento, a bem da certeza jurídica das funções constitucionais.

Eis um segundo aspeto a ser devidamente analisado no âmbito deste parecer jurídico e que tem suscitado legítimas incertezas interpretativas para quem lê a Constituição de Timor-Leste de um modo simplesmente literal.

4. A previsão normativa: o sentido constitucional prevalecente da acusação definitiva como fase de proteção dos direitos dos arguidos governantes

4.1. *A "acusação definitiva" como conceito constitucional próprio*

Certamente que a maior dificuldade que suscita o regime da suspensão de funções dos membros do Governo, na sequência de uma acusação criminal, diz respeito ao momento em que tal decisão vai ser tomada no contexto do processo penal.

O texto constitucional timorense, diretamente se inspirando em preceito idêntico da Constituição da República Portuguesa, explicitamente refere a "acusação definitiva" em processo criminal.

O problema é que se trata de um conceito que no Direito de Timor-Leste, se bem que com guarida na Lei Constitucional, não se traduz, a seguir, na realidade da sua legislação ordinária processual penal.

Todavia, parece seguro que tal conceito tem de ser substancializado no papel que desempenha no regime da suspensão do exercício de funções dos membros do Governo na sequência de acusação criminal formulada.

A circunstância de a legislação ordinária não ter consagrado tal conceito é irrelevante para efeitos da sua melhor compreensão dada a prevalência do texto constitucional sobre toda a Ordem Jurídica.

4.2. *A origem constitucional portuguesa do conceito de "acusação definitiva"*

O sentido da "acusação definitiva", tal como ela é enunciada no texto da Constituição de Timor-Leste, só pode ser devidamente entendido segundo o significado que ele adquiriu na Constituição Portuguesa, de onde o mesmo foi importado e nas suas raízes com o sistema português de processo penal.

Não se trata, por ora, de questionar a bondade de uma solução que se foi beber a outro país, pois isso é frequente neste mundo globalizado em que as soluções jurídicas são cada vez mais comuns entre países de uma mesma família de Direito, no caso o Direito de Língua Portuguesa[5].

Trata-se, sim, de compreender tal conceito no contexto onde originariamente nasceu e se desenvolveu, aí percebendo as suas implicações jurídico-normativas na proteção que adita ao regime das imunidades dos governantes.

4.3. *A substancialização do conceito de "acusação definitiva" com base nos direitos fundamentais do arguido*

O sentido constitucional da "acusação definitiva" no texto da Constituição Portuguesa está intimamente ligado à *estrutura tripartida do processo penal português*, que se desenrola em *três fases*:

i) *uma primeira fase de inquérito*, sob a autoridade do Ministério Público, que termina com o arquivamento

---

[5] Sobre as muitas proximidades no Constitucionalismo de Língua Portuguesa, v. JORGE BACELAR GOUVEIA, *Manual...*, I, pp. 342 e ss.

ou com a acusação da prática de crimes da sua responsabilidade;
ii) *uma segunda fase de instrução*, da competência de um magistrado judicial, destinada à comprovação judicial da acusação; e finalmente
iii) *uma terceira fase de julgamento*, por outro ou outros juízes também da magistratura judicial.

Neste contexto, a "acusação definitiva" corresponde à pronúncia do arguido após a conclusão da segunda fase de instrução ou, no caso de esta não ter sido requerida, sendo facultativa, à sua consolidação com a passagem *per saltum* à terceira fase do julgamento penal.

Fica muito claro no regime português de suspensão do exercício de funções dos governantes que não é uma qualquer acusação criminal que tem a virtualidade de desencadear os correspondentes efeitos: *é uma acusação confirmada ou consolidada, na qual se assume a preocupação com a defesa dos direitos do arguido governante, que não pode submeter-se à maior vulnerabilidade de ser suspenso das suas funções logo por efeito de uma primeira acusação, que não se reveste daquele caráter definitivo e na qual não foi ouvido ou sequer se obteve a intervenção de uma magistratura independente, como é o caso da magistratura judicial.*

4.4. *A dupla perspetiva garantística do conceito de "acusação definitiva"*

Para o Direito Constitucional Português, o conceito de "acusação definitiva" tem um óbvio significado garantístico e jamais pode ser desligado da sua teleologia na proteção reforçada que confere ao arguido, a qual também aproveita ao arguido que seja membro do Governo, *proteção reforçada essa que se apresenta dupla se considerarmos duas perspetivas diferenciadas do mesmo modo presentes*:

- *do ponto de vista funcional, poder a acusação ser confirmada por outra instância diversa do Ministério Público*, retirando a esta entidade o monopólio de fazer uma acusação criminal logo suspensiva, assim se desconcentrando um poder tão forte, que é atribuído ao tribunal, composto por magistrados judiciais e não por funcionários do Ministério Público; e
- *do ponto de vista material, poder a acusação ser confirmada apenas num momento em que o arguido governante interveio processualmente, dando a sua versão acerca dos acontecimentos de que é acusado perante a magistratura judicial*, com a possibilidade de efetivamente se defender e isso antes de se passar à fase final do julgamento.

4.5. *A não receção do conceito constitucional português de "acusação definitiva" pelo Direito Processual Penal timorense ordinário*

É exatamente este o sentido que foi também adotado pelo Direito Constitucional de Timor-Leste, ao ter recebido a influência de homólogo preceito do Direito Constitucional Português.

A verdade, porém, é que a observação da realidade da legislação processual penal timorense ordinária constante do Código de Processo Penal não permite encontrar um mesmo padrão de correspondência com os simétricos conceitos constitucionais de "acusação provisória" e de "acusação definitiva".

Com que solução podemos deparar no Direito Processual Penal de Timor-Leste?

Com a ausência de uma autónoma fase de instrução, apenas se aceitando que na fase do julgamento o juiz proceda a uma apreciação preliminar do mérito da acusação, tal nem sequer minimamente se ajustando, no plano material, ao que se exige avaliando o conceito constitucional em matéria de pressupostos para se efetuar a suspensão dos membros do Governo.

Analisando bem, ainda que se possa deslindar uma subtil pré-fase de julgamento atribuída ao juiz judicial, com alguma parecença com o objetivo da instrução como fase autónoma definida no Direito Português, certo é que nessa fase não é dada a possibilidade ao arguido, após a acusação pelo Ministério Público, de fazer a demonstração da sua inocência, na medida em que tal pré-fase de julgamento no Direito de Timor-Leste – depois da investigação que acusa e antes do julgamento propriamente dito – não confere ao arguido a substância de um conjunto de direitos de defesa.

Ora, é manifestamente elemento componente do conceito constitucional de acusação definitiva a sua correspondência a uma pronúncia, realizada após uma fase de instrução contraditória ou a uma acusação que se consolidou por não ter sido requerida pelo arguido.

4.6. *A insuficiência da apreciação preliminar do juiz judicial, na fase de julgamento, para respeitar o conceito constitucional de "acusação definitiva"*

Não é isso o que sucede no processo penal de Timor--Leste, que não autonomiza com materialidade uma fase de instrução que possa equivaler à acusação definitiva que o seu próprio texto constitucional preconiza no contexto das imunidades dos governantes.

É certo que existe uma apreciação preliminar, dentro da fase de julgamento, feita perante uma entidade diversa do Ministério Público, que é o magistrado judicial, a qual aparece antes de o julgamento propriamente se iniciar.

Só que não é menos verdade que esse momento processual penal, que ocorre como prelúdio do julgamento, se apresenta desvitalizado do ponto de vista dos direitos que devem ser conferidos ao arguido, uma vez que este não tem o direito de se defender perante o juiz no contexto daquela mencionada apreciação preliminar do mérito da acusação.

Alguns dirão que, ainda assim, existe um momento processual em que um juiz avalia, antes da marcação do julgamento, o mérito da acusação, podendo decidir a sua consolidação ou podendo decidir, ao invés, a sua rejeição, assim se preenchendo – se bem que com nomenclatura diversa – a exigência constitucional de haver uma acusação que se torna definitiva antes do julgamento e deste autonomizada.

Não é o que pensamos: *mesmo que o arguido veja a acusação aceite para efeitos de marcação de julgamento, esse é um ato processual do juiz que, na sua substância, não oferece qualquer oportunidade de defesa ao arguido antes do julgamento no exercício dos direitos fundamentais que subjazem ao conceito constitucional de acusação definitiva, o qual tem que ver, precisamente, com a ideia de uma comprovação judicial autónoma da acusação e em que se exercitam básicos direitos dos arguidos fora do ambiente do julgamento final.*

Para que isso fique demonstrado, basta ver as circunstâncias que delimitam o poder de decisão do juiz, nos termos do art. 239.º do Código de Processo Penal de Timor-Leste, podendo tomar uma das seguintes três atitudes:

- conhecer da competência, da legitimidade, das nulidades e de outras exceções ou questões prévias suscetíveis de obstar à apreciação do mérito da causa de que possa logo apreciar;
- proferir despacho de rejeição se considerar a acusação manifestamente infundada; ou
- receber a acusação e designar dia para julgamento se entender que o processo deve seguir para julgamento.

Em nenhuma delas se observa a comprovação judicial autónoma dos factos de que vai provisoriamente acusado o arguido, que pode passar à fase do julgamento apenas com uma apreciação meramente formal – e nunca de natureza substancial – a respeito da acusação que lhe foi dirigida.

Isso é muito pouco e não podemos esquecer que a fase de julgamento fica assim franqueada apenas com uma única decisão do Ministério Público de acusar, acusação que assume sempre um cariz provisório, mas que não deixa de abrir logo a porta ao julgamento final.

Em súmula: *o arguido vê-se na contingência de entrar em julgamento sem que antes disso tenha tido a ocasião de demonstrar em juízo a sua inocência no exercício de alguns dos direitos fundamentais mais elementares em Estado de Direito Democrático.*

4.7. *Liberdade no modelo geral e vinculação no modelo específico de processo penal para os governantes por parte do legislador ordinário timorense*

Não escondemos que o legislador ordinário tem uma acentuada margem de liberdade na concretização do modelo de processo penal em Timor-Leste.

Não estamos em crer que da Constituição de Timor-Leste se deduza um integral e completo modelo que o legislador ordinário se limite a executar, desprovido de configurações livres, quer em função da avaliação das disponibilidades materiais e organizatórias do sistema judicial timorense, quer em função de prioridades que o poder legislativo parlamentar democrático pode legitimamente estabelecer.

Contudo, essa margem de liberdade não é total e, pelo menos, no tocante às imunidades constitucionais dos membros do Governo, ela afigura-se severamente limitada devido à necessidade de se respeitar um dualismo material na acusação criminal: só a acusação definitiva, nos termos em que o referimos, pode determinar o efeito da suspensão de funções dos membros do Governo.

Nem sequer se entende como razoável que possam valer argumentos de igualdade de aplicação de processos penais considerando governantes e não governantes, argumentação que poderia frisar o caráter inadmissível de um regime de acusação mais favorecido dos governantes por contraposição a um regime aplicável a outros arguidos que não fossem governantes.

A explicação é óbvia: o estatuto dos governantes, no tocante ao regime das imunidades, só pode mesmo ser excecional em nome da importância das funções que exercem e em nome da sua especial proteção, no qual um regime dualista em que subsista uma destrinça ente a acusação definitiva e a acusação não definitiva não é uma desigualdade, antes uma imposição do regime das imunidades, do mesmo jeito constitucionalmente previsto, até especificamente previsto...!

Mesmo que o legislador ordinário queira tomar uma opção de simplificar o processo penal em ordem a alcançar uma maior rapidez no seu fluxo, essa opção não será possível no tocante ao regime da investigação e acusação penais dos arguidos que sejam governantes, aí prevalecendo a determinação constitucional de manter viva a separação entre a acusação definitiva e a acusação não definitiva.

4.8. *A força dirigente da Constituição na definição autónoma de conceitos legais*

Do ponto de vista da Teoria do Direito Constitucional, esta limitada margem de conformação do legislador ordinário justifica-se pela existência, nesta como noutras matérias, de um conceito constitucional autónomo de "acusação criminal definitiva", o qual vale por si e não fica dependente da legislação ordinária[6].

Nem sequer é difícil configurar casos contrários, em que um texto constitucional se limita a absorver opções regulativas de nível infraconstitucional, cristalizando-as no plano constitucional, proteção que até pode ser fixa ou variável, conforme se trate de receção material ou receção formal de conceitos e fontes normativas ordinárias.

Porém, esta é uma situação clara em que a determinação normativa de um conceito processual penal, que se destina a ser concretizado pelo legislador ordinário, é protagonizada, com absoluta autonomia e prevalência, pela própria Constituição, à mesma tendo de obedecer a lei ordinária, e não o contrário.

4.9. *A construção de um conceito legal no processo penal timorense equivalente ao conceito constitucional de "acusação definitiva"*

A conclusão de que a confirmação da acusação criminal, feita no início da fase de julgamento, pelo juiz judicial não é suficiente para respeitar o conceito constitucional de "acusação definitiva" sob o prisma de permitir a suspensão de funções dos membros do Governo não resolve todo o problema na medida em que o resultado jamais poderá ser o de que, perante essa descorrespon-

---

[6] Sobre as relações entre o Direito Constitucional e a Ordem Jurídica, designadamente a questão dos conceitos constitucionais autónomos, v. JORGE BACELAR GOUVEIA, *Manual...*, II, pp. 731 e ss.

dência, não seria então possível efetivar aquela suspensão contra indícios da prática de crimes por parte de membros do Governo.

O resultado de uma eficaz interpretação conforme à Constituição será decerto o de encontrar uma diversa localização para a verificação do conceito de acusação criminal definitiva, assim se podendo operacionalizar o levantamento das imunidades dos membros do Governo em reação à suspeita da prática de crimes, até porque ficaria sempre arredado o absurdo resultado de a imunidade poder equiparar-se a uma simples impossibilidade de suspensão de funções.

Mas as coisas complicam-se sensivelmente se considerarmos a opção que o legislador processual penal timorense realizou do prisma da estruturação do *iter* processual, porquanto a defesa dos direitos dos arguidos acabará inexoravelmente por se confundir com a fase do julgamento final, no qual estão assegurados todos os seus direitos fundamentais.

É certo que seria pensável, dentro da ampla fase de julgamento, descobrir um momento a partir do qual seria possível já suspender o arguido acusado sem que o julgamento ainda tivesse terminado, assim dando substância ao autónomo conceito de acusação definitiva, não agora por contraposição à acusação provisória, mas por contraposição ao conceito diverso de julgamento judicial.

Eis um resultado que, no rigor dos princípios teóricos, até poderíamos aceitar porque condizente com as considerações que deixámos expostas.

Simplesmente, este resultado tem o insuportável inconveniente da imprecisão jurídica porque dentro de uma fase de julgamento toda ela unitária se afigura difícil – para não dizer impossível! – separar águas entre a parte do julgamento em que o arguido já se defendeu e a parte do julgamento que se vai seguir...

Por isso, julga-se mais prudente, na ausência de uma opção legislativa segura e constitucional, considerar que a acusação definitiva, para efeitos de permitir a suspensão de funções dos membros do Governo, só pode ocorrer quando terminar a fase do julgamento através da prolação da sentença.

E neste caso não tem de ser uma sentença condenatória, pois que pode ser uma sentença de absolvição, dado que a suspensão posta como meio auxiliar da realização da justiça penal só se efetiva verdadeiramente com o trânsito em julgado da sentença condenatória.

Podemos estranhar este resultado, mas eis a consequência de uma opção legislativa que, embora se justificando em nome da celeridade processual, não acautelou um regime excecional decorrente das imunidades dos governantes.

A melhor solução no futuro sem dúvida que passará por uma pontual revisão do Código de Processo Penal, nele se enxertando uma fase autónoma de instrução – depois da acusação e antes do julgamento – para estes casos, ao mesmo tempo se aproveitando para considerar a importância de ela também existir em crimes mais delicados da ótica de um maior rigor no exercício dos direitos fundamentais dos arguidos.

5. A estatuição normativa: a decisão vinculada de suspensão de funções governativas por parte do Parlamento Nacional

5.1. *As questões relativas à estatuição normativa do regime da suspensão de funções dos membros do Governo*

O outro ponto que igualmente tem suscitado dúvidas na compreensão do regime das imunidades dos membros do Governo no caso de ter havido uma acusação criminal contra eles formulada é o de saber em que termos se operacionaliza a consequência da suspensão das respetivas funções.

É de crer que se apresentam *três problemas distintos*, os quais merecem uma consideração autónoma:

- *saber se o efeito de suspensão é automático ou se tem de ser decretado por alguma entidade*;
- *saber*, no caso de a resposta à questão anterior ter recaído no não automatismo do efeito suspensivo, *qual a entidade que se pronuncia a respeito da decretação de tal efeito*; e
- *saber qual a margem de liberdade de decisão de que essa entidade vai desfrutar*, sendo certo que são possíveis decisões vinculadas e decisões discricionárias.

5.2. *Necessidade de uma decisão específica e própria na decretação do efeito suspensivo*

Em relação ao primeiro problema, que não merece uma explicitação literal por parte do texto constitucional, *parece que a solução interpretativa mais adequada implica a rejeição do auto-*

matismo do efeito como estando inerente à prolação da acusação definitiva ou ao seu equivalente.

O argumento mais forte para assim se fazer o preenchimento desta lacuna de regulamentação reside na solução paralela que o legislador constitucional adotou em relação ao Parlamento Nacional: no caso de a acusação definitiva recair sobre um Deputado, aí tem de haver uma intervenção do plenário parlamentar, com isso se inculcando a necessidade de uma decisão específica e, assim, se rejeitando qualquer automatismo.

Se essa é a melhor solução no plano da *analogia legis*, que aqui pode funcionar, ela é decerto a melhor da ótica da operacionalidade do efeito suspensivo em nome da necessidade da certeza jurídica, uma vez que importa saber o dia e a hora em que tal efeito surge, em atenção ao melindre das funções governativas e às responsabilidades de Estado que lhe estão associadas.

5.3. *Decisão parlamentar na determinação do efeito suspensivo*

Quanto a saber a entidade a quem cabe a determinação da suspensão de funções governativas ao arguido que recebe a acusação definitiva, *o quadro geral das entidades que o podem fazer fica automaticamente delimitado pelo conceito constitucionalmente prevalecente, que desde logo arreda o Ministério Público.*

Significa isto dizer que a questão, não sendo dilucidada pelo texto constitucional, pode oscilar entre uma decisão judicial e uma decisão de um órgão político, presidencial ou parlamentar:

- a decisão judicial corresponderia à intervenção do juiz do processo penal em que se consolidasse a acusação definitiva, após a intervenção do arguido governante durante a fase do julgamento;
- a decisão de um órgão político corresponderia a uma intervenção do Presidente da República por paralelismo com o facto de ser ele a entidade com competências constitucionais para nomear os membros do Governo;
- a decisão de um órgão político corresponderia a uma intervenção do Parlamento Nacional, perante quem o Governo é politicamente responsável.

Julga-se que esta lacuna de regulamentação fica melhor resolvida se aplicarmos o caso paralelo do regime dos Deputados: deve a decisão competir ao Parlamento Nacional, através de uma deliberação tomada ao mais alto nível pelo seu órgão plenário, que é a reunião de todos os seus membros.

5.4. Vinculatividade na decisão de suspender de funções os membros do Governo

O terceiro ponto em apreciação tem que ver com o aquilatar do grau de liberdade na decisão de suspender o arguido membro do Governo que recebe uma acusação criminal definitiva.

Este é porventura o único segmento da estatuição normativa em apreço em que o intérprete-aplicador mais pode contar com indicações literais no texto constitucional.

Surge incontestável a ideia de que a decisão de suspender, perante a reunião dos pressupostos mencionados, é vinculada, não podendo o órgão parlamentar recusar-se a fazê-lo.

Claro que se pode questionar a eficácia dessa obrigação jurídico-constitucional perante a inércia parlamentar de nada fazer e quando assim devia agir: mas esta não é uma perplexidade deste regime, mas de todas as obrigações constitucionais e até do Direito Constitucional na sua essência regulativa, dada a abundância de normas sem sanção, a *lex imperfecta* bem conhecida do Direito Romano.

Outro ponto que não é de todo esclarecido, mas que deve receber uma solução no plano das normas parlamentares do foro regimental, é o dos termos em que a decisão é tomada: quem toma a iniciativa do respetivo procedimento parlamentar e em que prazo tal decisão deve ser emitida.

6. Conclusões

Do exposto, é possível obter as seguintes conclusões:

a) O regime da suspensão de funções dos membros do Governo no caso de acusação criminal carece de um duplo esclarecimento interpretativo a respeito tanto do conceito constitucional de acusação criminal definitiva como dos termos em que se operacionaliza a determinação desse efeito suspensivo;

b) No tocante ao primeiro aspeto, é inequívoco que o texto constitucional timorense, na esteira da solução constitucional portuguesa onde se inspirou, apenas aceita a efetivação da suspensão de funções dos membros do Governo após a consolidação da acusação realizada pelo Ministério Público em homenagem às maiores garantias que daí advêm não apenas do facto de tal conceito constitucional autónomo pressupor a intervenção da magistratura judicial como por nessas circunstâncias se postular a concessão ao arguido de direitos fundamentais de defesa, os quais não surgem na fase que precede a acusação provisória a cargo do Ministério Público;

c) Simplesmente, acontece que o processo penal timorense, ao não consagrar com autonomia a instrução, tal como ela foi desenhada no Direito Processual Penal Português, põe em causa a possibilidade de se cumprir aquela exigência constitucional, nem sequer sendo possível deslindar uma solução alternativa durante o percurso da fase final do julgamento, tudo isso resultando na necessidade de a acusação definitiva acabar por ter de coincidir com o fim do julgamento;

d) Em relação ao segundo aspeto, cumpre registar que a determinação do efeito suspensivo, verificando-se uma acusação criminal definitiva, tem de ser reconhecido por uma entidade pública, não sendo automático, devendo essa entidade ser o Parlamento Nacional timorense, ainda que o tenha de obrigatoriamente fazer, sendo um ato vinculado no caso de o crime em causa ser punível com pena superior a dois anos.

Este é, salvo melhor, o parecer de

> JORGE BACELAR GOUVEIA
> *Professor Catedrático da Faculdade de Direito*
> *da Universidade Nova de Lisboa*
> *e da Universidade Autónoma de Lisboa*
> *Agregado, Doutor e Mestre em Direito*
> *Jurisconsulto e Advogado*

Lisboa, 9 de dezembro de 2010.

A POSIÇÃO SINGULAR DE MACAU NO DIREITO CONSTITUCIONAL DE LÍNGUA PORTUGUESA

§ 1.º A definição político-constitucional de Macau

1. A Lei Básica de Macau

I. A presença da soberania portuguesa em Macau terminou em 19 de dezembro de 1999, mercê de um conjunto de passos que, sendo gradualmente dados e com articulação entre si, desembocaram na adoção da Lei Básica de Macau (LBM)[1], que precisamente no momento seguinte entraria em vigor[2].

A verdade, porém, é que ainda muito antes da sua vigência haveria a ocasião para se fazer a redação de tal diploma legislativo, o qual seria aprovado em 31 de março de 1993, pela 1.ª sessão da 8.ª Legislatura da Assembleia

---

[1] Sobre a Lei Básica de Macau (LBM), v. JORGE BACELAR GOUVEIA, *A Lei Básica da Região Administrativa Especial de Macau – contributo para uma compreensão de Direito Constitucional*, in Boletim da Faculdade de Direito da Universidade de Macau, ano VI, n.º 13, 2002, pp. 175 e ss.; IEONG WAN CHONG, *Anotações à Lei Básica da RAEM*, Macau, 2005, pp. 25 e ss.; ANTÓNIO KATCHI, *As Fontes do Direito em Macau*, Macau, 2006, pp. 273 e ss.

[2] O mesmo aconteceria antes com Hong Kong, cujo estatuto se aproxima bastante do da LBM.

Para um importante conspecto geral acerca da situação jurídico-pública de Hong Kong, v., por todos, YASH GHAI, *Hong Kong's New Constitutional Order*, 2..ª ed., Hong Kong, 1999, pp. 137 e ss.

Popular da República Popular da China, e posteriormente promulgado pelo Decreto n.º 3 do Presidente da República daquele mesmo Estado.

De acordo com o texto da Constituição da República Popular da China, este documento foi promanado pelo seu Parlamento Nacional, ao abrigo de disposição que prevê que "O Estado pode criar regiões administrativas especiais sempre que necessário", ainda se acrescentando que "Os regimes a instituir nas regiões administrativas especiais deverão ser definidos por lei a decretar pelo Congresso Nacional Popular à luz das condições específicas existentes"[3].

A afirmação das opções incluídas na LBM, decretada ao abrigo desta competência do Congresso Nacional Popular, tal como também se escreveu no respetivo preâmbulo, conformou-se ainda com o princípio constitucional "um país, dois sistemas".

II. Esta não foi, contudo, uma etapa única na construção do atual Ordenamento Jurídico de Macau: foram vários os instrumentos jurídico-normativos que, a seu modo, contribuíram para esse mesmo fim, cumprindo evidenciar dois.

O primeiro deles foi a Declaração Conjunta sobre a Questão de Macau de 1987, um tratado internacional celebrado entre a República Popular da China e a República Portuguesa no sentido de estabelecer as condições da

---

[3] Art. 31.º, 2.ª parte, da Constituição da República Popular da China, de 4 de dezembro de 1982. Cfr. também o art. 62.º, parágrafo 13.º, da Constituição da República Popular da China.

transferência da administração de Macau de Portugal para a China.

A outra modificação relevante foi a da revisão da Constituição da República Portuguesa em 1989[4], sendo pertinente a sua II revisão constitucional, já que este ato legislativo retirou Macau do território português, permitindo o desfecho futuro da sua trasladação para a soberania chinesa[5].

III. A sistematização interna da LBM da Região Administrativa Especial de Macau (RAEM) compreende a sua distribuição por capítulos e, nalguns casos, ainda por secções, sendo aqueles sucessivamente dedicados aos seguintes domínios:

- Capítulo I – *Princípios gerais*
- Capítulo II – *Relacionamento entre as Autoridades Centrais e a Região Administrativa Especial de Macau*
- Capítulo III – *Direitos e deveres fundamentais dos residentes*
- Capítulo IV – *Estrutura política*
- Capítulo V – *Economia*
- Capítulo VI – *Cultura e assuntos sociais*
- Capítulo VII – *Assuntos externos*
- Capítulo VIII – *Interpretação e revisão da lei*
- Capítulo IX – *Disposições complementares*

---

[4] Cfr. o então novo art. 292.º da Constituição da República Portuguesa, depois da revisão de 1989.
Sobre o atual texto da Constituição Portuguesa, v., por todos, JORGE BACELAR GOUVEIA, *Manual de Direito Constitucional*, I, pp. 497 e ss.

[5] Cfr. JORGE MIRANDA, *Manual de Direito Constitucional*, III, 4.ª ed., Coimbra, 1998, pp. 272 e 273.

O texto da LBM é antecedido de um preâmbulo e contém vários anexos.

IV. Do ponto de vista formal, a LBM é um diploma da autoria da República Popular da China, criado no âmbito das atribuições legislativas deste Estado.

Trata-se de uma *lei de natureza estatutária*, que se destina à estruturação jurídico-pública de uma nova entidade – a Região Administrativa Especial de Macau – e que nela estabelece um conjunto de orientações normativas gerais.

No seio das suas diversas características, cumpre salientar estas três mais relevantes:

- é uma *lei de estabilidade temporal limitada*, porque cessa ao fim de 50 anos a garantia da imutabilidade do sistema político-social;
- é uma *lei local*, pois que se aplica somente à região geográfica de Macau; e
- é uma *lei ordinária*, dimanada do Congresso Nacional Popular da China.

V. O pressuposto fundamental é o entendimento de que a LBM deve ser verdadeiramente algo mais do que uma mera lei comum, nos traços que ficaram assinalados.

Todavia, essa é uma conclusão que não pode ser obtida univocamente, antes convoca a necessidade de relacionar a LBM no contexto da sua articulação com a Constituição da China e a sua função dentro dos limites territoriais de Macau.

Como quer que seja, *afigurar-se-á possível conceber a LBM como uma realidade normativa muito mais intensa do que a de um qualquer texto normativo ordinário, oferecendo, ao invés, óbvias implicações constitucionais.*

Indicando já o sentido da nossa reflexão, parece ser indiscutível que se lhe possa atribuir *uma natureza jurídico-constitucional*[6], assumindo-se com evidente repercussão nas normas constitucionais pertinentes em cada um daqueles dois sistemas normativos[7].

VI. Na sua inserção no sistema jurídico macaense, a LBM vai porventura desempenhar um papel bem menos equívoco do ponto de vista do seu valor normativo, aí se apresentando, indubitavelmente, como um diploma fundante de uma nova realidade e comunidade: a Região de Macau e o seu ordenamento jurídico-normativo.

Se, ao nível geral, a LBM pode ser entendida como uma "sub-Constituição", já para o efeito do sistema jurídico macaense, a LBM é uma evidente "Constituição principal", ainda que externa aos domínios em que deve prevalecer o Direito Chinês[8].

Essa é uma verificação que se sublinha não apenas no plano formal-hierárquico quanto também ao nível substantivo, pelo que importa vê-los em separado.

VII. Numa argumentação formal-hierárquica, não parece que se justifiquem muitas dúvidas quanto à preva-

---

[6] Cfr. JORGE BACELAR GOUVEIA, *A Lei Básica...*, pp. 178 e ss.

[7] À mesma dúvida se refere YASH GHAI, escrevendo que o sistema estabelecido para Hong Kong igualmente pode ser entendido no âmbito do Direito Constitucional, possuindo a sua Lei Básica um valor jurídico-constitucional. Cfr. YASH GHAI, *Hong Kong's New Constitutional...*, p. 137.

[8] Cfr. JORGE BACELAR GOUVEIA, *A Lei Básica...*, pp. 183 e ss.

lência da LBM sobre as outras fontes normativas específicas de Macau. De resto, isso é inteiramente admitido tanto para antes como para depois da sua entrada em vigor.

No que respeita à legislação anterior, embora se parta da ideia de que a superveniência da LBM não faz *tabula rasa* do Direito pré-existente, aquela não deixa, contudo, de o sujeitar à condição de só ser eficaz no caso de lhe estar conforme, ocorrendo a respetiva caducidade no caso de essa legislação a não respeitar[9].

Em relação à legislação posterior, é a LBM o novo critério de validade do sistema jurídico deste território, porquanto se afirma solenemente que "Nenhuma lei, decreto-lei, regulamento administrativo ou ato normativo da Região Administrativa Especial de Macau pode contrariar esta Lei"[10].

À luz de uma lógica mais processual, é de mencionar a própria possibilidade da fiscalização da prevalência da LBM sobre as restantes fontes normativas que venham a ser aqui produzidas.

2. A Região Administrativa Especial de Macau

I. Paralelamente à importância e à qualificação da LBM, outro ponto matricial que jamais poderia ser desconsiderado refere-se *à natureza da Região Administrativa Especial de Macau* (RAEM)[11], que foi precisamente criada por aquele diploma normativo[12].

---

[9] Cfr. o art. 8.º da LBM.
[10] Art. 11.º, parágrafo 2.º, da LBM.
[11] Sobre a Região Administrativa Especial de Macau (RAEM) e o seu sistema jurídico, v. YASH GHAI, *Hong Kong's New Constitutional...*, pp. 457

Ora, é isso o que se pode ler no seu primeiro preceito, em que se afirma que a "Região Administrativa Especial de Macau é parte inalienável da República Popular da China"[13], para não citar outras tantas disposições em que se reforça esta sua natureza e esta sua fundação.

Por aqui se percebe que o legislador chinês, na elaboração da LBM, ao criar uma nova pessoa coletiva, do mesmo passo pretendeu dotá-la de vários atributos:

- ser uma região;
- de cunho administrativo; e
- com feições especiais.

II. Desde já se adianta que nenhum destes qualificativos, isoladamente ou em conjunto, pode espelhar com rigor a natureza da essência da Região de Macau, que se situará algures próxima de uma estrutura pró-estadual, com um cunho *sui generis*[14].

---

e ss.; GIOVANNI VAGLI, *La Regione Amministrativa Speciale di Macao*, Pisa, 2000, pp. 5 e ss.; JORGE BACELAR GOUVEIA, *A Lei Básica...*, pp. 173 e ss., e *Manual de Direito Internacional Público*, 3.ª ed., Coimbra, 2008, pp. 456 e 457; MANUEL DE ALMEIDA RIBEIRO, *A Região Administrativa Especial de Macau e o Direito Internacional*, in *Boletim da Faculdade de Direito da Universidade de Macau*, ano VI, n.º 13, 2002, pp. 199 e ss.; MANUEL TRIGO, *Por um lugar para Macau*, in AAVV, *Colóquio de Direito Internacional – Comunidade dos Países de Língua Portuguesa* (org. de J. J. GOMES CANOTILHO) Coimbra, 2003, pp. 127 e ss.

[12] Quanto a este ponto, v., por todos, JORGE BACELAR GOUVEIA, *A Lei Básica...*, pp. 192 e ss.

[13] Art. 1.º da LBM.

[14] Para o sistema de Hong Kong, também se tem avançado com várias qualificações, entre a estrutura autonómica e a estrutura federal. Cfr. YASH GHAI, *Hong Kong's New Constitutional...*, p. 137.

Perante a inadequação das categorias de região autónoma e de Estado federado que a Teoria Geral do Estado e do Direito Constitucional conseguiu até ao momento produzir, é forçoso concluir pela impossibilidade de encontrar essa qualificação.

Só que a resposta continua sendo insatisfatória porque não basta dizer aquilo que Macau não é – interessa sobretudo saber o que Macau, na verdade, é.

III. Um primeiro passo é o de situar a Região de Macau num contexto mais vasto do Direito Público, encarando-se como realidade institucional que ultrapassa – e em muito – o Direito Administrativo ou até mesmo o Direito Constitucional.

Em acordância com as atribuições que a Região de Macau desenvolve, é de aceitar que a respetiva regulação vá muito para além daqueles dois ramos do Direito, embora sejam eles sem dúvida os mais significativos.

É também de referir a importância do Direito Internacional, porquanto são manifestos os poderes de Macau do ponto de vista das relações internacionais, podendo estar representado em instâncias internacionais e celebrar convenções internacionais[15].

Por outras palavras: *a qualificação de Macau, mais do que limitada a este ou àquele ramo do Direito, é globalmente de considerar pertinente a todo o Direito Público, como tal devendo ser concebida.*

Eis uma conclusão clara dada a vastidão de poderes de que desfruta ao nível das diversas parcelas do poder

---

[15] Quanto à inserção internacional da RAEM, v., por todos, JORGE BACELAR GOUVEIA, *Manual de Direito Internacional Público*, pp. 456 e 457.

público, incluindo os poderes político, legislativo, administrativo e judicial.

IV. Sendo uma pessoa coletiva de Direito Público, a RAEM deve situar-se algures entre a realidade do Estado e a realidade da região político-administrativa:
- *é menos do que Estado* porque a RAEM não dispõe de poder constituinte, tendo sido criada pela República Popular da China e estando primariamente dependente da sua Constituição;
- *é mais do que região político-administrativa* porque é titular de poderes de cunho judicial – normalmente não atribuídos a estas entidades, já que reservados aos Estados – e poderes na esfera internacional.

Tudo isto aponta para a qualificação da RAEM, sendo uma nova pessoa coletiva de Direito Público de caráter geral, como uma entidade *sui generis*: *os seus traços não se encaixam em nenhuma outra realidade, mas aproximam-se bastante da realidade estadual, em vista da amplitude e diversidade de poderes, podendo assim ser considerada como uma entidade pró-estadual*[16].

---

[16] Cfr. JORGE BACELAR GOUVEIA, *A Lei Básica...*, pp. 197 e 198.

§ 2.º Os direitos fundamentais de Macau

3. A diversidade das fontes jurídico-normativas dos direitos fundamentais

I. Uma primeira aproximação geral à *positivação dos direitos fundamentais em Macau*[17] chama a atenção para o caráter nuclear das fontes jurídico-positivas, tal residindo no facto de a sua consagração ser feita com total autonomia relativamente ao Direito Constitucional da República Popular de China, designadamente do seu texto constitucional.

Em vez de a LBM, neste ponto, simplesmente remeter para aquele texto constitucional, esse diploma legislativo assume o encargo da respetiva positivação diferenciada.

---

[17] Sobre o sistema de direitos fundamentais de Macau em geral, v. GIOVANNI VAGLI, *La Regione...*, pp. 9 e 10; JORGE BACELAR GOUVEIA, *A Lei Básica...*, pp. 184 e ss., *Os direitos fundamentais em Macau*, in AAVV, *Estudos Comemorativos dos 10 Anos da Faculdade de Direito da Universidade Nova de Lisboa*, I, Coimbra, 2008, pp. 311 e ss., e *The Fundamental Rights in Macao*, in AAVV, *One Country, Two Systems, Three Legal Ordens – Perspetives of Evolution* (ed. de Jorge Oliveira e Paulo Cardinal), Heidelberg, 2009, pp. 695 e ss.; IEONG WAN CHONG, *Anotações à Lei Básica...*, pp. 70 e ss.; PAULO CARDINAL, *La institución del recurso de amparo de los derechos fundamentales y la Juslusofonia – los casos de Macau y Cabo Verde*, in AAVV, *El derecho de amparo en el Mundo* (coordenação de HÉCTOR FIX-ZAMUDIO e EDUARDO FERRER MAC-GREGOR), Mexico, 2006, pp. 891 e ss., *Os direitos fundamentais em Macau no quadro da transição: algumas considerações*, in *Cuestiones Constitucionales – Revista Mexicana de Derecho Constitucional*, n.º 14, janeiro-junho de 2006, pp. 21 e ss., e *The Constitutional Layer of Protection of Fundamental Rights in the Macau Special Administrative Region*, in *Revista de Direito Público*, n.º 3, janeiro/junho de 2010, pp. 211 e ss.; ANTÓNIO KATCHI, *As Fontes do Direito em Macau*, pp. 329 e ss.

Eis uma opção bem mais protetora do sistema de direitos fundamentais de Macau, até certo ponto inevitável por a lógica da criação da RAEM ser a da construção de um ordenamento jurídico próprio e excecional, derrogatório dos sistemas social, económico e político da República Popular da China.

II. Ainda numa apreciação de cunho geral, é também de assinalar a preocupação de a LBM ter optado pela elaboração de uma *tipologia de direitos fundamentais*, assim se evitando a respetiva conceptualização geral e abstrata.

São evidentes as vantagens do recurso aos conceitos tipológicos, mais concretos do que os conceitos abstratos, facultando-se um maior grau de concretização na modelação de cada direito fundamental previsto.

É exatamente isso o que se observa no Capítulo III da LBM, dedicado aos "Direitos e deveres fundamentais dos residentes" em Macau, o qual inclui preceitos do art. 24.º ao art. 44.º do respetivo texto.

III. Já numa ótica de especialidade, e sistematizando as diversas oportunidades de consagração dos direitos fundamentais, cumpre assinalar estas possíveis origens normativas para os direitos fundamentais de Macau:

- os direitos fundamentais "enumerados" no Capítulo III da LBM;
- os direitos fundamentais "dispersos" por outros capítulos da LBM;
- os direitos fundamentais "extradocumentais" constantes das convenções internacionais sobre direitos humanos textualmente referidas na LBM; e

— os direitos fundamentais "atípicos", não previstos na LBM, mas positivados noutras leis da Região de Macau.

IV. O conjunto mais visível dos direitos fundamentais vigentes em Macau é o constante do Capítulo III da LBM, que especificamente se incumbe de os positivar, ao consagrar a epígrafe de "Direitos e deveres fundamentais dos residentes".

Isso mesmo resulta não apenas da intenção de nos correspondentes preceitos concentrar a localização daqueles direitos como também ela bem emerge da preocupação expressa de se dizer que "A Região Administrativa Especial de Macau assegura, nos termos da lei, os direitos e liberdades dos residentes da Região Administrativa Especial de Macau e de outras pessoas na região"[18].

O certo, porém, é que o grau de tipicidade dos direitos fundamentais incorporados naquela tipologia não vem a ser de modo algum uniforme, dado que *é de diferente intensidade a tipificação jurídico-constitucional que se lhes confere, a qual pode e deve ser graduada*:

— *tipificação mínima*: as liberdades de expressão, imprensa ou associação;
— *tipificação média*: a liberdade de reunião, esta se subdistinguindo em reunião *stricto sensu*, desfile e manifestação; ou a liberdade pessoal, cuja inviolabilidade, genericamente definida, tem contornos mais precisos, como o da garantia da proibição da tortura ou de tratamentos desumanos;

---

[18] Art. 4.º da LBM.

— *tipificação máxima*: a garantia da irretroatividade da lei penal incriminadora, bem como da proibição da sua interpretação extensiva.

Em homenagem ao garantismo que inere ao pensamento tipológico, seria desejável que a positivação constitucional fosse sempre do grau máximo.

No caso de não o ser, é tarefa adicional do legislador e do aplicador dos direitos fundamentais a concretização dos respetivos âmbitos normativos de proteção.

V. Certamente em número bem mais reduzido comparativamente aos direitos fundamentais enumerados, os direitos fundamentais na LBM vão igualmente mostrar-se pertinentes noutros lugares do articulado daquele diploma legislativo fundamental.

Ainda que essa seja a melhor técnica legislativa, nem sempre é possível — e, às vezes, mesmo desejável — que a totalidade de direitos fundamentais tipificados num dado diploma normativo se concentre num único capítulo que assuma essa tarefa primordial.

Ora, é mesmo isso o que vem a suceder com a LBM, tal como sucede noutras Constituições, pois que a sua leitura permite detetar a existência de mais direitos fundamentais que assim se espalharam ao longo do respetivo texto[19].

Mais do que apresentar o resultado da identificação dos direitos fundamentais que não foram enumerados no lugar natural que lhes estava destinado, cumpre saber primeiro

---

[19] Assim, PAULO CARDINAL, *Os direitos fundamentais em Macau...*, pp. 58 e 59.

se essa categoria de direitos fundamentais se afigura viável no silêncio da LBM a este respeito.

É que à primeira vista tal categoria não teria viabilidade a partir do momento em que o legislador constitucional quis elaborar um capítulo só atinente à formulação de direitos fundamentais, pressupondo que não consideraria a sua existência fora das respetivas fronteiras.

Mas essa conclusão seria sempre absurda porque as qualificações legais não podem ser vinculativas a este ponto: tratando-se de uma realidade equivalente, a rejeição do estatuto de direito fundamental a posições jurídicas localizadas noutro lugar da LBM, só por esse facto, afigurar-se-ia sempre como inadmissível.

A questão seguinte e que decorre da resposta positiva a esta primeira pergunta diz respeito ao critério que deve presidir à localização desses outros direitos fundamentais dispersos.

Eis uma tarefa em grande medida simplificada por serem direitos fundamentais consagrados no mesmo documento legislativo, uma vez que, se assim não fosse, essa seria uma operação mais complexa.

A localização de tais direitos fundamentais não enumerados deve obedecer a um critério de analogia estrutural em relação aos direitos e liberdades consagrados no Capítulo III da LBM, analogia essa que incluirá uma vertente subjetiva (a titularidade ser dos residentes de Macau) e uma dimensão objetiva (o âmbito de proteção do direito que confere uma vantagem).

VI. Saindo agora da textualidade da LBM, a positivação dos direitos fundamentais acolhe a possibilidade de os mesmos ainda se encontrarem consagrados noutros textos normativos.

Este é o caso dos *direitos fundamentais extradocumentais*, os quais, não tendo logrado consagração direta no articulado da LBM, se mostram identicamente relevantes e vigentes, usando-se uma técnica remissiva na respetiva deteção.

É o que se encontra previsto neste preceito da LBM: "As disposições, que sejam aplicáveis a Macau, do Pacto Internacional sobre os Direitos Civis e Políticos, do Pacto Internacional sobre os Direitos Económicos, Sociais e Culturais, bem como das convenções internacionais de trabalho, continuam a vigorar e são aplicadas mediante leis da Região Administrativa Especial de Macau"[20].

A cláusula de remissão aqui contemplada naturalmente que não se apresenta em branco, surgindo como requisito geral uma certa delimitação material das convenções internacionais aplicáveis, para além do que estas representam, por si só, como fontes próprias do Direito Internacional Público, devendo identificar-se as mesmas segundo dois traços fundamentais:

– num primeiro momento, as convenções internacionais pertinentes são referidas na sua individualidade – o Pacto Internacional de Direitos Civis e Políticos e o Pacto Internacional de Direitos Económicos, Sociais e Culturais;
– num outro momento, as convenções internacionais são atinentes aos direitos humanos do trabalho – aprovadas sob a égide da Organização Internacional do Trabalho.

---

[20] Art. 40.º, parágrafo 1.º, da LBM.

No enfoque da localização dos direitos humanos que potencialmente interessam para completar o quadro dos direitos fundamentais vigentes em Macau, verifica-se, portanto, que esta cláusula é algo limitadora na abrangência dos direitos humanos relevantes.

A apreciação dos direitos humanos previstos pelo Direito Internacional Público leva a concluir que o respetivo elenco vai muito para além daqueles dois critérios enunciados, pelo que se pergunta se pode haver meios de os considerar aplicáveis em Macau, não obstante o silêncio do mencionado preceito da LBM.

A resposta é afirmativa, mas dentro da condição geral de se tratar de convenções internacionais de direitos humanos que sejam aplicáveis na Ordem Jurídica de Macau, cumprindo-se os demais requisitos que para tanto se impõem.

Só que a sua admissão já não ocorrerá através desta cláusula, antes por intermédio de uma outra cláusula: *a cláusula de abertura de direitos fundamentais atípicos.*

A análise dos direitos fundamentais extradocumentais vigentes em Macau, nos termos em que os mesmos se encontram previstos em fontes jurídico-positivas externas à LBM, permite atingir dois resultados práticos da maior relevância para a certeza do respetivo sistema, assim se realçando a utilidade e a autonomia de tal cláusula:

– por um lado, a direta qualificação das posições jurídicas subjetivas incluídas nos mencionados textos de Direito Internacional Público como corporizando o conceito de direito fundamental de Macau, não se podendo suscitar dúvidas interpretativas na aplicação legislativa, administrativa e judicial dos mesmos;

- por outro lado, a incorporação de tais direitos fundamentais, delimitados a partir das convenções internacionais mencionadas e que os enunciam, na força jurídica da própria LBM, os quais ficam inequivocamente a pertencer ao nível constitucional daquele diploma fundador da Região Administrativa Especial de Macau.

Outra alusão equivalente se pode encontrar no facto de a LBM ser um texto para-constitucional que surge no âmbito de um processo político de transferência de soberania de Portugal para a China, o qual assentou na Declaração Conjunta Luso-Chinesa, assinada em Pequim, em 13 de abril de 1987.

Ora, são diversos os momentos em que esta Declaração Conjunta – com um valor jurídico de tratado internacional vinculando aqueles dois Estados – é acolhida pela LBM, não só pela invocação que dela se faz no respetivo preâmbulo como por o seu conteúdo ser em grande medida o desenvolvimento do que já constava antes dessa Declaração Conjunta.

Em matéria de direitos fundamentais, a Declaração Conjunta é explícita em dois momentos:

- no ponto 2.4., diz-se que "A Região Administrativa Especial de Macau assegurará, em conformidade com a lei, todos os direitos e liberdades dos habitantes e outros indivíduos em Macau, designadamente as liberdades pessoais, a liberdade de expressão, de imprensa, de reunião, de associação, de deslocação e migração, de greve, de escolha de profissão, de investigação académica, de religião e de crença, de comunicações e o direito à propriedade privada";

– no ponto V do Anexo I, mais desenvolvidamente, afirma-se que "A Região Administrativa Especial de Macau assegurará, em conformidade com a lei, todos os direitos e liberdades dos habitantes e outros indivíduos em Macau, estipulados pelas leis previamente vigentes em Macau, designadamente as liberdades pessoais, a liberdade de expressão, de imprensa, de reunião, de manifestação, de associação (nomeadamente de constituir e de participar em associações cívicas), de organização e de participação em sindicatos, de deslocação e de migração, de escolha de profissão e de emprego, de greve, de praticar a sua religião e de crença, de ensino e de investigação académica; o direito à inviolabilidade do domicílio, das comunicações e de acesso ao Direito e à justiça; o direito à propriedade privada, nomeadamente das empresas, à sua transmissão e à sua sucessão por herança e ao pagamento sem demora injustificada de uma indemnização apropriada em caso de expropriação legal; a liberdade de contrair casamento e o direito de constituir família e a livre procriação".

A leitura destes dois incisos permite concluir que deles se deduzem, com autonomia, a referência a direitos fundamentais extradocumentais que não viriam a ser tipificados no catálogo da LBM, mas que nela são igualmente operantes e que pertencem a um texto convencional cofundador da Região Administrativa Especial de Macau e da respetiva Ordem Jurídica: o exemplo da liberdade de ensino e de investigação académica é flagrante.

VII. Dimensão que cumpre finalmente ponderar relaciona-se com a circunstância de os direitos fundamentais reconhecidos não se limitarem, unicamente, aos tipos de direitos formalizados no texto da LBM, seja diretamente (direitos enumerados e dispersos), seja remissivamente (direitos extradocumentais).

Essa é uma possibilidade que se concretiza ainda pela adoção de preceitos que abrem o catálogo dos direitos fundamentais tipificados a outros direitos fundamentais nele não tipificados, mas cuja positivação se afigura do mesmo modo certa e segura por via da adoção de uma cláusula de acolhimento dos mesmos[21].

Ora, vem a ser esse o caso da LBM, porquanto o respetivo texto consagra, para além dos direitos fundamentais nele tipificados, outros direitos fundamentais insertos noutras fontes normativas, mas não devidamente individualizados[22].

É neste sentido que aponta um dos mais significativos preceitos da LBM em matéria de direitos fundamentais: "Os residentes de Macau gozam dos outros direitos e liberdades assegurados pelas leis da Região Administrativa Especial de Macau"[23].

---

[21] Sobre a cláusula aberta de direitos fundamentais, e muitos dos problemas que lhe estão associados, v. JORGE BACELAR GOUVEIA, *Os direitos fundamentais atípicos*, pp. 39 e ss., *A Declaração Universal dos Direitos do Homem e a Constituição da República Portuguesa*, in *Perspetivas do Direito* (Gabinete para a Tradução Jurídica), n.º 6 de 1999, Macau, pp. 23 e ss., e *Manual de Direito Constitucional*, I, pp. 1043 e ss.; JORGE MIRANDA, *Manual de Direito Constitucional*, IV, 3.ª ed., Coimbra, 2000, pp. 162 e ss.; J.J. GOMES CANOTILHO, *Direito Constitucional e Teoria da Constituição*, 7.ª ed., Coimbra, 2003, pp. 403 e ss.

[22] Tal como se prevê no respetivo art. 40.º

[23] Art. 40.º, parágrafo 2.º, da LBM.

Este, porém, não é um preceito propriamente inequívoco, suscitando as seguintes questões interpretativas, a que importa dar uma resposta[24]:

- os titulares destes "...outros direitos e liberdades...", em rigor, não são apenas os residentes de Macau, mas bem mais amplamente toda a pessoa que, segundo o sistema macaense de direitos fundamentais, seja suscetível de ser titular dos mesmos;
- o critério material de identificação desses "...outros direitos e liberdades...", na ausência de uma indicação explícita, há de surgir da unidade do sistema macaense de proteção dos direitos fundamentais, numa conceção ampliativa dos mesmos, potenciada pela ausência de um critério delimitador mais explícito que o legislador não quis propositadamente apontar;
- a fonte jurídico-positiva de onde emergem os "...outros direitos e liberdades...", a despeito da alusão que a disposição respetiva faz "...às leis da Região Administrativa Especial de Macau", não pode ser entendida num sentido limitativo, antes supõe que o conceito de "leis" se deve considerar amplo, sendo a lei válida na sua aceção de fonte voluntária de Direito unilateralmente definida por um órgão político[25], incluindo os direitos consagrados internacionalmente, mas não abrangidos pela cláusula de direitos fundamentais extradocumentais[26].

---

[24] Cfr. PAULO CARDINAL, *Os direitos fundamentais em Macau*..., pp. 42 e ss.

[25] O exemplo mais flagrante da aplicação desta cláusula é o Código Civil de Macau, em matéria de direitos de personalidade.

[26] Com um enunciado dessas diversas convenções internacionais, v. PAULO CARDINAL, *Os direitos fundamentais em Macau*..., pp. 63 e ss.

Um lugar à parte neste mecanismo deve ser dado ao *princípio da continuidade* da Ordem Jurídica Macaense anterior à criação da Região Administrativa Especial de Macau, porquanto a LBM, na sequência da Declaração Conjunta, apela para a sua existência, ao dizer-se que "Os atuais sistemas social e económico em Macau permanecerão inalterados, bem como a respetiva maneira de viver; as leis vigentes manter-se-ão basicamente inalteradas..."[27].

Daí se pode concluir que o elenco de direitos fundamentais vai ainda recortar-se com base naqueles que antes eram vigentes por força de leis internas e produzidas em Macau como ainda por força da sobrevigência da Constituição da República Portuguesa de 1976, que no domínio dos direitos fundamentais diretamente se aplicava[28].

Simplesmente, o sentido desta cláusula de abertura a direitos fundamentais atípicos – tal como sucedeu com a cláusula de remissão para direitos fundamentais extradocumentais – não se pode limitar à mera identificação material dos mesmos, considerando-os como meros direitos fundamentais em sentido material, ao conservarem o estatuto de direitos internacionais ou de direitos legais, mas não de direitos constitucionalizados na LBM.

Bem ao contrário: *se não se operasse, por força desta cláusula, o efeito da constitucionalização daqueles direitos, esta seria uma cláusula pura e simplesmente inútil, cuja utilidade se resumiria a uma mera "etiquetagem" dos direitos fundamentais que assim se englobasse.*

---

[27] Ponto n.º 2.4., primeira parte, da Declaração Conjunta Luso-
-Chinesa.
[28] Assim, PAULO CARDINAL, *Os direitos fundamentais em Macau*..., p. 36.

Ora, não é isso que se espera: espera-se que a LBM, na eventualidade de ter falhado na consagração de outros direitos fundamentais do mesmo modo relevantes, tenha estendido a mão a esses outros direitos, gerados noutras circunstâncias e que assim, por ação daquela cláusula, são alçados ao valor constitucional de direitos consagrados na LBM.

4. As opções de conteúdo na construção do catálogo dos direitos fundamentais

I. Numa lógica substancial e expostas as diversas fontes positivadoras dos direitos fundamentais, *é agora o momento de se indagar a respeito do critério que permite obter a coerência global dos tipos de direitos fundamentais que foram consagrados no Ordenamento Jurídico de Macau.*

Esta é uma tarefa bem mais complexa do que a anterior, não apenas pela escassez de índices normativos como pela dificuldade de deslindar critérios parcelares num domínio que a evolução histórica do Direito Constitucional tem vindo a progressivamente heterogeneizar.

II. Assim sendo, a correta avaliação do sistema macaense de direitos fundamentais implica a consideração separada destas duas questões:

– *a distribuição dos tipos de direitos fundamentais pelas suas principais classificações*, sobretudo a dicotomia entre direitos de liberdade e direitos sociais; e
– *o enquadramento dos direitos fundamentais consagrados à luz das principais teorias* inspiradoras das opções que em cada momento a História do Direito Constitucional tem apresentado.

III. Como pano de fundo para a apreciação desta questão, não se pode obnubilar a realidade de o sistema de direitos fundamentais em Macau se erguer segundo uma conceção derrogatória do sistema socialista da Constituição da República Popular da China.

O que se verifica no texto da Constituição da República Popular da China, ainda que algumas das suas revisões tenham mitigado certos pontos, é no essencial a adesão a uma conceção socialista dos direitos fundamentais. Estes direitos, longe de suprimidos, são realçados nos seus aspetos dinâmicos de combate social às estruturas liberais-burguesas, supostamente aquelas que teriam influenciado, desvirtuando-os, os direitos fundamentais de raiz liberal, criados pelo movimento constitucionalista.

O que se passa na LBM é substancialmente diferente do acolhimento de uma conceção de direitos fundamentais que tenha sido inspirada por uma matriz socialista, demonstração que se afigura possível lendo vários índices, bem predominando uma conceção ocidental, liberal e social de direitos fundamentais.

IV. No que toca ao primeiro tema, é indesmentível a elevada abrangência dos direitos fundamentais consagrados, no respetivo leque se incluindo tanto os direitos, liberdades e garantias como os direitos económicos, sociais e culturais, apesar de não ser adotada essa terminologia:

— *exemplos de direitos, liberdades e garantias*: liberdade de opinião, de reunião, de associação;
— *exemplos de direitos económicos, sociais e culturais*: a garantia dos benefícios sociais.

Essa mesma abrangência pode ser confirmada se for outro o critério classificatório utilizado, como sucede com a distinção entre direitos pessoais, direitos sociais, direitos laborais e direitos políticos:
- *direitos pessoais*: direito à integridade pessoal, o direito à proibição da esterilização da mulher, o direito à intimidade da vida privada e familiar;
- *direitos sociais*: os direitos relacionados com a proteção dos menores, terceira idade e pessoas portadoras de deficiência;
- *direitos laborais*: o bem-estar e a garantia da aposentação dos trabalhadores;
- *direitos políticos*: a liberdade de opinião, de imprensa, de reunião e de associação, bem como os direitos de participação política.

V. Noutra perspetiva identicamente substancialista, a apreciação material de tal catálogo de direitos fundamentais permite observar o cuidado de a síntese consagrada ser tributária de uma pluralidade de conceções a seu respeito, sendo certo que os direitos fundamentais espelham diversas teorias explicativas dos mesmos:
- *a teoria liberal*: as liberdades de opinião, de imprensa, de associação ou de reunião;
- *a teoria social*: a especial proteção dada aos menores, idosos e deficientes;
- *a teoria democrática*: os direitos de eleger e de ser eleito para os órgãos políticos da RAEM.

Quer isto dizer que a conceção material do sistema macaense de direitos fundamentais não pode ser unificada em torno de uma única teoria explicativa dos mesmos, antes se desenvolve por diversas teorias que fundamentam, cada uma, apenas uma parte do elenco de tais direitos.

O pluralismo filosófico-material do sistema de direitos fundamentais acaba assim por ser uma evidência, o que só pode ser saudado, dada a ampliação protetiva que proporciona, ainda que numa outra visão das coisas resulte como uma imposição da própria evolução histórica que acompanhou o Constitucionalismo desde os seus primórdios ao dealbar do século XXI, numa acumulação intergeracional de direitos fundamentais.

É justo recordar-se que foi em nome da defesa dos direitos fundamentais liberais de primeira geração que surgiu, no mundo ocidental, o conceito material de Constituição, juntamente com outros não menos relevantes princípios estruturantes do Estado Constitucional da Idade Contemporânea: o princípio da separação dos poderes, o princípio democrático e o princípio republicano[29].

Assim apareceram, ainda que bebendo boa parte da influência jusracionalista do século XVIII, as primeiras declarações de direitos fundamentais, de entre elas sendo certamente a mais emblemática a Declaração dos Direitos do Homem e do Cidadão, aprovada na efervescência da Revolução Francesa, em 26 de agosto de 1789.

---

[29] Quanto a estes princípios inerentes à ideia de Constituição liberal, v. JORGE BACELAR GOUVEIA, *O estado de exceção no Direito Constitucional*, I, Coimbra, 1998, pp. 166 e ss., *A afirmação dos direitos fundamentais no Estado Constitucional Contemporâneo*, in AAVV, *Direitos Humanos – teorias e práticas* (org. de PAULO FERREIRA DA CUNHA), Coimbra, 2003, pp. 58 e ss., e *Manual de Direito Constitucional*, II, 3.ª ed., Coimbra, 2009, pp. 1021 e ss.; JORGE MIRANDA, *Manual...*, I, pp. 83 e ss.

Estes direitos, para além da sua forte inspiração universalista, distinguiam posições jurídicas das pessoas frente ao Estado numa conceção claramente defensiva, assim pretendendo erguer-se em barreira, de preferência inexpugnável, contra a atividade jurídico-pública do Estado.

Mas, por outro lado, estes direitos do mesmo modo se alinharam noutros propósitos mais específicos:

- a humanização do Direito Penal, abolindo penas de morte, penas perpétuas, penas infamantes ou cruéis;
- a consagração de uma mínima processualização na aplicação do Direito Penal, garantindo aos arguidos os elementares direitos de defesa;
- a abolição dos privilégios que foram apanágio do anterior Estado monárquico, afirmando-se um princípio jurídico geral de igualdade formal perante a lei.

Mais tarde, no século XX, depois das dramáticas consequências da "Questão Social", a conceção ocidental acrescentou-se de novos direitos fundamentais, agora de segunda geração e com um cunho social e económico, embora num prisma complementar relativamente ao que fôra propugnado pelos direitos fundamentais civis e políticos, ao mesmo tempo que se atendeu a uma igualdade material e real, para além da mera igualdade formal na lei[30].

---

[30] Relativamente a esta nova conceção social de direitos fundamentais, v. MARCELO REBELO DE SOUSA, *Direito Constitucional*..., pp. 156 e ss.; JORGE MIRANDA, *Manual*..., IV, pp. 31 e ss.; JORGE BACELAR GOUVEIA, *Direito da Igualdade Social – guia de estudo*, Lisboa, 2000, pp. 10 e ss., *A afirmação dos direitos fundamentais*..., pp. 59 e 60, e *Manual de Direito Constitucional*, II, 3.ª ed., Coimbra, 2009, pp. 936 e ss., e pp. 1021 e ss.; JOSÉ

Nos dias de hoje, em que se discute a passagem do Estado Social ao Estado Pós-Social, salienta-se a importância dos direitos fundamentais de terceira e quarta geração, em problemáticas específicas, como a defesa do ambiente, a manipulação genética, a diversidade cultural e a proteção das minorias.

§ 3.º A organização do poder público de Macau

5. O sistema de governo

I. A configuração do sistema de governo de Macau é definida pela LBM e não é de estranhar que acuse a antecedente experiência da administração portuguesa[31].

A estrutura política de Macau funda-se na tripartição clássica entre os poderes executivo, legislativo e judicial, com diferentes protagonistas em cada um deles.

Isso mesmo é dito na LBM num dos seus preceitos iniciais: "A Assembleia Popular Nacional da República Popu-

---

CARLOS VIEIRA DE ANDRADE, *Os direitos fundamentais na Constituição Portuguesa de 1976*, 2.ª ed., Coimbra, 2004, pp. 54 e ss.

[31] Sobre o sistema de governo de Macau de hoje, v. CARLOS BLANCO DE MORAIS, *A organização do poder político-legislativo no território de Macau*, in AAVV, *Estudos em homenagem ao Prof. Doutor Rogério Soares*, Coimbra, 2001, pp. 131 e ss.; VITALINO CANAS, *A Lei Básica e a evolução política de Macau*, in *Política Internacional*, n.º 15/16, vol. 1, outono-inverno de 1997, pp. 147 e ss.; IEONG WAN CHONG, *Anotações à Lei Básica...*, pp. 101 e ss.; PAULO CARDINAL, *Sistema político de Macau na transição: continuidade ou convergência*, in *Revista Jurídica de Macau*, número especial, Macau, 1999, pp. 272 e ss.

Numa perspetiva do tempo da Administração Portuguesa, VITALINO CANAS, *Preliminares do Estudo da Ciência Política*, Macau, 1992, pp. 233 e ss.

lar da China autoriza a Região Administrativa Especial de Macau a exercer um alto grau de autonomia e a gozar de poderes executivo, legislativo e judicial independente, incluindo o de julgamento em última instância, de acordo com as disposições desta Lei"[32].

Mas o que se pode desde já entrever é que nenhuma das qualificações conhecidas perfeitamente explica a realidade governativa de Macau, lançando-se ao investigador, por esse facto, um desafio suplementar de procurar novas conclusões.

II. O poder executivo é atribuído ao Chefe do Executivo, o qual é nomeado pelo Governo Popular Central[33], para um mandato de 5 anos, apenas uma única vez renovável[34], sendo coadjuvado pelo Conselho Executivo[35].

As suas competências são vastas e não apenas do foro meramente administrativo, na medida em que podem incluir questões externas, além de competências de intervenção nos poderes legislativo – como a dissolução da Assembleia Legislativa – e judicial – como a nomeação de magistrados[36].

III. O poder legislativo é protagonizado pela Assembleia Legislativa, cujos membros – os Deputados – são

---

[32] Art. 2.º da LBM.
[33] Cfr. o art. 47.º, parágrafo 1.º, da LBM.
[34] Cfr. o art. 48.º da LBM.
[35] Cfr. o art. 56.º da LBM.
[36] Cfr. o art. 50.º da LBM.

designados para um mandato de 4 anos[37], embora segundo diversos critérios, agora num total de 29 membros[38]:

- a maioria é eleita através de sufrágio universal, 12 por sufrágio direto e 10 por sufrágio indireto;
- os restantes sete Deputados são nomeados pelo Chefe do Executivo

As competências legislativas da Assembleia Legislativa, órgão parlamentar unicameral, são vastas e expressamente assim entendidas pela LBM[39].

IV. A RAEM ainda dispõe de poder judicial próprio, expressamente qualificado pela LBM como independente: "A Região Administrativa Especial de Macau goza de poder judicial independente, incluindo o de julgamento em última instância"[40].

O poder judicial está globalmente atribuído aos tribunais[41], que oferecem uma estrutura com três instâncias, sendo o Tribunal de Última Instância o supremo tribunal de Macau[42].

Os tribunais de primeira instância em Macau podem ter uma competência especializada e diretamente a LBM

---

[37] Cfr. o art. 69.º da LBM.
[38] Cfr. o art. 68.º da LBM, que remete para o seu Anexo II, sobre a "Metodologia para a Constituição da Assembleia Legislativa da Região Administrativa Especial de Macau"
[39] Cfr. o art. 17.º, parágrafo 1.º, e o art. 71.º da LBM
[40] Art. 19.º, parágrafo 1.º, da LBM.
[41] Cfr. o art. 82.º da LBM.
[42] Cfr. o art. 84.º, parágrafo 1.º, da LBM.

admite a existência de um tribunal administrativo de primeira instância[43].

V. A qualificação de sistema de governo mais antiga na Ciência Política e Teoria do Direito Constitucional é a do parlamentarismo[44], que teve como berço o ordenamento constitucional britânico, a partir do momento em que, já no século XIX, a Câmara dos Comuns definitivamente concentraria o fulcro do exercício do poder político, forçando à responsabilidade política do Governo perante as maiorias que ali se iam formando.

Simplesmente, nada na LBM autoriza a concluir pelo caráter parlamentar da distribuição dos seus poderes, havendo duas razões decisivas para que assim se entenda:

– por um lado, o facto de o poder executivo não ser uma emanação do poder legislativo, nem este poder destituir aquele por mera discordância política, ainda que sobre ele possa exercer alguma atividade de fiscalização;
– por outro lado, o Parlamento é composto, em parte, por pessoas designadas pelo órgão executivo, numa evidente supremacia deste sobre aquele, não se registando uma qualquer dependência inter-orgânica.

---

[43] Cfr. o art. 86.º da LBM.
[44] Sobre o sistema de governo parlamentar, v., de entre outros, MARCELO REBELO DE SOUSA, *Direito Constitucional...*, pp. 327 e ss.; VITALINO CANAS, *Preliminares...*, pp. 131 e ss.; JORGE MIRANDA, *Ciência Política – formas de governo*, Lisboa, 1992, p. 130; JORGE BACELAR GOUVEIA, *Manual de Direito Constitucional*, I, pp. 276 e ss.

VI. Outra possível qualificação seria a do presidencialismo[45], que se inauguraria com o aparecimento do sistema constitucional norte-americano, em que se frisou a independência recíproca dos órgãos legislativo e executivo, ambos subsistindo sem qualquer laço de responsabilidade política entre si, para além de, numa mesma pessoa, coincidirem as posições jurídico-constitucionais de Chefe da Região e de Chefe de Governo.

Igualmente não parece que esta qualificação possa ser adequada à realidade jurídico-normativa de Macau, porquanto há duas razões fundamentais para que isso não venha a acontecer:

- o Chefe do Executivo, por uma parte, pode dissolver o Parlamento, sendo certo que no sistema presidencial o poder executivo jamais beneficia deste importantíssimo instrumento sobre o órgão legislativo, embora este seja um poder de uso limitado;
- o Chefe do Executivo, por outra parte, pode ser obrigado a renunciar ao mandato por razões políticas, o que também não permite preservar a sua independência orgânica, a despeito de essa possibilidade apenas poder ocorrer em circunstâncias bastante dramáticas.

---

[45] Sobre o sistema de governo presidencial, v., de entre outros, MARCELO REBELO DE SOUSA, *Direito Constitucional...*, pp. 331 e ss.; VITALINO CANAS, *Preliminares...*, pp. 143 e ss.; JORGE MIRANDA, *Ciência Política...*, pp. 130 e 131; JORGE BACELAR GOUVEIA, *Manual de Direito Constitucional*, I, pp. 299 e ss.

VII. Do mesmo modo não podemos enfrentar qualquer sistema de governo diretorial[46] – à maneira da Constituição Francesa de 1795 ou à maneira da atual Constituição Suíça – porque não se verificam os elementos caraterizadores do sistema presidencial, com a particularidade de aqui tratar-se de um órgão executivo colegial, que é designado pelo Parlamento.

São três os argumentos que permitem refutar a verificação em Macau de um sistema de governo diretorial:

- o órgão executivo não é colegial, mas sim singular, sendo o Governo de Macau uma entidade subordinada ao Chefe do Executivo e que com ele não comunga as principais competências;
- os órgãos executivo e legislativo não são independentes entre si, antes se estabelecem alguns vínculos de responsabilidade política;
- o órgão executivo não é eleito pelo órgão legislativo, como se exige no sistema de governo diretorial.

VIII. Ainda se deve entender que organização do sistema de governo em Macau não se ajusta à caraterização de semipresidencialismo[47], um equilíbrio institucional

---

[46] Sobre o sistema de governo diretorial, v., de entre outros, VITALINO CANAS, *Preliminares...*, pp. 203 e 204; JORGE MIRANDA, *Ciência Política...*, pp. 130 e 131; JORGE BACELAR GOUVEIA, *Manual de Direito Constitucional*, I, pp. 382 e 383.

[47] Sobre o sistema de governo semipresidencial, v., de entre outros, MARCELO REBELO DE SOUSA, *Direito Constitucional...*, pp. 335 e ss.; VITALINO CANAS, *Preliminares...*, pp. 175 e ss.; JORGE MIRANDA, *Ciência Política...*, p. 132; JORGE BACELAR GOUVEIA, *Manual de Direito Constitucional*, II, pp. 1208 e ss.

desenvolvido na Europa na segunda metade do século XX, no qual os três órgãos políticos – o Chefe de Estado, o Parlamento e o Governo – são politicamente ativos.

O motivo fundamental para que este sistema não possa ser encontrado radica na ausência de uma relevante diarquia no poder executivo, que essencialmente reside no Chefe do Executivo, não aparecendo a figura do Chefe da Região separada da figura do Chefe do Governo, antes as duas posições coincidindo na mesma pessoa, o mesmo se dizendo acerca da escassa relevância do Governo de Macau.

Também interessa evidenciar que no sistema de governo de Macau não há verdadeiramente uma "triangulação política", na medida em que a correlação de forças é apenas existente entre o poder executivo e o poder legislativo, sendo aquele a entidade que indubitavelmente mais avulta.

IX. Sem uma qualificação que possa inteiramente caber ao sistema de governo de Macau, podemos, contudo, afirmar que a modelação dessa organização se aproxima bastante, embora não se identificando totalmente com ele, do sistema de governo presidencial, dado o relevo político e normativo do Chefe do Executivo[48]:

- há um certo rigor na separação dos dois poderes, com esferas de influência bem definidas;
- o Chefe do Executivo é o detentor do poder executivo, não havendo uma substancial diarquia no executivo;

---

[48] O mesmo se pode dizer, de resto, do sistema de governo vigente em Hong Kong, que em grande medida terá inspirado o sistema de governo de Macau. Cfr. YASH GHAI, *Hong Kong's New Constitutional...*, pp. 300 e ss.

— há uma clara preponderância do poder executivo, até com vários meios de ação política.

Contudo, esta aproximação ao sistema de governo presidencial permite entrever alguma natureza atípica do mesmo, tendo em mente dois aspetos fulcrais[49]:
— *no facto de o Chefe do Executivo não ser eleito*, como sucede no sistema de governo presidencial típico, sendo antes escolhido pelo Governo da República Popular da China;
— *no facto de a demissão do Chefe do Governo e de a dissolução do Parlamento serem possíveis, embora limitadamente*, tendo pelo menos o valor de uma contraposição dualista entre os dois órgãos.

6. A fiscalização da constitucionalidade

I. O tema da fiscalização da constitucionalidade em Macau tem de ser especificamente contextualizado nos seus traços distintivos do ponto de visto daquilo que significa a existência de um Direito Constitucional neste território jurídico-político, integrado na República Popular da China.

---

[49] Ainda que à luz do Estatuto Orgânico de Macau, no tempo da administração portuguesa, VITALINO CANAS, profundo conhecedor da realidade jurídico-política de Macau nesse período, igualmente tivesse considerado a não caraterização segundo uma categoria previamente consagrada: "...a nossa conclusão sobre a natureza e qualificação do sistema de governo será quase idêntica à conclusão que propusemos sobre a forma de governo de Macau: temos aqui um sistema de governo atípico, de difícil acomodação" (cfr. *Preliminares...*, p. 266).

É que não podemos escamotear o facto de a RAEM não ser um Estado, embora possuindo uma importante parcela de poder político delegada pela República Popular da China, sendo certo também que a LBM não é produto de um poder constituinte, ainda que protagonize funções constitucionais, materiais e organizatórias, no território jurídico-político autónomo de Macau.

II. Não obstante este enquadramento específico, não resta qualquer dúvida de que à função constitucional que se atribuiu à LBM se deve seguir um mecanismo de aferição do respeito das restantes leis de Macau em relação à sua superioridade regulativa[50].

O pior que poderia acontecer seria a conclusão de que o primado da LBM, dentro da Ordem Jurídica de Macau, não teria qualquer apoio de um mecanismo adjetivo capaz de, em termos práticos, impor essa efetividade constitucional da LBM no universo jurídico de Macau.

E esse primado constitucional é mesmo devidamente assinalado no articulado da LBM: "Nenhuma lei, decreto-lei, regulamento administrativo ou ato normativo da Região Administrativa Especial de Macau pode contrariar esta Lei"[51].

III. Se bem que não utilizando essa terminologia, felizmente que esse mecanismo não deixa de existir, embora seja de utilização obviamente limitada[52].

---

[50] Sobre o princípio da prevalência constitucional da LBM, v. PAULO CARDINAL, *The Constitutional Layer...*, pp. 235 e ss.
[51] Art. 11.º, parágrafo 2.º, da LBM.
[52] Sobre este mecanismo de fiscalização da constitucionalidade, v.

Nesta matéria, a orientação geral da LBM é a de reconhecer um poder de fiscalização abstrata da constitucionalidade ao Comité Permanente da Assembleia Popular Nacional: "O poder de interpretação desta Lei pertence ao Comité Permanente da Assembleia Popular Nacional"[53].

Este poder operacionaliza-se depois na faculdade de, para cada diploma, aquele órgão da Assembleia Popular Nacional impedir a vigência em Macau no caso de haver contradição com a LBM, ainda que restritamente aos casos em que "...qualquer lei produzida pelo órgão legislativo da Região não está em conformidade com as disposições desta Lei respeitantes às matérias da competência das Autoridades Centrais ou ao relacionamento entre as Autoridades Centrais e a Região[54].

IV. Mas estabelece-se também uma fiscalização concreta da constitucionalidade fora dos casos em que pontificam assuntos pertinentes às atribuições das Autoridades Centrais da China: "O Comité Permanente da Assembleia Popular Nacional autoriza os tribunais da Região Administrativa Especial de Macau a interpretar, por si próprios, no julgamento dos casos, as disposições desta Lei que estejam dentro dos limites da autonomia da região"[55].

IEONG WAN CHONG, *Anotações à Lei Básica...*, pp. 249 e ss.; PAULO CARDINAL, *Região de Direito — alguns tópicos sobre fiscalização da constitucionalidade e jurisdição da liberdade num Direito (também) em Língua Portuguesa*, in AAVV, *I Congresso do Direito de Língua Portuguesa* (coordenação de JORGE BACELAR GOUVEIA), Coimbra, 2010, pp. 271 e ss.

[53] Art. 143.º, parágrafo 1.º, da LBM.
[54] Cfr. o art. 17.º da LBM.
[55] Art. 143.º, parágrafo 2.º, da LBM.

Dentro do universo de Macau, a competência para a fiscalização da constitucionalidade das leis e demais atos cabe ao poder judicial da RAEM, se bem que o Tribunal de Última Instância se apresente, pelas funções cimeiras na sua posição de órgão de recurso, como sendo determinante, não obstante a impossibilidade de proferir um acórdão que declare, com força obrigatória geral, a invalidade dos atos normativos inconstitucionais em face da LBM[56].

§ 4.º Macau no Constitucionalismo de Língua Portuguesa

7. Convergências: um Direito Constitucional legislado, codificado e estável, e um sistema de direitos fundamentais abrangente e efetivo

I. A apresentação das fontes jurídico-constitucionais de Macau, por junto com a configuração desta unidade jurídico-política territorial, permite encontrar um primeiro traço de aproximação ao Constitucionalismo de Língua Portuguesa, nos termos em que o pudemos definir.

Trata-se da construção de um Direito Constitucional com as seguintes duas importantes notas essenciais:

— *a sua origem legislativa e a sua natureza amplamente codificada e absolutamente estável*; e
— *a abrangência e a efetividade dos direitos fundamentais positivados.*

---

[56] Assim, PAULO CARDINAL, *Região de Direito...*, p. 278.

II. O *caráter escrito e legislado* resulta evidente no facto de o funcionamento do sistema jurídico de Macau assentar num diploma legislativo, praticamente não se vislumbrando a operacionalidade de outras fontes de cunho costumeiro, isso fazendo ingressar Macau no conjunto dos sistemas jurídico-políticos de natureza continental.

Noutro plano, refira-se que as fontes jurídico-constitucionais de Macau revelam uma natureza fortemente codificada, porquanto se optou por naquele diploma se concentrar a quase totalidade da legislação de índole constitucional aplicável ao território.

Cumpre finalmente salientar a absoluta estabilidade normativa da LBM, até ao momento sem qualquer alteração ou questões complexas no plano da sua interpretação e aplicação.

III. Outro elemento de convergência de Macau dentro do Constitucionalismo de Língua Portuguesa relaciona-se com as opções que foram tomadas em matéria de proteção dos direitos fundamentais.

É também aqui visível uma forte aproximação às outras Constituições de Língua Portuguesa no modo como se apresenta concebido o sistema de direitos fundamentais, na generalidade e na especialidade.

IV. No plano da generalidade, cumpre referir a abrangência das diversas opções de conteúdos realizados em sede do sistema de direitos fundamentais vigentes em Macau, abrangência que se evidencia ainda mais numa análise comparativa em relação aos direitos fundamentais protegidos pela Constituição da República Popular da China.

Essa abrangência é facilmente comprovada não apenas pelo método seguro de positivação dos direitos fundamentais, através de uma tipificação exemplificativa dos mesmos, como por ser possível deparar com os diversos institutos jurídico-constitucionais de proteção dos direitos fundamentais, tanto ao nível da formulação dos direitos – os princípios da universalidade e da igualdade – como ao nível do regime que aos mesmos é aplicável.

V. No plano da especialidade, é de salientar que os vários grupos de direitos fundamentais têm a faculdade de cobrir as diversas situações de necessidade da sua consagração jurídico-constitucional, não se autorizando, deste modo, espaços vazios carecidos de positivação constitucional, que de um modo ou de outro é satisfatoriamente assegurada.

A observação do catálogo dos direitos fundamentais constantes da LBM é uma prova disso mesmo, pois aí encontramos direitos fundamentais de diferentes gerações, catálogo que se mostra bastante completo e em linha com as mais recentes exigências de proteção da pessoa humana.

8. Divergências: um sistema de governo presidencial atípico e uma fiscalização mista da constitucionalidade

I. Já a organização do sistema político de Macau permite deparar com traços de divergência em relação ao Constitucionalismo de Língua Portuguesa, o que se explica, em boa parte, por Macau se apresentar na singularidade de o seu Direito Constitucional ser titulado por uma entidade jurídico-política não estadual.

Essa divergência neste plano da organização política é visível tanto no sistema de governo como na fiscalização da conformidade dos atos jurídico-públicos com a LBM.

II. Em relação ao primeiro ponto, o equilíbrio de poderes no sistema de governo de Macau assenta na proeminência do Chefe do Executivo, que hegemoniza o exercício desse poder, surgindo o Conselho Executivo como um órgão coadjuvante.

É verdade que o poder executivo surge contrabalançado pela posição jurídico-constitucional da Assembleia Legislativa, que detém as mais relevantes competências legislativas.

Porém, o saldo final é o de uma arquitetura do sistema de governo muito aparentada ao sistema de governo presidencialista, que nos Direitos Constitucionais de Língua Portuguesa vai tendo crescentemente mais adeptos, como a recente viragem da Constituição de Angola o demonstra e como a prática de Moçambique e Guiné-Bissau tem vindo a revelar.

As razões para essa aproximação ao presidencialismo são basicamente duas:

- *a ausência de diarquia no poder executivo*, com o Chefe do Executivo a assumir a responsabilidade da gestão da RAEM aos olhos dos órgãos centrais da República Popular da China;
- *uma legitimidade própria do Chefe do Executivo*, a qual não se confunde com a legitimidade da Assembleia Legis-

lativa, aparecendo como órgãos separados, sendo isso também verdade no plano da repartição das funções jurídico-públicas.

No entanto, essa é uma aproximação só válida até certo ponto, uma vez que são notórios os *traços de atipicidade deste presidencialismo*, essencialmente pelo poder de dissolução que o Chefe do Executivo pode exercer contra a Assembleia Legislativa, ainda que sofra algumas limitações[57].

III. No tocante ao sistema de fiscalização da conformidade dos atos jurídico-públicos com a LBM, no que isso tenha de equiparável a uma função de fiscalização da constitucionalidade, note-se que se optou pela *adoção de um modelo misto, a um tempo político e judicial*:
- *político*, na atribuição de tal poder ao Comité Permanente da Assembleia Popular Nacional, estabelecendo-se uma fiscalização sucessiva abstrata da constitucionalidade;
- *judicial*, na atribuição de tal poder aos tribunais da RAEM, com recurso e última palavra ao Tribunal de Última Instância, fixando-se uma fiscalização sucessiva concreta e difusa da constitucionalidade.

A divergência em relação ao modelo de fiscalização da constitucionalidade predominante nos Direitos Constitucionais de Língua Portuguesa é dupla:

---

[57] Cfr. o art. 52.º da LBM.

- por um lado, *porque em parte o sistema de fiscalização em Macau é de natureza política*, se bem que tal resultado se possa compreender à luz das caraterísticas próprias da LBM e da RAEM no plano jurídico-constitucional, não sendo sequer um sistema total porque limitado às questões atinentes às atribuições das Autoridades Centrais da China;
- por outro lado, *porque na parte em que o sistema é judicial, o mesmo filia-se no modelo americano de judicial review*, no qual se afasta a existência de um órgão judicial especializado nas questões jurídico-constitucionais, avultando a posição do Tribunal de Última Instância, o único supremo tribunal de Macau, que acaba por assumir uma função prevalecente, de entre outras tarefas judicantes, na fiscalização da constitucionalidade.